刘生荣 | 主编

企业合规

企业合规知识200问

基本手册

BASIC HANDBOOK

CORPORATE COMPLIANCE

王秀梅　王文华　季美君　贾博妍 | 副主编

当代中国出版社
Contemporary China Publishing House

图书在版编目(CIP)数据

企业合规基本手册：企业合规知识200问／刘生荣主编. -- 北京：当代中国出版社，2023.9
ISBN 978-7-5154-1288-7

Ⅰ.①企… Ⅱ.①刘… Ⅲ.①企业法－中国－问题解答 Ⅳ.①D922.291.915

中国国家版本馆CIP数据核字(2023)第173237号

出 版 人	王　茵
责任编辑	邓颖君　刘　照
责任校对	贾云华
印刷监制	刘艳平
封面设计	郝志燕　鲁　娟
出版发行	当代中国出版社
地　　址	北京市地安门西大街旌勇里8号
网　　址	http://www.ddzg.net
邮政编码	100009
编 辑 部	(010)66572744
市 场 部	(010)66572281　66572157
印　　刷	中国电影出版社印刷厂
开　　本	880毫米×1230毫米　1/32
印　　张	12.125印张　4插页　291千字
版　　次	2023年9月第1版
印　　次	2023年9月第1次印刷
定　　价	75.00元

版权所有，翻版必究；如有印装质量问题，请拨打(010)66572159联系出版部调换。

作者简介（按撰稿顺序）

刘生荣，法学博士，研究员，合规专家，曾任最高人民检察院理论所副所长
李　娟，北京京品律师事务所主任
吴昱达，法学硕士，任职于福建省发展与改革委员会
李湘露，北京师范大学刑事法律科学研究院法学硕士
王文华，法学博士，教育部新世纪优秀人才，北京外国语大学法学院教授、博士生导师、学术委员会主任
姚津笙，北京外国语大学法学院博士研究生
蒋德伟，北京外国语大学法学院硕士研究生
郑　越，北京外国语大学法学院硕士研究生
孔　建，北京外国语大学法学院硕士研究生
杨铭铭，北京外国语大学法学院硕士研究生
贾博妍，法学硕士，任职于三品合规（北京）管理咨询公司，合规技术专家
刘雅琴，北京恒都律师事务所律师、合伙人
孙　萌，北京恒都律师事务所律师
彭　玉，法学博士，任职于最高人民检察院理论研究所
李　淮，法学博士，任职于最高人民检察院理论研究所
季美君，法学博士，研究员，任职于最高人民检察院理论研究所
任肖容，法学博士，任职于最高人民检察院理论研究所
高　磊，法学博士，任职于最高人民检察院理论研究所
王秀梅，法学博士，博士生导师，任职于北京师范大学刑事司法研究院，任国际刑法协会中国分会秘书长

目录

第一部分 企业合规的基础知识

- 001 什么是企业合规? ………………………………………… 003
- 002 怎样理解企业合规是一项国家战略决策? ……………… 004
- 003 为什么说企业合规是与依法治国相向而行的? ………… 006
- 004 中央对于企业合规有哪些方针政策? …………………… 007
- 005 企业合规为什么需要党的领导? ………………………… 009
- 006 怎样理解党的领导是对于企业合规有效性的保障? …………………………………………………… 010
- 007 为什么说党的理论联系实际、实事求是思想对于企业合规具有导向作用? ………………………………… 012
- 008 企业党组织在企业合规文化建设中发挥什么作用? …………………………………………………… 013
- 009 企业合规是怎样融入经济全球化潮流的? ……………… 014
- 010 中国的企业合规与国际合规的关系? …………………… 016
- 011 我国企业合规是如何与社会主义市场经济融合的? …………………………………………………… 017

012	为什么说我国企业合规符合市场经济发展的动态特征?	018
013	为什么说我国企业合规与企业管理是高度融合的?	019
014	什么是企业合规的全员互动模式?	019
015	企业在合规模式下是如何良性发展的?	021
016	企业合规中政府职能是如何转化的?	022
017	在企业合规建设中有哪些主要危害因素?	023
018	政府在企业合规中应采取哪些保障措施?	025
019	政府在企业合规中应开展哪些服务?	026
020	合规企业应承担哪些法律义务?	027
021	合规企业如何进行法律自救?	028
022	企业合规需要哪些律师服务?	029
023	合规文化的价值观在企业合规中有哪些作用?	030
024	合规文化体系建设的有效性和途径是什么?	031
025	中国合规文化的基本内涵是什么?	032
026	企业合规中制度合规和文化合规是什么关系?	034
027	为什么在合规管理中要应用数字技术?	035
028	数字技术在合规管理中如何应用?	036
029	为什么说企业合规是一项新业态?	037
030	企业合规人才的教育应包括哪些内容?	038
031	企业合规的历史和现状是什么?	039
032	有法律制度,还需要建立企业合规制度吗?	040
033	企业合规在国家法治建设中的作用和地位?	041
034	企业建立合规体系后,政府将如何转变监管方式?	042

- 035 为什么说企业合规是"一把手工程"? ……………… 043
- 036 为什么说合规体系建设有助于企业的长久发展? …… 046
- 037 合规企业在招投标中有什么优势? ………………… 048
- 038 企业合规为何能够提高商业信誉? ………………… 049
- 039 企业合规是一个管理问题,还是一个法律问题? …… 051
- 040 合规企业之间如何保持良性的竞争关系? ………… 053
- 041 如何处理合规企业之间的经济纠纷? ……………… 055
- 042 合规企业的法律救济包括哪些内容? ……………… 057
- 043 合规企业的法律救济有哪些途径? ………………… 059
- 044 为什么有效的合规管理可以使企业获得刑事责任减免? ……………………………………………… 061
- 045 在哪些情况下可以排除合规企业的刑事责任? ……… 064
- 046 具备哪些条件时,可以排除合规企业中直接负责的主管人员和其他直接责任人员的刑事责任? ………… 065
- 047 如何理解产业链上下游企业进行合规建设的必要性? ……………………………………………… 067

第二部分　企业合规标准与合规管理体系建设

- 048 什么是合规标准与合规认证? ……………………… 071
- 049 什么是企业合规的国际标准? ……………………… 072
- 050 什么是企业合规的国家标准? ……………………… 073
- 051 什么是企业合规的行业标准? ……………………… 073
- 052 什么是企业合规的团体标准? ……………………… 074
- 053 什么是企业合规的企业标准? ……………………… 075
- 054 ISO 37301 国际标准的制定背景是什么? ………… 076

055 中国对 ISO 37301 标准的贡献是什么? ················ 077

056 ISO 37301 标准可望对国际贸易产生哪些影响? ······ 078

057 作为合规标准,ISO 37301 与 ISO 19600 有什么不同?
·· 079

058 在中国进行合规认证的企业是否还需国际认证? ······ 082

059 ISO 37301 国际标准的适用范围是什么? ················ 083

060 如何根据 ISO 37301 国际标准认证程序建设合规管
理体系? ·· 084

061 如何通过一张图,认识合规管理体系建设的全过程?
·· 087

062 企业合规管理的重点领域通常有哪些? ··············· 088

063 搭建合规管理体系前,企业应做哪些准备? ············ 089

064 什么是合规方针? ·· 091

065 企业如何确立合规方针? ····································· 091

066 企业如何制定和调整合规目标? ··························· 092

067 什么是合规组织机构? ··· 094

068 企业应当建立怎样的合规组织机构? ····················· 095

069 企业管理者在合规体系建设中应当发挥怎样的作
用? ·· 097

070 合规部门在企业中的定位、职责、权限? ··············· 098

071 企业各层级机构应当在合规管理中发挥怎样的职
能? ·· 100

072 什么是合规风险? ·· 101

073 企业可能面临哪些合规风险? ······························ 103

074 企业合规风险的特点有哪些? ······························ 104

075	企业如何识别评估合规风险？	105
076	什么是基于岗位的合规风险识别评估？	107
077	什么是基于流程的合规风险识别评估？	108
078	企业如何制定合规风险的应对措施？	110
079	什么是合规义务？	110
080	企业如何了解自身的合规义务？	111
081	企业如何建立、迭定合规义务库？	112
082	什么是不合规行为？	114
083	不合规行为就是违法行为吗？	116
084	什么是合规审查？	117
085	合规审查的对象和范围？	118
086	合规审查应遵循什么样的程序？	119
087	设置不合规行为举报机制，应注意哪些要点？	120
088	如何进行不合规行为的调查？	122
089	如何处置不合规行为？	123
090	什么是合规报告？	124
091	合规报告应当包括哪些内容？	125
092	什么是合规绩效？	125
093	为什么要组织合规绩效考核？	126
094	如何安排合规绩效考核？	127
095	什么是合规管理体系的有效性评价？	128
096	如何进行合规管理体系的有效性评价？	129
097	如何培育合规文化？	130
098	如何理解企业对外合规承诺？	132
099	什么是合规承诺书？	133

100	企业为什么要组织员工签订合规承诺书?	134
101	企业组织合规培训应注意哪些要点?	135
102	企业合规培训应当包括哪些内容?	136
103	什么是合规留痕?	137
104	合规留痕有哪些注意事项?	138
105	为什么说合规留痕对企业具有重大意义?	138
106	如何理解不合规责任追究机制?	139
107	如何理解合规管理体系的运行机制?	140
108	什么是合规管理体系的持续改进?	141
109	如何持续改进合规管理体系?	142
110	什么是合规信息化建设?	143
111	保证合规管理体系落地的关键点有哪些?	145

第三部分　企业合规管理体系建设实务

112	全面合规与专项合规的关系是什么?	149
113	为何企业建立合规管理体系应当与企业日常经营相结合?	150
114	《中央企业合规管理办法》开始实施,地方国有企业应如何应对?	151
115	央企、国企建立合规管理体系与原有的内控体系、风险管理体系的区别与联系是什么?	153
116	《中央企业合规管理办法》删除了合规管理"三道防线"的原因是什么?	154
117	企业进行合规管理体系建设时,是否有必要设立合规委员会?	155

118	如何理解《中央企业合规管理办法》中"员工履职行为"?	156
119	企业合规师属于新职业吗?	157
120	企业合规师通常具有怎样的职业特征?	157
121	企业合规师应当具备的职业操守和道德素养是什么?	158
122	企业合规师应当具备哪些专业知识或技能?	159
123	如何理解信息化建设对合规管理体系的保障作用?	160
124	律师在企业合规建设和管理中的地位和作用?	161
125	为什么说信息化是合规管理未来的发展方向?	162
126	对于广大中小民营企业如何从专项合规走向全面合规?	164
127	对于集团公司(包括央企、国企以及上市公司)的分支机构和下级企业,应如何进行合规管理工作,保障集团公司合规管理体系的有效实施?	165
128	对于分支机构众多的集团公司(包括央企、国企以及上市公司),集团公司通常需要承担哪些合规管理职能?	166
129	如何理解"管业务必须管合规"?	167
130	为什么说"因企制宜"是企业合规管理体系有效落地的前提和基础?	168
131	如何将合规义务落实到企业的管理制度	169
132	在合规管理体系建设中,如何理解合规文化的重要性?	170

133	为什么说企业合规管理体系建设是一个持续的、动态的过程?	172
134	如何系统地识别企业合规义务?	173
135	企业如何防范合法但不合规的风险事件?	176
136	为何会出现合法但不合规的风险事件?	177
137	为什么说 PDCA 质量管理方法是企业合规管理体系有效落实的重要机制?	178
138	中央企业应当建立怎样的合规管理组织体系,如何明确职责分工,确保合规管理工作落实到位?	180
139	央企进行合规管理体系建设,需要遵守哪些"规"?	182
140	上市公司进行合规管理体系建设,需要遵守哪些"规"?	184
141	安全生产合规需要遵守哪些法律法规及规范性文件?	186
142	环保合规需要遵守哪些法律法规及规范性文件?	187
143	数据合规需要遵守哪些法律法规及规范性文件?	189
144	劳动用工合规需要遵守哪些法律法规及规范性文件?	190
145	知识产权合规需要遵守哪些法律法规及规范性文件?	192
146	反腐败与反舞弊合规需要遵守哪些法律法规及规范性文件?	193
147	反垄断合规需要遵守哪些法律法规及规范性文件?	194

第四部分　涉案企业合规整改与处置实务问题

- 148　检察机关"合规不起诉"的产生背景是什么？ …………… 199
- 149　"合规不起诉"的法律依据是什么？ ………………………… 200
- 150　检察机关在推进全国"合规不起诉"试点工作中已取得哪些成效？ ………………………………………………… 201
- 151　检察机关推进"合规不起诉"是否超越自己的职责范围？ ………………………………………………………………… 203
- 152　哪些案件适合申请适用"合规不起诉"？ ………………… 204
- 153　"合规不起诉"制度建立的目标是防止犯罪还是全面建设？ …………………………………………………………… 204
- 154　企业申请适用"合规不起诉"，需要具备哪些法定条件？ ………………………………………………………………… 205
- 155　企业申请适用"合规不起诉"，需要遵循怎样的程序？ ………………………………………………………………… 206
- 156　哪些人和机构有权提起涉案企业合规建设申请？ …… 207
- 157　多罪涉案企业是否需要全部认罪才能进行合规建设？ ………………………………………………………………… 208
- 158　追缴违法所得、补缴税款和滞纳金是否为适用"合规不起诉"之必须前提？ ……………………………………… 209
- 159　企业缴纳行政罚款是否为适用"合规不起诉"之必须前提？ …………………………………………………………… 211
- 160　申请适用"合规不起诉"时，企业合规建设有效性评价标准？ ………………………………………………………… 212
- 161　申请适用"合规不起诉"时，是否要依据 GB/T

	35770—2022 标准或者 ISO 37301—2021 标准? ········	214
162	申请适用"合规不起诉"时,企业合规建设包括哪些主要内容? ··	215
163	"合规不起诉"中,企业合规评估包括哪些主要内容? ··	216
164	"合规不起诉"中,企业合规建设审查包括哪些内容? ··	217
165	如何在申请适用"合规不起诉"的企业合规建设中,处理全面合规和专项合规的关系? ··············	218
166	涉案企业合规建设中对于银行账户查封、电脑、账册如何处理? ···	220
167	如果因经营需要对涉案企业责任人员改变强制措施,怎样做才能不致因此泄漏办案秘密? ··········	221
168	何为"合规不起诉"第三方监督机制? ················	222
169	检察机关为什么要在"合规不起诉"中推进第三方监督评估机制? ·······································	223
170	第三方监督评估机制的人才库如何组成? ··········	224
171	进入第三方监督评估机制人才库人员要注意的"回避问题"有哪些? ···································	226
172	第三方监督评估机制的组织架构、人员数量、议事规则是什么? ··	227
173	第三方监督评估机制的经费来源? ··················	229
174	第三方监督评估机制的工作流程是什么? ··········	231
175	进入第三方监督评估机制专家库应具备哪些条件? ··	232

176	如何启动第三方监督评估机制？	233
177	如何对第三方监督评估机制人员进行日常管理？	234
178	第三方监督评估专家库人员应如何审查、评估和考核涉案企业的合规整改？	235
179	检察机关应如何处理第三方机制对涉案企业合规整改的评审结果？	236
180	如何对涉案企业适用合规不批捕？	238
181	如何对涉案企业适用合规不起诉？	239
182	如何对涉案企业适用合规减轻、从轻量刑建议？	240
183	涉案企业如何进行合规整改？	241
184	合规整改通过第三方评估后，是否可以减免行政处罚？	243
185	涉案企业合规建设制度是否适用行政违法？	244
186	涉案企业合规建设是否影响企业的商业信誉和从业资质？	245

第五部分　外向型企业合规的理论与实务

187	涉外企业合规与经济全球化有什么关系？	249
188	如何利用合规武器应对"长臂管辖"？	251
189	我国外向型企业的合规建设有什么特殊之处？	253
190	外向型企业如何有效应对长臂管辖？	255
191	如何进行外向型企业的合规认证？	256
192	外向型企业如何进行合规存证？	257
193	涉案企业的合规建设是否对企业的涉外商贸产生不良影响？	258

194 国外检察机关是如何推进合规整改的？ ………… 259
195 美国推进企业合规的动因是什么？ ………… 261
196 美国商务部与司法部是如何在长臂管辖中联动的？
　　　　 ………………………………………………… 262
197 我国企业受美国处罚的状况和吸取的教训是什么？
　　　　 ………………………………………………… 264
198 我国企业应如何应对国外合规调查与处罚？ ………… 266
199 哪些企业应当建立或强化境外合规风险管理体系？
　　　　 ………………………………………………… 269
200 企业开展境外经营合规管理工作有哪些特殊要求？
　　　　 ………………………………………………… 270
201 对国内企业来说，西门子合规案例中有哪些启示？
　　　　 ………………………………………………… 271

附录　企业合规重点指导文献

附录一　《中央企业合规管理办法》 …………… 275
附录二　《中央企业合规管理指引(试行)》 …………… 283
附录三　《涉案企业合规建设、评估和审查办法(试行)》 …… 291
附录四　《关于建立涉案企业合规第三方监督评估机制的
　　　　指导意见(试行)》 …………………………… 296
附录五　《涉案企业合规第三方监督评估机制专业人员选
　　　　任管理办法(试行)》 …………………………… 304
附录六　《关于建立涉案企业合规第三方监督评估机制的
　　　　指导意见(试行)》实施细则 …………………… 312
附录七　ISO 37301《合规管理体系　要求及使用指南》…… 323

第一部分

企业合规的基础知识

001 什么是企业合规?

企业合规,是指企业以守法、诚信为宗旨,参照企业合规的国际、国内标准,对现有经营管理体系的升级和改造,打造出自律、自主、自保和自强的规范性管理制度,简称合规制度。企业合规制度的建设,是国家对企业治理的战略转变,政府对企业的强监管模式在深化改革实践中的转型。政府通过支持企业建立合规制度,发挥企业的守法、诚信的主动性,减少了企业违法犯罪的概率,降低了企业经济纠纷的数量,也减少了监督管理成本。就企业而言,合规制度不仅仅是一个自我规范、自主发展和自我保护的有效规范,也是助力于企业发展的创新机制。企业通过合规制度的建设,不仅去除了陈年顽疾,还获得了多重的商业利好。

企业合规所参照的国际国内标准,即 ISO 37301:2021 国际标准(以下简称 ISO 37301 国际标准)和 GB/T 35770—2022《合规管理体系 要求及使用指南》(以下简称 GB/T 35770 国家标准)。前者是包括中国在内的 140 多个国家共同制定的,参与国际商贸的企业所共同遵守的规则;后者是中国根据国情和参照前者制定的国内商贸企业的标准,即企业合规的国家标准。在合规建设中,政府和主管部门还会根据需要制定相应的企业合规的行标、团标和企标。这些标准都是参照 ISO 37301 国际标准,根据国家、行业、企业团体和企业的具体情况制定的合规标准。企业合规的制度建立便是这些标准的规范下的产物。

企业合规是国家对企业治理战略的转变,即由改革开放初期的强监管模式,转变为企业的自律合规模式;政府的监管随着企业违法犯罪和恶性竞争减少，逐步转变为为企业合规建设提供保障和服务。在合规建设的初期，政府的保障作用十分重要，特别是对于虚假合规的处罚、对于贴牌合规的纠正和对于劣质合规的把关，是保障合规成效的关键。此外，政府对于合规人才的培训，也是合规建设的一项重要服务功能。

合规企业的多重商业利好，是指企业受合规背书的影响，如产品质量、信誉、诚信、守法等所造成的良好社会信誉和商业氛围，可使企业在市场经济中增强互信、减少摩擦、节约成本、增加利润。

数字技术的应用也是企业合规的重要助力。数字技术在企业合规制度建设、文化建设、教育培训以及合规留痕、合规自保方面发挥着重要作用。数字技术也是政府和职能部门的监管、服务平台的基本支持。

（撰稿人：刘生荣）

002 怎样理解企业合规是一项国家战略决策？

改革开放以来，我国的经济体制结构发生了重大变化，企业作为社会主义市场经济的主体，引领着国民经济的发展，成为国家现代化建设之基础。在国民经济快速增长的同时，一些隐藏的弊端也逐步暴露，如利己主义、背信、欺诈、商业贿赂、垄断经营、污染环境等。国家为了维护市场经济秩序，帮助企业良性发展，加大了对企业的监管力度，以期通过监管，有效遏制企业的违法犯罪，减少企业间的纠纷与摩擦，为企业的发展创建良好营商环境。随着改革开放步入深水区，整体国家经济发展进入平台期，加之受国际经济环境恶化等因素影响，国家经济发展速度减缓，企业也受到不同程度的影响。与此同时，国家对企业监管的效力也受到挑战,企业违法犯罪增加、经济纠纷趋多,影响到了社会稳定。

根据最高人民检察院统计,2017年至2021年,全国检察机关共起诉单位犯罪4万余件,2017年至2020年呈逐年上升的趋势。据最高人民法院审判年鉴统计,全国合同纠纷一审案件数量从2002年至2016年逐年上升,2002年为22万余件,2016年为66万余件。据光明网报道,2021年全国税务机关共查处骗税企业44万余户,挽回税收909亿元,抓获犯罪嫌疑人4万余人。2022年第一季度全国查处偷漏税案件2237件,同比上升31.8%。

企业合规正是在这种情况下应运而生,成为面对上述困扰的解决方案,这也是党中央对企业治理模式的战略调整。企业合规旨在通过企业自律的管理规程,根据企业的具体情况,充分发挥自身优势和主观能动性,建立起既遵纪守法,又充分激发企业活力;既符合中国国情,又能与世界经济接轨的全新管理模式。

企业合规并不是政府和相关职能部门放弃了对企业的监管责任,而是改变了监管模式,或者说是监管模式的优化、升级,其优点明显。(1)监管成本降低,节约大量的人力物力。在大部分的企业建立了合规管理制度后,政府的强监管便没有用武之地,原有的监管人员除了部分转向事后监管外,大部分可以转岗到其他必要的管理和服务岗位。政府决策机构可以把主要精力用于调控市场和为企业服务、优化营商环境方面,如合理调配产业结构、增强技术和管理咨询、职业培训与教育等。(2)社会治理成本降低。企业全面合规不仅使企业违法犯罪大幅度减少,企业之间的经济、商业纠纷也会大幅度降低。由于企业合规后的透明度提高,商业信誉加强,合规企业之间的信息沟通畅通,类似合规前多发的信用摩擦、商业欺诈、违反合同行为也失去了存在基础。政府监管部门、司法部门工作负担为此将大幅度减轻,从而节约大量的人力物力。(3)企业合规使政府节约了人力物力,但政府的财政和税收并不会因此减少,反而会因为合规激发了企业的积极性和主观能动性,使全体合规企业良性互动,从而促进地方经济发展。

(撰稿人:刘生荣)

003 为什么说企业合规是与依法治国相向而行的?

企业合规是与依法治国相向而行的,是中国特色社会主义法制的一部分。企业建立合规自律的管理制度,把遵纪、守法、诚信、创新融入企业的经营管理和职工的思想文化之中,合规自律成了企业发展的主旋律。从微观上看,企业通过合规建设产生了涅槃效益,助力企业摆脱法律困扰,走上了自律、自强的发展道路;从宏观上看,减轻了政府监管负担,改善了社会营商环境,节约了司法资源。

企业合规促成了国家企业治理方针的改变,赋予了依法治国新能量。(1)从企业本身看,企业合规使企业的遵纪守法由被动模式转为主动模式。由于合规对企业产生的种种利好,合规成了企业主动追求的目标。如果说在合规之前,企业遵纪守法和诚信经营是出于对承担法律责任的畏惧的话,那么合规之后,企业会发现,合规与企业利益是相一致的,合规守法和诚信经营为企业追求利益最大化奠定了良好基础,合规成了企业自身发展的需要。(2)从政府层面看,由于企业自觉遵纪守法和诚信经营所产生的良好社会效益,以防范企业违规经营为目标的监管行为的必要性减小,政府因此可以腾出手来,帮助企业消除法律隐患,解决生产经营中的困难,或者把一些不稳定因素消除在萌芽之中,或者对于企业的经营方向进行合理调控等。从而使政府监管企业的职能转变为服务企业的职能。(3)建立在守法和诚信基础之上的企业合规制度,可以最大限度地降低企业违法犯罪和恶性竞争的概率,从而使商业成本降低、社会所承受的损失减少,也会使国家的相应执法、司法部门工作负担减轻,大幅度节约司法资源。

(撰稿人:刘生荣)

004 中央对于企业合规有哪些方针政策?

我国的企业合规是在党中央的领导下,从中国的国情出发所做的有利于国家和民族利益发展的最佳选择,也是党中央在中华民族伟大复兴道路上的一项重大战略决策。以习近平同志为核心的党中央十分重视市场经济下的企业发展,对于加强企业合规建设,规范企业管理提出希望和要求。2017年4月25日,中共中央政治局就维护国家金融安全进行了第四十次集体学习。习近平就维护金融安全提出6项任务。第1项就是深化金融改革,完善金融体系,推进金融业公司治理改革,强化审慎合规经营理念,推动金融机构切实承担起风险管理责任,完善市场规则,健全市场化、法治化违约处置机制。2022年2月28日,中央深化改革委员会会议纪要指出:要推动有为政府和有效市场更好结合,提高政府监管和服务效能,维护好保护和激发企业活力,注重维护好公平竞争的市场环境,推动更多优秀企业在市场竞争中脱颖而出。国家的相关职能部门,也对企业合规进行了一系列战略部署。

2006年,原中国银监会发布了《商业银行合规风险管理指引》,可以认为是中国企业合规的起始。2016年,原中国保监会发布了《保险公司合规管理办法》。之后国务院办公厅、中央深化改革领导小组、国家标准化管理委员会分别发布多项与合规有关的文件,为全面推开合规建设奠定了基础。直到 2018 年国资委发布了《中央企业合规管理指引(试行)》,2018 年国家发改委、外交部、商务部、中国人民银行、国务院国资委、国家外汇局、全国工商联联合发布《企业境外经营合规管理指引》,标志着企业合规在央企和涉外企业层面全面推开。目前已有 20 多个省、直辖市政府国资委发布了合规指引,广东省已经计划在三年内完成全省国有企业合规建设工作。还有一批城市,如山东省淄博市、广东省深圳市、江苏省苏州市、张家港市等正在建立政府层面的合规管理体系。2022 年 9 月 14 日,国务院国资委发布了《中央企业合规管理办法》,该办法从 2022 年 10 月 1 日起施行,标志着央企的合规建设进入常态化、规范化进程,为全国国有企业、民营企业合规建设起到了示范带头作用。

全国检察系统从 2021 年开始推行刑事涉案企业合规改革试点工作,对刑事涉案企业依法适用合规不批捕、不起诉或根据认罪认罚从宽制度提起轻缓量刑建议,以此促使企业进行合规整改和建设,进而推动全社会企业合规的展开。经过一年的试点工作,建立起了第三方评估机制,积累了大量典型案例和经验。到 2022 年,检察机关在全国范围内推进涉案企业合规整改工作。检察机关的涉案企业合规整改工作,不仅对涉案企业起到挽救作用,还给那些有违法、违规倾向的企业敲响了警钟,促使它们积极通过合规建设自我完善。

(撰稿人:刘生荣)

005 企业合规为什么需要党的领导?

习近平总书记在党的二十大报告中指出:"坚决维护党中央权威和集中统一领导,把党的领导落实到党和国家事业各领域各方面各环节,使党始终成为风雨来袭时全体人民最可靠的主心骨,确保我国社会主义现代化建设正确方向,确保拥有团结奋斗的强大政治凝聚力、发展自信心,集聚起万众一心、共克时艰的磅礴力量。"习近平总书记的讲话要求把党的领导落实到党和国家各领域、各方面、各环节,也包括落实到当前的企业合规建设中来。

企业合规需要党的领导,并不仅仅出于"政治正确"的考量,而是从企业合规在国家战略中的权重,企业合规的有效性预期,党对社会主义市场经济的引领以及企业党组织的功能诸方面综合研判的结果。

(1)要把企业合规上升到国家战略的高度,企业合规不仅仅是解决企业自身的生存发展之必须,也是优化营商环境,深化改革开放,促进经济全球化的大格局所在。企业合规如此重要,就不能只是作为一项企业管理或者法律保障工作来对待,而应纳入企业经营发展的中心议事日程,也应配备专门的管理或监督的机构或人员实施,这些工作只有在党的统一领导下,才能理顺关系,有效推进。

(2)企业合规是企业管理制度的根本变革,与此相应的还有政府的监管制度、企业的内控、风控、法务制度等。企业合规制度的建设,使企业内部经营与管理制度产生巨大变化,也涉及政府治理模式的改变,其影响力又波及国民经济的发展、社会乃至世界经济秩序的稳定,因此只能在党的领导之下才能有效把控其政治方向。

（3）把企业合规置于地方的党政工作重心,置于企业党组织的领导之下,这不仅仅是政治上的要求,而是因为企业合规确实需要党的领导,需要党组织为之保驾护航。合规工作只有置于党的领导之下,才能保证不走弯路,不误入歧途;也只有在党的领导下,才能排除各种内外思想阻力,以及假合规、冒牌合规等欺诈行为,保证其有效性,达到国家战略之预期。

（撰稿人:刘生荣）

006 怎样理解党的领导是对于企业合规有效性的保障?

1. 组织保障

由于企业合规是国家宏观经济战略的一个重要环节,企业合规的成效关系到党的中心工作,因此,党对企业合规的领导是必要之举。企业合规也只有在党的领导下,才能把握正确的方向,才能卓有成效地开展。党对企业合规工作的领导,不应仅仅满足于党组织负责人在合规领导机构挂名,而要把合规纳入企业党组织的议事日程之中,企业党组织的负责人应成为企业合规的第一责任人。鉴于一些企业一把手和党组织负责人不是同一人,特别是多数民企党组织相对松散的情况,合规的责任人应该由企业一把手和党组织负责人共同担任。企业党组织除了负责人承担合规责任、主动承担合规领导工作外,还应发挥党组织的动员、监督功能,发挥全体党员的模范带头作用。企业各个管理层级的党员,包括普通员工中的党员,都要承担起自己所在部门、工种的合规责任,并积极通过自己的带头、示范作用和鼓励、监督作用,完成自己所属单位、部门的合规任务。

2.思想保障

企业党组织在合规中除了可以充分发挥党的组织功能外,还有更重要的一个方面就是发挥自己的宣传、教育功能。党组织的宣传、教育工作(政治思想工作)是党的优良传统之一,无论是战争年代还是建设年代,党的政工队伍以及党领导的文化大军都发挥了巨大作用,是新中国革命和建设的主力军、胜利之师。在企业合规建设中,思想保障的工作也应当仁不让由党组织来承担。在企业合规中党组织的思想保障工作主要是两个方面:其一,对于企业合规的宣传,企业党组织中的每个成员不但要自己深刻理解合规的意义,而且要使企业的全体员工理解并支持合规,并积极在企业的经营、社会活动中宣示、维护企业合规的形象;其二,对于企业合规的教育,主要是发挥党组织思想教育和监督功能,针对合规工作中的问题和偏差,开展党内和企业内两个环节的批评和思想教育,纠正合规中错误的思想认识,纠正马虎和不严谨的工作态度,时刻保持高度负责任的态度。

3.行为保障

企业党组织应该成为企业合规的中枢。作为合规制度建设的最高决策者、管理者,企业党组织的负责人要切实根据国家合规标准的要求来落实自己的工作,而不是仅满足于挂名的责任人。企业党组织应该充分认识不合规的危害性、合规的重要性,制定企业合规的方针政策,积极建设和维护合规制度。党组织在合规建设中应发挥如下具体的领导作用:(1)制定、批准合规的方针政策,并付诸实施;(2)承担起合规组织和领导责任;(3)确保管理层、全体员工对合规的支持,承担相应的责任,建立必要的合规分支管理机构;(4)分级对所有员工进行合规培训,提升员工的合规文化素养;(5)确保合规行为及程序建立在自觉自愿的守法诚信基础上,建立在合规文化价值观的基础上;(6)将合规责任落实到管理层和全体员工;(7)定期评审合规管理体系,开展绩效考核,采取积极措施纠正合规风险;(8)党组织不仅要带头遵守合规制度,还要动员全体党员在合规制度建设中的模范带头作用。

(撰稿人:刘生荣)

007 为什么说党的理论联系实际、实事求是思想对于企业合规具有导向作用?

理论联系实际、实事求是,是马克思主义以及人类文明的优秀遗产与中国革命的实践相结合的产物。就企业合规而言,虽然其借鉴了国际化企业合规的模式,也借鉴了源于美国等西方国家企业合规的经验,但其已经与中国国情和企业的实际情况相结合,并不是对西方合规模式的生搬硬套。就像马列主义与中国革命实践相结合的历程一样,中国人民站起来、富起来、强起来,走上了民族复兴之路。中国的企业合规,也正是基于中国现阶段的社会主义市场经济发展现状,基于国际经济全球化和国内企业结构和发展需求应运而生的。

从中国发展历史和现状看,中国共产党的理论联系实际与实事求是的思想,始终是,也必须是企业合规的基本指导思想。具体到合规制度的建设,就是要与企业的具体情况相结合,为企业量身打造,建立适合企业自身发展的合规体系。中国的企业合规体系,虽然借鉴了西方的合规制度,但更具有鲜明的中国特色,如从宏观上看,其特色是中国的社会主义市场经济氛围,中华文明思想的潜移默化,以及中华民族伟大复兴激发的凝聚力;从微观上看,是企业旺盛的发展与创新需求,员工自强、自律与诚信的正能量。中国的企业合规,正是在理论联系实际思想指引下,将西方的合规理念与中国的国情、社情和企情良性结合的产物。

(撰稿人:刘生荣)

008 企业党组织在企业合规文化建设中发挥什么作用?

企业党组织在进行组织建设和思想建设的同时,应该将企业的合规文化建设作为一项中心工作来抓,或者说将合规文化建设纳入企业党建之中,作为企业党建工作的一项重要任务。将企业合规文化建设纳入企业党建工作,是一项行之有效的创新之举,也是完成企业合规制度建设的重要保障。(1)企业合规文化建设与企业党的思想建设工作是相向而行的。其一,就工作对象而言,企业合规文化建设是面向所有员工的,而企业党建的思想工作是面向企业中的党员的,但党员可通过自己的模范带头作用,最终带领全体员工共同进步。二者虽然切入的角度不同,但都是规范员工使其思想有更多正能量的,因此,二者不存在覆盖面的差异。其二,就工作内容而言,合规文化与党建思想工作在基本方面是共通的,例如爱岗敬业、守法诚信等,从某种意义上看,党建思想工作的内容更为广泛,例如马列主义信仰、爱国主义,对党忠诚等。但后者的广泛并不影响前者,反而是对前者的促进。(2)二者相互促进、相辅相成。党建思想工作,加上企业合规文化,就可以对企业的员工思想中相关个人、企业、社会、国家的内容全覆盖、无死角。有利于达成上述思想正能量的聚集,进而从企业辐射到整个社会。(3)党建思想工作的最大优势就是可以充分发挥组织的力量和党员的模范带头作用。这对于推进企业合规文化建设,乃至促进企业合规制度建设是至关重要的,特别是在企业合规制度建设的初期,在党组织强有力的领导之下,在党员的模范带头下,有望迅速打开局面,推进合规文化建设的起步。(4)企业合规文化建设除了充分发挥企业党组织的领导和党员的模范带头作用外,还可以通过党组织的监督作用,促进企业规范经营,减少和预防违规违法行为,促进企业诚信经营,排除合规风险,从而为合规文化建设排除思想障碍,为合规文化创造良好成长环境。由此可见,在合规文化建设中,依靠党组织,在党组织的领导下积极推进,不仅是必要的,也是可行的。把企业文化建设纳入企业党建工作的任务之中,是新时代企业党建工作的重要任务。

(撰稿人:刘生荣)

009 企业合规是怎样融入经济全球化潮流的?

世界经济的全球化发展是不可逆转的历史潮流。在世界的多元化格局下,必然会在国家间产生种种政治、经济利益冲突与矛盾,形成各种政治与经济壁垒。WTO 以及诸个多边贸易规则为全球化经济交流提供了通道和工具。但各国企业之间的文化、道德、管理差距往往是造成国际贸易争端与不良商业竞争的温床,是构成国际贸易通道不畅的障碍。加之企业间存在商业贿赂、垄断、恶性竞争、背信、欺诈等顽疾,严重破坏了国际商业秩序,阻碍了国际商业活动的正常进行。由于国际法层面缺乏针对国际商务犯罪的治理工具,所以各国寄希望于国内法对此进行管辖,于是又产生了诸多的问题和矛盾。(1)各国国内法之间存在巨大差异,这些差异会导致司法的不平衡。某些行为在 A 国构成犯罪,在 B 国不构成犯罪,如果 B 国企业依据 A 国的法律被处以刑罚，B国就会反对；如果A国的企业因同样的行为在B国不受处罚，A国的司法机构也不会同意。这种普遍存在的现象，是引发国际贸易混乱和司法纠纷的主要原因。(2)多数国家从贸易保护主义出发，规定了较为宽泛的管辖权，包括对本国企业在国外犯罪的管辖、外国企业在本国犯罪的管辖、外国企业在第三国对本国企业犯罪的管辖等。由于管辖背后蕴藏着巨大的商业利益，因此管辖冲突引发的商业利益之争往往会对国家关系造成不良影响，甚至引起国际冲突。(3)一些强国，利用国家的政治经济优势，过度使用或者滥用国内法管辖权(长臂管辖)，而罔顾他国的管辖权和利益，在国际上引发种种不满。更有甚者，某些大国还利用"长臂管辖权"打压本国企业的竞争对手，褫夺别国企业的资产，给国际贸易带来的危害十分严重。一些发展中国家，特别是第三世界国家的外向型企业，经济基础薄弱，法律风险意识不强，特别容易"中招"，由此备受摧残。

为了改变这种状况、维护国际商业活动秩序、帮助和扶持外向型企业健康发展，国际社会逐步开拓了以企业合规自律为基础的国际互动治理模式。即在建立国际社会统一认可规范的基础上，参与国际商务活动的所有企业自觉建设符合国际商业规范的合规体系。企业建立了该合规体系后，由国际权威机构对于企业所建成的合规体系的有效性进行统一认证。国际商务活动在经过认证的合规企业之间进行，就相对安全。与此同时，世界贸易组织、国际金融以及相关机构，也在职权范围内加大了对合规企业的鼓励与支持，加大了对违规企业的处罚和抵制。对于违规企业的处罚也以减免为条件，鼓励和倒逼这些企业进行合规整改，使其回归到合规企业的队伍中来。

为此国际标准化组织在2014年发布了第一个合规管理的国际标准：ISO 19600:2014《合规管理体系 指南》，之后在2021年发布了ISO

37301 国际标准。该指南由中国和世界其他 140 多个国家共同起草,旨在打通各国企业之间的文化、管理壁垒,建立起良好的国际合规贸易秩序。各国企业可以在依据 ISO 37301 国际标准建立起自己的合规管理体系,基于共同的合规文化、价值理念、共同遵守的合规规范开展商务活动,从而减少国际商贸的摩擦和纠纷,提高了效率。

(撰稿人:刘生荣)

010 中国的企业合规与国际合规的关系?

中国的企业合规的战略决策,是与 ISO 37301 合规管理体系相向而行的。中国是 ISO 37301 合规管理体系的五个发起、起草国之一,尽管一些西方贸易大国弃权或者反对,但目前这一体系受到各国普遍的认可和遵守,成为国际经贸的主要护航手段。由于合规建设在跨国企业和各国的外贸企业普遍推开,国际贸易中的违法犯罪案件、违规贸易纠纷减少,一些大国的长臂管辖也失去对象。鉴于中国是世界第一贸易大国的地位,中国参与和积极推进的 ISO 37301 合规管理体系,将会对世界贸易的稳定和繁荣做出巨大贡献。

由国家市场监督管理总局,国家标准化管理委员会根据 ISO 37301 国际标准和 GB/T 35770—2017 国家标准修改制定的 GB/T 35770—2022 国家标准已经出台。这是我国企业合规的国家标准。目前中国企业合规潮方兴未艾,与中国的深化改革相得益彰,有望在近年结出硕果,促使中国经济发展进入快车道,也会对国际合规贸易起到引领作用。

(撰稿人:刘生荣)

011 我国企业合规是如何与社会主义市场经济融合的?

企业合规不仅是国家对于企业管理模式的改变,而且有利于全球化经济的发展,同时还是我国改革开放进入深水区后,与社会主义市场经济高度融合的产物。从表面上看,企业合规似乎是一个完善企业法律监管制度的问题,但实质并非如此,合规主要是一个企业管理层面的问题,是通过对企业管理的各个层面进行全面规范化、制度化建设,使其在自律的基础之上,构建和完成全面的合规制度体系。合规体系是一个自我约束、自觉守法、守信和具有一定自保能力的全新企业管理模式,企业的内控、风控、法务工作者以及律师在合规建设中,主要作用是建设合规制度和合规文化,使之规范化、常态化,以及存证(留痕)和事后的法律救济。在合规的模式下,企业有了更多的自主权,更多的商业机遇,更好的生存环境,企业行为与市场经济更为融洽。

企业合规是生产力和生产关系的辩证发展。改革开放初期,国家为维护社会主义市场经济秩序,遏制企业野蛮生长,建立了一整套强监管体系,并根据市场经济秩序的需求,不断查漏补缺。随着新兴产业的涌现,如互联网经济、电子商务、产业全球化,以及高科技、数字化进入生产、生活的各个领域,激烈的市场竞争迫使企业需要更多的自主权、更灵活的发展空间。强监管模式已经不能对新型市场经济起到引领作用,甚至遏制了企业的活力。国家对企业的治理模式由强监管向合规自律转化,这是对原有生产关系的突破,也是对新兴生产力的解放。企业合规是生产关系在社会主义市场经济中改变的结果,是生产力和生产关系的新格局。

(撰稿人:刘生荣)

012 为什么说我国企业合规符合市场经济发展的动态特征？

企业合规的评价体系与通常的企业达标不同，它不是只满足于追求一次性的成功测试，而是一个在动态中的稳定过程，即在企业合规制度建立的同时，保持与合规企业的经营管理活动一致的常态化模式。在一般情况下，企业经过某一标准化建设后，通过考核或者评估达到该标准所要求的指标，即获得相应的证书或者文件认可。认证成果会成为达标者的身份标签，或者某种能力、资质的证明，被长期使用或者在一定时期内保有。而企业合规与此不尽相同：(1)在企业合规建设的起始阶段，需要从自律的角度对企业的合规风险进行系统评估，制定查漏补缺的合规整改方案；而企业达标活动所注重的是企业的状况与标准的差距，甚至不需要关注是否有风险的存在。(2)在企业合规建设的实施阶段，需要从合规制度建设、合规文化教育和合规过程存证三个方面同时进行；而企业达标多聚焦于制度建设成果的考核方面。(3)在企业合规建设成果的考评方面，需要从合规成效和持续稳定性进行测评或者认证；而企业达标主要是静态测评，并不注重动态稳定和持续性。

企业合规的动态性特征，标志着企业合规是与企业的运行同步进行。企业的一切生产经营活动都是在合规模式下进行的，合规观念被贯彻于生产经营者的思想和行为之中，建立在自觉自愿基础之上。

（撰稿人：刘生荣）

013 为什么说我国企业合规与企业管理是高度融合的?

企业合规已经超过企业法务或者风控的职责范围,是企业生产经营活动的一个必要组成,融合于生产经营的各个环节,且密不可分。(1)在企业合规的状态下,不但减少了违法犯罪的机遇,还减少了企业之间的纠纷与冲突。以预防企业违法犯罪、解决企业经济纠纷为己任的企业法务、风控部门的工作负担将大幅减少。部分风控、法务人员可以向企业合规管理方面转型,在企业合规制度建设和合规存证方面发挥专长。(2)风控、法务人员的加入,并不能改变企业合规的管理科学性质,企业合规是一门独特的新型管理科学,既不同于以往的企业管理,也不是企业管理和法律风控的简单融合。虽然法律对企业合规的保障和支撑作用不可替代,但合规终归是以生产经营的管理活动为中心的制度和行为体系。(3)企业合规与企业管理的高度融合,还表现为合规制度是为企业的自主经营量身打造的"外骨骼"和"保护衣",根据企业的专业特长、产业优势顺势而建,并能有效避免企业的短板和劣势。通过合规,不但使企业违法风险降到最低,而且有望激发企业创新潜力。

(撰稿人:刘生荣)

014 什么是企业合规的全员互动模式?

企业合规关系到企业的发展和兴衰,也涉及企业成员的共同利益,与企业的生产经营活动一样,需要企业所有员工的共同参与、一致行动。(1)根据自律原则制定的合规制度,需要全体员工自觉遵守,自愿履行相应的合规义务。企业员工除了保证自觉遵守合规制度外,还需要督促其他员工也自觉遵守,每个员工都负有维护合规制度的责任。合规不但使企业所有员工成为利益共同体,也使他们成为命运共同体。(2)企业合规文化建设,需要企业员工共同树立合规意识,自觉把思想统一到合规文化轨道之上。我国合规文化建设,是与企业的党建工作同步进行的,这是我国与境外合规文化建设的不同之处,也是我国合规文化建设有效性的保障。有了企业党组织的领导,有了党员职工的模范带头作用,企业合规文化建设又多了一层保障。(3)根据合规存证的需求,保存合规证据也应成为企业中每个成员的自觉行动,无论企业的合规证据是否与自己有直接的关系,均有保存和防止灭失的义务。虽然合规存证具有法律专业性,但并不意味着合规存证与一般员工无关,因为通过合规存证可以达到多重的效益:其一是倒逼合规建设更加制度化、规范化;其二是为事后的法律救济保存完整的证据体系;其三是使当事人有充分的证据自证清白。

合规建设的全员互动是与企业的生产经营活动同步进行的。合规并不是一项独立于生产经营之外的社会活动,也不是凌驾于企业管理之上的监督和风控体系,而是生产经营活动本身规章制度的建设和完善。(1)合规建设与以往的规章制度建设不同之处是,在强监管模式下的规章制度是以不触犯法律法规为目标,是企业的被动行为;而合规制度建设是以自觉遵纪守法为目标,是企业的主动行为。(2)在强监管模式下企业的法律、风控部门的职责是协助政府监管,以应对政府监管为目标,规范企业的行为,因此是独立于企业的生产经营活动并凌驾于其上的;而企业合规建设的机制与此不同,它本身就是融于企业生产经营的一种管理制度,或者就是生产经营活动本身的规范化模式。(3)合规企业的生产经营者,同时也是企业合规的实施者,企业的各级管理人员,也根据企业合规的不同要求,承担着与自己职责相应的合规制度建设和管理任务。

(撰稿人:刘生荣)

015 企业在合规模式下是如何良性发展的?

就企业而言,启动合规建设意味着改变原有的强监管下的被动模式,进入合规自主发展阶段。在被监管状态下,一些企业靠"打擦边球"规避法律法规,在监管的夹缝中求生存,在恶性竞争环境中求发展。不但法律风险增大,还使企业的生产、经营成本增高,企业经济效益下滑。高风险、高成本和低效益遏制了企业的活力和创新力。企业的合规建设旨在改变上述情况,帮助企业从困境中突围,促使企业走上良性发展的道路。(1)从法律风险控制的角度看,企业合规改变了企业被动守法的局面,企业守法的理念产生质的改变。企业由对法律处罚畏惧产生的守法初衷,转变成为企业的生存发展而自觉守法意愿。(2)从利益的角度看,企业从畏惧因处罚导致利益损失,转变为合规守法会获得更大的经济效益而努力。企业合规经济效益包括企业良性发展获得的利益和减少违法犯罪的成本两方面。(3)从发展角度看,合规为企业的可持续发展奠定了内外基础,包括企业自身的活力增长和全社会企业合规后营造出的良好商业氛围。

企业普遍合规后,合规企业之间的商业互信互动,是未来我国社会主义市场经济的基本运行模式。企业参与市场经济活动的成本降低,国家监管的资源得以节约,社会秩序也因此得到改善。(1)合规企业之间的商业行为,由于合规纽带的连接而减少了猜疑和不信任,无论是合作经营还是贸易往来,都变得相对简单而有效。(2)合规企业通过交换各自的合规信息,在透明的情况下互信互动,对未来合作成果和交易安全性有了可预期性。(3)合规企业之间的良性互动,又可以对尚未开展合规建设的企业起到示范和引领作用,促使这些企业将合规提上日程,或加快合规进程,早日进入合规俱乐部,享受合规红利。

(撰稿人:刘生荣)

016 企业合规中政府职能是如何转化的?

由于企业合规本身就是政府对企业的治理手段,政府在企业合规中的作用是不可替代的。政府在企业合规中始终起着核心和灵魂作用。以政府职能部门为主导的企业监管体系,随着改革开放的深化愈趋完备和严密,不仅包括市场监督的方方面面,也包括重大项目的审批、特殊经营的许可和监管、安全生产、税财、环保、产品质量等。与之相适应,企业为应对监管设立了相应的内控、风控、法务等部门或岗位。政府与企业是监督与被监督的关系,监督凌驾于企业管理之上。监管制度建立的出发点都是基于政府行政的方便、有效发挥监管职能之上,而不是从企业便利的角度考虑。就监管制度而言,一般要求是在国家、地区或者行业实施同样的制度,不得因时间和地点或者监管对象的变化而变化,无差别地对所有被监管对象适用。监管模式所基于的底线思维,例如以不违法、不犯罪、不失信、不欺诈等最低标准为制定监管制度的依据或目标,或者以最差的被监管对象为参照物设计监管的内容和强度。由此制定的企业监管制度,难免产生木桶效应,导致一些优秀企业被束缚,企业活力得不到释放。

建立企业合规制度,可望突破政府强监管模式下企业发展的瓶颈。企业合规制度,根据企业自身的特点量身打造,在充分发挥企业自身优势和特点的基础之上,建立起一套遵纪守法、诚实守信的自律制度。与被动守法守信不同,企业合规是建立在自觉、主动的基础之上的,因此:(1)企业守法守信更具有真实性、稳定性;(2)企业的经营、管理活动更为主动和灵活,可以充分发挥企业的核心竞争力和产业优势;(3)合规企业本身所产生的信用优势,可望在招投标、信贷和企业间合作方面更具商业优势;(4)合规企业的违法犯罪和商业纠纷减少,政府监管、治理的成本下降。

从国家对企业治理的层面上看,随着企业合规制度的建立和完善,部分与之相应的监管需求也会逐步下降。监管强度与企业合规进度呈反比例关系,此消彼长。最终的发展趋势将是:政府监管逐步由行政部门事前监管过渡到执法、司法部门事后监管,政府行政监管部门的职能由监管转化为服务,这种职能转换是一个渐进的、积极稳妥的过程。

(撰稿人:刘生荣)

017 在企业合规建设中有哪些主要危害因素?

企业合规建设意味着政府强监管模式向合规模式的改变,但这种改变是一个渐进的、无缝对接的过渡。在这个改变期间最大的危害因素就是假合规、贴牌合规或者劣质合规。具体表现为:(1)所谓假合规,就是挂着合规的名,不行合规之实。例如有的企业不进行任何合规整改和合规制度建设,但通过公关或者赎买,或者通过欺诈手段获得合规资质或者认证,或者伪造、变造合规资质文件冒充合规企业。认定假合规的关键就是看该企业有没有合规事实,有没有认真进行合规整改或者建立合规的制度和体系。假合规对于国家的合规制度建设的危害极大,假合规的企业会利用合规企业的背书和信誉,占据更多的市场份额,获取不当利益。由于假合规的存在,真合规企业反而在商业竞争中被动、吃亏,因此假合规是对国家合规建设的最大危害。假合规虽然识别起来容易,但由于假合规往往与利益团体、不良社会关系网紧密联系,因此是危害国家合规建设的一大顽疾。(2)所谓贴牌合规,就是基于对合规的错误理解,将企业原有的内控制度、合同风险审查制度、财税管理制度等,以及监控制度加以系统化、集约化和优化组合,形成一个更完备的体系,并冠以"合规"之名。目前我国的企业合规普遍存在这种"贴牌"现象。究其原因,首先是一些企业急于求成,急功近利,在原有的法务、风控、内控人员和制度基础上组建合规团队,建立合规制度体系,完成合规的"速成"转化;其次是缺乏对于合规的正确认识,缺乏合规文化观念,将原来应对政府监管的企业内控、风控制度的改良误认为是合规制度建设;最后是合规人才的缺乏,对原有企业法务、风控、内控转轨合规人员缺乏合规专业知识培训。贴牌合规的危害虽然不及假合规,但严重影响合规的质量,误导企业在合规中走弯路,使许多企业"欲速则不达",造成资源浪费。(3)所谓劣质合规,是指一些企业在合规中粗制滥造,不是严格按照国家合规标准建立合规制度,不认真按照合规程序进行,甚至有的企业"选择性合规"。企业虽然也走完了合规的过程,但质量远不能达到合规要求,企业在合规中走了过场,最终还是贻害企业自身。因此,产生劣质合规的主要原因是合规辅导不专业,而企业领导和员工不重视是另一原因。

(撰稿人:刘生荣)

018 政府在企业合规中应采取哪些保障措施?

在企业合规进程中,消除影响企业合规的危害因素,是政府合规保障工作的重点所在。政府应把合规保障作为维护社会主义市场经济秩序,发展和引领地方经济的一项重要任务来抓。从理论上看,在多数企业完成合规建设之后,市场经济环境就会产生根本改观,政府的强监管将失去必要性。但实践情况并非与之同步,企业合规本身就是一条艰难的道路。企业合规的三个主要危害因素是假合规、贴牌合规和劣质合规,出现任何一个都会使合规前功尽弃。而消除上述危害因素,只有政府才可以做到。为此,政府需要对症下药。(1)采取坚决措施打击假合规,对假合规零容忍。政府的优惠政策向合规企业倾斜,对于尚未合规企业给予鞭策。在政府层面形成一种鼓励真合规,打击假合规的氛围。对于假合规企业获得的非法或者不当经济利益,坚决予以处罚、剥夺;对于真合规企业的合法利益予以保护。政府对于假合规企业的打击力度越大,企业合规的积极性就会越高。(2)加强对于企业的合规业务巡视和指导,防止贴牌合规的误导,及时发现问题,把握合规的方向。政府主管部门应该对于企业的合规领导、管理人员进行系统培训,通过培训,树立合规观,明确合规目标,必要时经考试方可上岗。坚持按照国家合规标准建立合规制度,坚决杜绝贴牌合规。(3)加强对于合规质量的监管,对于合规评估、认证的监督和管理。特别是对于中小企业,由于数量基数巨大,政府难以监管到位,因此依靠评估、认证机构的公正行为,可望倒逼企业提高合规质量,防止劣质合规。

(撰稿人:刘生荣)

019 政府在企业合规中应开展哪些服务?

企业合规建设使社会主义市场经济焕发了新的活力,在企业走向全面合规后,由于企业违法犯罪和恶性竞争下降,政府的监管需求逐步减少,企业更需要的是政府的服务。政府在积极推进和帮助企业进行合规建设的同时,也在为企业创造更多的便利和商机。政府对企业的事前监管逐步走向事后监管,在事后的行政、刑事处罚中,政府和司法部门也将合规整改作为减轻、从轻和免于处罚的附加条件,以期倒逼企业通过合规整改回归正常,不仅可以避免企业因此倒闭或破产,还可使企业焕发新的活力,重新回归或者融入市场经济之中。

政府对企业合规的服务,应包括如下内容:(1)制定所辖范围企业的整体合规规划,建立合规领导和服务监督体系。(2)建立合规数字化信息和服务平台,通过数字技术引领、监督企业的各项合规业务,包括企业合规的背景、现状、问题与解决,评估与预警。(3)选聘辅导和帮助企业进行合规建设的咨询团队、服务团队,并进行监督和提供必要帮助,创建良好的合规建设氛围。积极推进合规认证工作,包括国内、国际认证。(4)推进合规文化建设,与企业党建工作和中华文明教育相结合,创造中国特色的合规文化。(5)支持司法机关和行政执法机关的附条件合规整改,积极支持涉案企业的合规建设。(6)对企业合规坚持常态化评价与监管服务。在企业完成合规建设,取得合规认证后,政府的合规监管服务随即转化为常态化检测和管理。以期使企业的合规处于常态化之下,保证企业一直处于合规经营状态。

(撰稿人:刘生荣)

020 合规企业应承担哪些法律义务?

合规企业所承担的法律义务与未合规企业的主要差别就在于出发点不同。合规企业之所以要遵守法律义务,是因为自身的合规需要,是主动的自觉行为,以企业不违法为预期;而未合规企业遵守法律义务,多为被动的非自愿行为,多以企业不受处罚为预期。

根据 ISO 37301 国际标准,以及我国企业合规 GB/T 35770 国家标准的要求,企业合规所应遵守的法律义务为:(1)法律法规:包括我国司法管辖范围内的现行法律、行政法规、地方性法规、自治条例等。(2)司法解释:包括最高人民法院、最高人民检察院、公安部、司法部以及国家检察委员会等的司法解释。(3)有效的司法文书:包括法院的生效判决、裁定、调解文书,仲裁裁定书,检察机关的司法建议、公安机关的处罚决定、行政执法机关的处罚决定等。(4)根据国家、国际法律、法规和商务规则所鉴定的合同、约定、备忘录、承诺书等所产生的义务。(5)依据司法判例、最高司法机关的指导案例、行政机关的通告等企业应遵守的义务。

对于外国企业或者跨国企业来说,不仅要遵守所在国的法律义务,也要遵守中国的法律义务。同理,中国的涉外企业也应在遵守国内法律义务的同时,遵守商务活动所在国的法律义务。

(撰稿人:刘生荣)

021 合规企业如何进行法律自救？

合规建设完成后，也不能完全保证企业不违法犯罪或者不陷入法律纠纷。一旦被法律问题困扰，企业可以通过合规自救以求解脱。企业法律自救包括合规存证和法律救济。

所谓的合规存证，就是企业在合规建设中遵守或者履行法律义务的证据留存。包括：(1)企业合规领导组织机构、领导体制、管理人员、岗位以及合规团队的组织架构、岗位职责。(2)企业合规管理制度以及制度建设的存证。包括合规管理制度本身、制度的建立过程、相应的文书。(3)合规风险的测评、应对与管控机制、合规目标以及合规风险预防、处置措施。(4)合规绩效评价方案以及评价机制，合规整改和长效化措施。(5)合规文化建设、合规宣传教育以及合规常态化。合规存证的目的不仅仅是为了一旦出现合规风险为法律救济提供依据，还在于为合规自测评价和合规认证提供依据。

企业合规的法律救济，就是企业一旦陷入合规风险，或者违法犯罪，企业就需要进行法律救济。合规企业的法律救济应包括两方面的内容。(1)对于已经完成合规建设或者通过合规认证的企业的法律救济。由于在此前的合规建设中已经留存了相当多的合规证据，如果这些证据足以证明可以免除或减轻企业或企业负责人、涉案人员的法律责任，就可以直接向司法部门提供。或者作为律师、企业法务人员辩护或请求法律赦免的依据。(2)对于尚未开始合规建设或者尚未完成合规建设的企业，就需要根据最高人民检察院办公厅等九部门的《涉案企业合规建设、评估和审查办法(试行)》的规定，在认罪认罚的前提下申请合规整改，经过第三方机构的评审和检察机关认可后做出不批捕、不起诉或从轻、减轻的司法建议。

（撰稿人：刘生荣）

022 企业合规需要哪些律师服务？

律师在企业合规建设中的作用，也充分体现了中国特色社会主义法治体系下，律师制度与西方的不同。中国律师的视野更为宽阔和长远。从横向看，律师在优先考虑当事人利益的同时，也在兼顾社会乃至国家的利益，从纵向看，律师不仅要考虑当事人的当前、近期利益，还应考虑当事人的长远利益，考虑到国家和社会的未来发展以及当事人在其中的位置。

企业合规中律师服务也包括两个方面的内容。（1）在企业合规建设中的法律服务。企业合规是企业管理制度的升级版，即在原有企业管理制度基础之上，根据企业合规自律的需求和企业的实际情况，以规避合规风险和有助于企业发展为目标，对企业的管理制度进行系统的完善。企业合规建设同时还要考虑到企业法律救济便利性和有效性。所谓便利性，就是把握好企业合规各个关键节点的存证，并开通查询渠道；所谓有效性，即各个留痕节点的证据可充分证明合规建设的真实性，排除企业和相关人员的主客观过错或者罪过。（2）企业涉案后的法律服务。涉案企业的法律服务主要是律师的咨询、辩护工作，也包括涉案企业合规整改、评估和审查中，律师作为辩护人，涉案企业代理人的各项工作。在涉案企业的法律服务中，律师的作用有所扩展，即不仅要考虑涉案企业的眼前利益，还要考虑涉案企业的长远发展。通过自己的法律服务,在维护当事人的利益的同时,积极配合司法机关、第三方服务机构完成企业的合规建设,在帮助企业摆脱法律困境的同时,推动企业走上良性发展的轨道。

(撰稿人:刘生荣)

023 合规文化的价值观在企业合规中有哪些作用?

根据 ISO 37301 国际标准,合规文化的价值包括如下内容:(1)合规文化通常由贯穿于整个组织的价值观、道德规范、信仰和行为构成。合规文化包括但不限于合规企业本身,其有更为广阔的覆盖面,即除了合规企业自身之外,还应包括合规企业所在的行业、国家和国家社会的相关企业和相关从业人员,如政府与企业有关的监管、服务和司法人员、国际社会和组织有关人员以及为合规服务的机构和人员,如会计、审计、律师等。合规文化的价值需要在合规的不同层级中形成相对稳定的共识。(2)合规文化是与相应的层级的组织机构,即企业、行业、国家和国际社会的系统相互作用的,其作用的结果就是产生与合规的使命、愿景和目标相一致的行为规范。合规行为规范应基于每一个合规的参与人员,不论是领导还是员工,都应加强对合规的重视,并明确自己在合规行为体系之中的地位和作用,了解自己行为和他人行为在合规中的地位、作用和关联性,形成行为合力。(3)合规文化反映了合规的各级领导机构、领导人,合规的各级管理层、员工和相关各方对于合规风险的意识和态度。包括对于合规重要性的认识、对于合规风险危险性的认识和对合规风险的防范意识。

合规文化的价值在合规中具有重要的内驱作用:(1)为应对合规风

险提供原则性指引。各级合规组织依据合规价值观、道德规范和信仰，建立各项合规规章、制度以及员工的行为准则，都应以上述价值观、道德规范和信仰为指引，将合规文化价值融于其中。(2)增强合规主体的主动合规意识。合规文化为合规提供正能量，从正面影响和规范合规行为人和相关人的合规行为。合规文化可以充分发挥其影响力，提升合规人员的认同感，促使合规人员树立主动合规意识。合规人员不但要积极参与、配合合规制度的建设，还应及时发现不合规行为和合规隐患，主动采取补救措施，积极参与预防合规风险行为。(3)合规文化还应提升合规管理的效益、促进实质性合规。具体实施中，把合规文化因素体现在合规方针政策的制定中，融合于合规制度的建设中，使合规文化渗透到合规组织(企业、行业、国家、国际)的各个层面，渗透到合规的各个领域，以促进预期的合规结果或者合规目标的实现。

(撰稿人：刘生荣)

024 合规文化体系建设的有效性和途径是什么？

合规文化体系建设的有效性应落实到能够有效应对合规风险，降低不合规发生的可能性，以及顺利实现合规目标几个方面。为此就要求合规文化建设的各级组织机构，包括企业、行业、国家和国际组织，发挥最高领导层和管理层的作用，下大力气和充分应用合规的价值观、道德规范和信仰来塑造合规文化，并且身体力行极推进。从而形成一种鼓励合规，对不合规零容忍的团队意志和社会氛围。形成一种有利于合规文化传播，扩大合规价值观影响的良好舆情。

合规文化体系的建设应包括建立、维护、推广和实现各个环节。

(1)合规的最高领导层决策并以身作则地投身其中。(2)合规的管理层全力推进,且言行一致,不走过场,不敷衍,也不急功近利,真正将合规文化融入管理制度之中,融入合规人员的行动之中。(3)使合规团队处于良好的合规文化氛围之中,通过合规文化的纽带,在合规中,使各个成员形成共识,为在合规建设中统一思想、分工负责、相互配合奠定思想基础。(4)在合规同事之间,建立互信、互促的正面关系,在合规行动中相互支持,互帮互促,查漏补缺。

(撰稿人:刘生荣)

025 中国合规文化的基本内涵是什么?

中国合规文化的内涵与中国国家体制一样,具有中国特色,即在合规文化体系的内涵之中,既加入社会主义核心价值观和中华文明思想的内容,也吸收了西方社会治理思想的精华。其基本内涵包括:(1)习近平法治思想与合规文化。习近平总书记指出:"法治是最好的营商环境。"企业合规是国家对于企业治理的一个新模式,企业通过自律合规,自觉遵纪守法,防范违规风险,构建起全社会的良好营商环境。习近平总书记在多个场合鼓励企业家自强自律,"要练好企业内功,特别是要提高经营能力、管理水平,完善法人治理结构"。习近平总书记多次强调要构建新发展格局,加快建设高效规范、公平竞争的市场环境,转变政府职能、提高政府监管效能等。习近平法治思想对于企业合规具有重要指导意义,因此也是企业合规文化的一项重要的内容。(2)社会主义核心价值观。即富强、民主、文明、和谐,自由、平等、公正、法治,爱国、敬业、诚信、友善,是在马列主义、毛泽东思想指导下,吸收中华文明的精髓和西方优秀文化基础之上形成的,是中国特色社会主义的思想灵魂。社会主义核心价值观潜移默化融入中国合规文化之中,成为其精神支柱,在合规文化中起着不可替代的作用。例如公正与和谐、爱国敬业、诚信友善这些都是企业在合规建设中必须遵守的基本道德规范。而富强与法治、民主自由、文明平等这些又都是企业合规对于国家、社会乃至人民群众的责任和目标。(3)中华文明。五千年的中华文明思想源远流长,早已融入了中华民族的血脉中。中华文明中的社会治理思想和制度,对于现代企业合规建设具有重要指导意义。中国古代社会治理的基本制度,除了具有制度规范功能外,还兼具道德规范功能,国家通过道德对于大多数人进行约束,只对于少数不守道德者实行刑律约束。德与刑是两个极端,德处于首选的高端,刑处于备选低端。德从社会的高端向下辐射,规范社会高层、中层;刑从社会最底层向上辐射,规范社会底层、中层。所谓"礼为有知制,刑为无知设""德主刑辅"。刑罚作为道德的补充,可以覆盖到道德不能达到的社会层面;反之,在道德规范能够所及的社会层面,道德教化是优先的考虑。中国古代的文化对于企业合规制度建设具有重要意义。合规文化就是企业合规的道德规范,通过合规文化建设,使企业的从业人员,特别是高层、中层领导以及大部分的人员树立自觉的合规意识,再用制度对合规意识淡薄者进行约束。这是中国古代几千年社会治理的基本经验。(4)西方社会治理思想。受近代实用主义哲学和功利主义思想的影响,在由国家强监管向企业自律合规的治理模式转轨中,西方国家建立了一套合规文化体系。西方合规文化体系中的精华部分,也体现在 ISO 37301 标准之中。其一,合规的长期、持续和有效性;其二,合规的组织性,价值观约束力的发挥;其三,发挥合规文化的优势,助力于企业的就业、发展、信誉、抗风险能力、减少违规损失等;其四,国际社会通过合规文化的传播,形成普遍共识。

（撰稿人：刘生荣）

026 企业合规中制度合规和文化合规是什么关系？

企业制度合规和文化合规是两个不可分割的部分。一定的社会制度一定要建立在一定的思想文化之上，否则制度建设就会缺乏根基，缺乏根基的制度就不是一个稳定的制度。合规文化的内涵包括依法治国的理念、中国特色社会主义核心价值观、中国传统的道德观、西方合规文化的积极部分。合规文化与合规制度互为表里，因此可以认为企业合规中制度合规与文化合规是不可分割的关系；在企业合规制度建设中，始终是与合规文化互动的。（1）就企业合规的制度建设本身而言，其是根据企业经营管理的需要和企业员工的实际情况制定的，最终要落实到人的行为之上。而企业员工的合规经营行为是建立在自觉自愿的基础之上，是领导与员工的自主行为，每一个合规的成员都清楚知道自己行为在合规制度建设中的意义。（2）就合规文化而言，其是为合规制度建设服务的，包括对于合规的品宣、合规的意义、合规制度的正当性、可行性的诠释，合规的法律后果、商业利好的预测与宣示。在合规文化支持下，合规参与人员的思想统一，不仅了解合规对于企业的利好，还了解合规对于国家和社会的积极意义。（3）合规制度建设在合规文化的支撑下，进入良性发展的轨道，其有效性、稳定性将大幅度提高。（4）一些合规中的不良行为，例如虚假合规、贴牌合规以及偷工减料的劣质合规现象，会由于合规文化的正能量熏陶而得到遏制。由此受过政府处罚的上述行为人，也会在合规文化的后续教育中改过自新。

由此可见，合规文化建设与企业合规制度建设同等重要，如果说合规制度建设是有形的话，合规文化建设是无形的，存在于人们的观念形态中，是规范企业合规参与人的心理状态的。合规文化还不仅仅是企业合规的参与人同心协力、为共同的目标奋斗，还会在全社会形成合规氛围，使全社会达成合规共识，对合规企业尊重和信任，对不合规企业排斥和警惕。

（撰稿人：刘生荣）

027 为什么在合规管理中要应用数字技术？

互联网、大数据、人工智能引领着世界进入第四次工业革命，企业作为现代社会的基本经济单位，既是第四次工业革命的践行者，也是第四次工业革命的受益者，是第四次工业革命的中坚和主导力量。旨在自我完善和改变治理结构的企业合规建设，在合规管理中引入数字技术，既可以提高合规的有效性，又可以提高企业的活力和创新能力，促进第四次工业革命的深入进行。

现代社会中，数字技术的普遍应用已经成为不可逆转的潮流，传统的业务模式和交易过程如果不进行及时转型，企业就会面临被淘汰的困境。现代社会的产业互联网和消费互联网，以及相应的大型的交易平台、数字化的交易方式，已经成为企业为求生存和发展的不二选择。政府也在通过数字技术建立起法律、制度的规范，用数字技术对交易和业务模式进行规范化、法制化管理和保驾护航。应用数字技术进行合规管理，就是基于上述需求。

（1）在合规管理体系的建立、开发、实施、评价、维护和改进的各个环节,全面和合理应用数字技术,可以提高管理效率,节约人力物力。
(2)企业合规管理中,应用数字技术工具进行测试、优化和升级,不仅可以提高准确性和适应性,还可以为与其他合规单位的对接与融合提供便利。(3)合规数据的准确性应包括真实性和精确性。只有依据真实和精确的合规数据,才有望在合规的风险控制、培训、绩效和持续改进中提供最有效的数据和信息,才可能保证评估和决策的正确性。

(撰稿人:刘生荣)

028 数字技术在合规管理中如何应用?

(1)合规义务和判例数据库。包括合规的法律法规,判决、裁定、仲裁等生效法律文书,相关司法解释、司法建议、判例等。由此引申出合规企业和个人相应的守法义务,依法行为义务以及对于违反义务后果的预期。(2)合规风险数据库。其不仅仅是根据企业的具体情况对于可能风险的预测,也包括对于企业以往的违法、违规行为的记录、经验教训的总结,以及类似风险的防控预案。(3)合规培训数据库。是指对于企业中合规相关人员进行合规培训的记录。根据这一数据库,可以对企业中合规培训的全过程和培训进度、考核情况全面了解和把握。(4)合同管理数据库。其可用作企业运行中的合同制定、审查、合同鉴定程序管理,合同履行中的监管和风险预警等。(5)财务管理数据库。其可用作财务制度数据管理,以及对财务违规、违法监察,违规资金流动的控制等。(6)合规信息、数据搜索引擎。其是相关合规的所有信息、情报、图书资料、法律法规、司法文书、行政、司法案例的检索、储存系统。(7)合规数据分析和展示系统。其相当于一个合规人工智能系统,对于企业合规的各种行为、数据进行综合分析、展示,为合规领导层决策提供参考,也可以为合规参与人员提供行为指引。

(撰稿人:刘生荣)

029 为什么说企业合规是一项新业态?

企业合规需要大量专业性人才,特别是企业合规师。国家人社部已经将其划定为一项社会职业,如同律师、会计师、审计师。合规师作为一种社会职业,具有其他社会职业不可替代的特性。而事实也是如此,企业合规就专业类型而言,是一项集管理学、经济学、社会学、法学为一体的综合专业;而就企业的属性而言,是一项主要侧重于经营与管理,其他专业给予辅助,相辅相成的业态。通常所说的企业合规制度的建设,主要是在原有企业管理制度的基础之上,从更有利于企业发展为出发点,建立的一套以企业自强、自律和自保为核心的经营管理制度。企业合规制度应源于三种制度:企业自身原有的管理制度、企业的风控制度、企业的法律救济制度,但这三种制度在企业合规制度中的权重并不相同,其结构也不是三者的按比例混搭,而是升华成为一种新的、独立的业态,即企业合规专业和相应职业。

企业合规专业业态的内容应该包括:(1)企业合规的专业知识。包括企业合规的基础理论,企业合规的实务知识,企业合规的风控、法律救济,以及企业合规与相邻专业知识的关联性等。(2)企业合规的制度建设。企业合规制度建设依据的是 ISO 37301 国际标准、GB/T 35770 国家标准,另外还要结合企业的行业特点和企业的自身情况。(3)企业合规的人才培养。企业合规人才包括专业人才,即企业合规师;也包括辅助人才,如企业合规的助理、企业合规的管理人才,企业合规的辅助人员,企业合规的国家监管、服务人员等。(4)企业合规风控与法律救济。企业合规风控与法律救济,源于未合规企业的风控、法务和律师服务的内化和升级。(5)企业合规的政府监管与服务。企业合规是政府治理转型的结果,政府职能由全方位监管向事后监管转变是一个渐进的过程,原有的事前监管职能绝大部分转变为服务,或者逐步由监管向服务转变。随着合规制度的普遍建立,政府对企业合规的服务也趋常态化。

(撰稿人:刘生荣)

030 企业合规人才的教育应包括哪些内容?

其一,企业合规的专业教育。把企业合规知识纳入初高中、高等学校的教育中,具体包括:(1)在中小学教材中,适当融入合规基础知识和合规文化意识的内容。(2)在中等职业教育中,设立合规知识课程,作为中等职业教育的主修课。(3)在高等教育中,设立合规专业课程,视专业情况作为必修课或选修课,例如在财经、经管、政法、行政类专业中,设为必修课,在其他专业中,设为选修课。(4)在综合性大学或者高等专科学校中,设立合规专业或者企业合规专业,其专业主课程应包括合规基础理论课、合规制度建设课、财税合规课、合规风险与法律救济课、数字合规课、合规实务课、国际合规教程等;其辅助课程包括法学、经济学、计算机、管理学以及政治、外语等。

其二,企业合规的成人教育。企业合规成人教育也包括两个内容:(1)合规师资质的培训和考试。同许多社会职业培训考试一样,如司法考试、会计师、审计师考试等。参加合规师考试的人必须具有专科或者本科以上的合规专业教育学历(或者同等学力),并且经过合规师培训课程。合规师考试由国家相应的主管部门组织,通过考试后发放合规师执业证书。合规师的管理和后续培训由合规师行业协会进行。(2)合规成人教育培训。包括企业合规管理人员教育培训,企业员工的合规教育培训,政府合规监管、服务人员的教育培训等。

(撰稿人:刘生荣)

031 企业合规的历史和现状是什么?

企业合规最早发端于1906年的美国毒牛奶案,美国食药局发现政府对涉众企业的强监管效果不佳后,开始尝试建立企业合规自律的管理制度,以此替代政府监管。企业合规制度诞生后,取得了比政府监管更好的效益。及至20世纪60年代,美国将企业合规制度应用于反垄断,推动相关企业合规自律,取得了良好的效果。70年代,受水门事件的影响,美国企业合规扩展到反腐败领域,之后美国证交会又将反腐败合规应用于美国涉外企业。1977年美国颁布了《反海外腐败法》,对美国的上市公司提出了合规的要求。1991年,美国《联邦量刑指南》将建立预防犯罪合规体系的有效性作为减轻刑事责任的依据,就此确定了刑事合规制度。美国的合规制度对其他国家、国际社会的合规制度建设产生了积极的影响。

国际社会的合规制度建设始于20世纪90年代,及至21世纪初,诸多的国际商贸组织相继出台了合规建设的文件。如2006年《OECD跨国公司指南》,2009年《关于进一步打击国际商业交易中贿赂外国公职人员的建议》,2010 年《内部控制、道德和合规良好实践指南》,到 2014 年国际标准化组织发布了合规管理的国际标准 ISO 19600《合规管理体系　指南》,使企业合规正式步入国际化,成为国际社会商业活动的规范化文件。2021 年,在中国参与起草了 ISO 37301《合规管理体系　要求及使用指南》。该指南得到 150 多个国家的签署、认可,成为国际社会合规建设的公认标准。

中国的企业合规起始于 21 世纪初,最早由银行系统、保监系统、财政、商务发布涉外金融的规范化文件。在 2017 年后,由于诸多涉外企业受到国外合规处罚的压力(有的是受长臂管辖之害),为排除我国外向型经济的障碍,国家率先在央企、国企开展企业合规建设。2015 年至 2018 年,国家相关部委先后发布了一系列合规管理文件,特别是 2018 年国资委发布《中央企业合规管理指引(试行)》,发展改革委、外交部、商务部、人民银行、国资委、外汇局、全国工商联共同制定和发布《企业境外经营合规管理指引》,标志着中国企业合规开启正式进程。因此,2018 年也被认为是中国企业合规元年。

(撰稿人:刘生荣)

032 有法律制度,还需要建立企业合规制度吗?

这个问题是对于企业合规制度必要性的质疑,对此应从如下几方面解读:(1)企业合规制度,不是现行企业管理法律制度的重复建设。企业管理的法律制度,包括政府的监督制度、企业内控、风控、法务以及律师服务制度。这些法律制度的建立初衷是应对国家监管和惩处,使企业避开违法、犯罪的红线,或者在违法犯罪后规避或者逃脱法律责任,是建立在被动守法基础之上的。企业合规制度与此不同,其是在企业自觉守法基础之上所建立的。该制度把企业合规制度与企业管理制度融为一体,使企业的经营管理活动始终处于守法状态下,而不存在企业故意违法的可能性。(2)一旦企业陷入法律困境,如出现违法犯罪,企业的风控和法务就会对企业的相关行为进行调查,找出无过错(或罪过)或者过错较轻的证据,以此向司法机关提出无罪、罪轻或者无过错的请求或者辩护。而在完成合规制度建设后,企业可以根据合规建设中留存的证据自证清白,证明企业、法人或者相关行为人无罪、罪轻或者不存在过错。(3)对于尚未进行合规制度建设的企业,在出现违法犯罪后,还可以通过合规整改进行弥补。即对于刑事涉案企业,可以向检察机关申请进行合规整改,在满足了申请条件后(认罪认罚、补回损失和罚款等),可进入整改,建立相应的合规制度,经过第三方评估合格后,经检察机关认可,决定不批捕、不起诉或者提出从轻、减轻量刑建议。

由此可见,企业合规制度建立是对现行企业管理法律制度的升级版,企业合规制度的建设是非常必要的,不仅有利于从根本上预防企业违法犯罪,还有利于帮助企业尽快解脱法律困扰,有利于企业的长远发展。

(撰稿人:刘生荣)

033 企业合规在国家法治建设中的作用和地位?

企业合规与我国的中国特色社会主义法治建设是相向而行的,企业合规制度全面建成后,将会成为全面依法治国的一个重要部分。社会主义核心价值观是社会主义法治建设的灵魂。我国社会主义法治，并不是西方法治那样的建立在人性恶（人生而有罪）基础上，也不是基于西方"一切人反对一切人的战争"的底线思维，而是将人的道德修养、社会主义核心价值观的规范作用融入其中。在社会主义核心价值观的主导下，遵纪守法、诚实守信，是依法治国的基本道德理念，也同样是企业合规建设的基本思想动力。企业合规通过建设一套企业自我约束、自觉守法的体系，更符合我国法治建设的理念。

企业治理是社会主义法治建设的一个重要方面，如果通过合规制度建设，把企业治理的问题解决好，那将是对依法治国的一个重大贡献。改革开放以来，企业成为市场经济的主力军，企业的经营行为，是国民经济发展的主要内容。把企业搞好了，市场经济就会振兴，就会蓬勃发展。企业全面合规后，社会主义法治建设将走上一个新台阶。

（撰稿人：刘生荣）

034 企业建立合规体系后，政府将如何转变监管方式？

企业全面完成合规建设后，由于企业自律性加强，违法犯罪和企业纠纷大幅度减少，甚至在理论上清零，因此大部分的政府监管工作已失去必要性。但达到这种理想状态需要一个过程，这个过程也是合规制度的建设过程，企业合规建设与合规制度建设同步完成。

在合规制度建设的起始阶段，政府的监管职能不但不应削弱，还不应有所松懈，这是因为，除了部分涉及刑事犯罪的企业对合规有刚性需求外，对于大部分企业来说，合规只是选择性需求。在多数企业不具备合规的积极性的情况下，合规企业的规范经营无法在市场中立足，或者生存艰难。政府为支持合规工程，就必然要在前期对合规建设企业给予大力支持。使企业合规度过幼年生长期。在企业合规的起始阶段，政府一方面要对未合规企业严监管，另一方面要对进入合规建设的企业大力支持。

在企业合规的进行阶段，多数企业进入合规制度建设的情况下，政府的主要职能是保障合规的质量和巩固合规成果。这个时期可能会出现假合规、贴牌合规或者劣质合规现象。所谓假合规就是名义上合规但不行合规之实，假合规不但骗取了合规的名义，也是对合规的最大危害，政府对此要严加打击。所谓贴牌合规，就是在企业原有内控、风控和法务制度，或者合同审查制度的基础之上，将这些制度组合起来或者加以优化，之后贴上合规制度的牌子。这种贴牌的合规制度组合并不是真实意义上的合规，是对合规的严重误导，政府对于这类贴牌合规应加以引导和规范，以免贻误。所谓的劣质合规，就是参与合规的企业领导、个人不重视，不认真，在实践中走过场，达不到合规的实际效果。政府对于劣质合规应加强辅导和监督，促使其保证合规建设的质量。

在企业合规的完成阶段，政府可以转而为企业合规提供更多的服务，包括建设电子监管、服务平台、人才培训等。

（撰稿人：刘生荣）

035 为什么说企业合规是"一把手工程"？

企业一把手，是指企业的主要负责人，即处于企业决策层级最顶端的领导人。所谓"一把手工程"，就是由企业一把手亲自负责、全程把关的长期性业务。

一把手在企业中处于核心地位,其角色定位一般具有以下三个方面的特征:一是驾驭全局,把握企业发展战略;二是制定规矩,左右企业核心价值观;三是担当责任,控制企业重大风险。一把手的一举一动都关乎企业的生存和发展,与企业的盛衰息息相关。

无论是作为企业治理方式的合规管理,还是作为行政和刑事法律激励机制的合规建设,都离不开企业一把手的直接把控。企业合规之所以是"一把手工程",是因为:

其一,企业合规关乎全局,影响企业的长期发展战略,必须由一把手亲自决策。企业一把手主管全面工作,应当着力把握关系到企业生存和发展的全局性、长期性事务。企业合规就是这样的事务。国际标准化组织制定的 ISO 37301 国际标准要求:治理机构和最高管理者应通过以下方面证实其对合规管理体系的领导作用和承诺:确保合规方针和合规目标得以确立,并与组织的战略方向一致……最高管理者应为建立、制定、实施、评价、维护和改进合规管理体系配置足够且适当的资源;确保建立及时有效的合规绩效报告制度;确保战略和运行目标与合规义务相协同;确立和维护问责机制,包括纪律处分和结果;确保合规绩效与人员绩效考核挂钩。由此可见,企业合规管理是一项具有总体性、长期性、系统性、全局性的工作任务,既不能一蹴而就,也不能交给负责某一方面工作的主管人员来负责。

其二,企业合规重在建章立制,框定了企业核心价值观的构建格局,必须由一把手亲力亲为。通常认为,企业合规之所谓的"规",包含三个层面的规矩:一是企业在运行过程中需要遵守的法律法规;二是企业需要遵守的商业行为准则和企业伦理规范;三是企业自身制定且需要遵守的规章制度。可以看出,以上所有规矩,不论是企业被动遵循的规矩,还是主动制定的规矩,都是要求企业全体职员一体遵行的行为准则,是企业价值观的规范表现形式。ISO 37301 国际标准指出:"组织合规的实现是由领导层运用核心价值观以及普适的优秀治理方法,结合道德要求和社会准则共同形成的。将合规融入组织员工的行为中,依赖于各级领导层和组织清晰的价值观,以及确认和落实促进合规行为的措施。如果不能确保组织各层级都遵守要求,则可能存在不合规风险""治理机构和最高管理者应:确立和坚持组织的价值观;确保制定并实施方针、过程和程序,以实现合规目标"。从这个意义上讲,企业合规改革与治病救人的道理相近,即"治病救企"。企业的"心"就是企业主要负责人,即一把手。一把手对企业合规建设有了正确的认识和觉悟,就会有正确的指挥和把关,企业的合规建设就能够成功。

其三,企业合规关乎责任和风险,某种程度上影响到企业的生死存亡,必须请一把手出面担当。企业合规改革成败与否,有可能与企业遭受淘汰的命运相联系。在企业合规建设考察验收评估的关键阶段,企业往往是没有退路的,只能成功,不能失败。通俗地说,这是一项"后门堵死"的合规管理整改工作,不可以将这项工作委托、授权、交付另一位公司副总来指挥和把关。国务院国资委发布的《中央企业合规管理办法》第 10 条规定:"中央企业主要负责人作为推进法治建设第一责任人,应当切实履行依法合规经营管理重要组织者、推动者和实践者的职责,积极推进合规管理各项工作。"企业合规建设实践表明,企业合规考察验收评估的效果差异、合格可能性的高低,与相关的企业主要负责人交流的结果与背后的工作开展情况息息相关。通过分析导致不合格的各种原因,结合日常的合规计划执行期间的沟通、周报和监督,我们可以深切体会到企业一把手与合规建设效果之间的紧密关联性。可以说,企业一把手越重视、越亲自指挥与把关,企业合规建设的效果就越好,考察验收评估合格的可能性就越高;反之,就容易流于形式,最多搞出来一个"纸面合规"。这里特别需要指出,在企业存在法定代表人之外的实际控制人的情形下,必须由实际控制人亲自指挥和把关合规建设工程。

(撰稿人:李娟)

036 为什么说合规体系建设有助于企业的长久发展?

影响企业长远发展的因素有很多,除了盈利能力外,正确的经营理念、稳定的经营战略、成熟的优质品牌、顽强的抗风险能力等,都是重要的影响因素。这些因素,无一不需要通过合规体系建设来维护。而合规体系建设所维护的诸多因素,最终又持续地保障了企业的盈利能力。企业合规体系建设,在短期内会耗费企业的管理成本,企业可能因此而失去部分商机,企业短期效益也可能因此而有所降低。但是从长远发展来看,企业合规体系建设不但有利于保护企业、员工、客户和众多关联人员的利益,而且有利于优化区域内营商环境,更好地奉献社会并维护本企业的长远利益。那么为什么说企业合规体系建设有助于企业的长久发展?理由如下:

(1)企业合规促使企业改善经营理念,营造依法依规的企业文化,向社会公众展现高度的社会责任感,使企业的社会形象大幅提升,社会对于企业的关注度和好感度直线上升,这是企业的无形财富,会为企业长远发展提供巨大助力。近年来,越来越多的企业意识到,合规这个"品牌"能帮企业赢得更高的市场美誉度,是新时代的生产力。很多企业将合规管理延伸至合作伙伴,建立供应商合规信息库和不合规黑名单机制,把合规作为合作方选择标准。不重视合规建设的企业,将面临合作关系松弛、订单和商机减少等负面冲击。

（2）合规是国际市场的无形通行证。近年来，我国企业在走出国门的过程中，因"不合规"被"卡脖子"的情况时常发生。从2018年至2020年，在适用美国《海外反腐败法》（Foreign Corrupt Practices Act）处罚的案件中，与中国企业密切相关的腐败案件时有发生，处罚金额超过了60亿美金。2021年4月13日，最新国际合规标准ISO 37301：2021正式发布，直接影响全球企业经营的传统方式。不建立符合国际要求的合规体系，企业在国际贸易中将会寸步难行。企业积极按照国际合规标准和监管规则建立、完善自身的合规管理体系，不仅能更大程度上远离合规风险，还将获得监管方、外部合作方等多方认可，进一步打通国内外贸易通道，更便捷地获得合作机会。

（3）不合规行为随时可能摧毁企业的发展前景。无论是传统行业，还是新兴企业；无论是央企、国企，还是民企，都面临着日益严格的合规监管环境。大量企业、企业家因"不知情""合规意识淡薄""管理漏洞"等被追究刑事责任，企业家锒铛入狱、企业遭受巨额经济损失，多年的经济积淀化为乌有。可以说，不合规行为是企业的"不定时炸弹"。这样的事件令人痛心，而这样的事件本可以避免。不言而喻，合规是企业安全、企业家安全、员工职业安全的底线，合规是企业的金色盾牌。

（4）合规评价也是对企业和企业家的褒奖，可以帮助企业渡过难关，确保企业家行稳致远。2020年以来，最高人民检察院全面展开"刑事合规不起诉"制度实践。企业能够证明自己建立了健全的合规制度，可以向行政执法机关申请减免处罚；企业涉嫌经济犯罪、职务犯罪等案件，满足条件、经合规整改，且第三方监督评估验收合格的，检察院可依法对单位作出不批准逮捕、不起诉、变更强制措施等决定。这些规定的落实，就是对合规企业和企业家的奖励。

（撰稿人：李娟）

037 合规企业在招投标中有什么优势？

显而易见，合规企业在招投标中比其他企业更容易取得成功。虽然《招标投标法》没有把企业合规作为一项对招投标企业的要求作出明文规定，但企业合规状况始终影响着招投标程序的推进，并最终成为决定竞标结果的重要因素。

招投标工作具体实施过程中，有投标企业资格初选程序。资格初选的条件，根据招标项目的性质和类别不同，会有不同的要求。但是，一般资质要求的内容都包括一些基本的企业合规信息，例如，通过企业税务登记证记载信息向税务机关查询到的企业依法纳税记录，以及企业注册资金状况。如果企业存在税收违法行为或者虚报注册资本、抽逃出资等不合规情况，则很可能在初选中被淘汰。如果是货物流通领域的招投标活动，则一般要求招标企业提供相关工业产品生产许可证、安全生产许可证、质量管理体系认证书、职业健康安全管理体系认证书、环境管理体系认证书等。同样，竞标企业也需要提供相对应的许可证。这一系列证书，反映了招标企业的合规状况；假定存在瑕疵，则招标环节就可能出现夭折或者被淘汰出局的结果。

无论是初选程序还是评标程序中，竞标企业的商业信誉情况，包括近年发生的诉讼及仲裁情况，无疑会对竞标结果产生实质性的影响。

在提交标书的同时一并提供《投标企业商业信誉承诺书》，已经成为招投标实践中的惯例。这种承诺书包含的通行内容为：本公司具有良好的经营信誉及履行合同的能力；法定代表人、财务及其他部门负人在此日期前,五年内未发生过责任性质量事故,未受到过行政主管部门的通报和处罚,无任何卫生、消防安全和劳务纠纷等方面的不良记录,无违法经营和不正当竞争行为的记录;等等。这些承诺,实质上都是"本公司"的合规建设体系的组成部分。如果不能兑现这些承诺,则表明企业存在需要整改的不合规问题,其直接后果可能是竞标失败。

(撰稿人:李娟)

038 企业合规为何能够提高商业信誉?

商业信誉是一个企业的第二生命,也是社会经济运行的根本基石。所谓商业信誉,是指经营者通过公平竞争和诚信经营所取得的对于其经济实力、信用状况等的正面综合社会评价。企业商业信誉的形成,依赖于企业诚实守信的经营理念、遵纪守法的企业文化、回报社会的奉献意识等。而这些无形的企业价值,都必须经过长期不懈的合规建设才能逐步形成。企业合规是提高企业商业信誉的必由之路。

(1)企业合规建设有利于企业形成诚实守信的经营理念,从而提升公众对企业的预期。这种正面的预期不断增长,最终表现为商业信誉。商业信誉说到底就是客户、合作伙伴对于企业的好感,是企业在频繁交换商品或者提供服务中所收获的顾客对于该企业的信赖关系。商业信誉体现了商品价值在市场中的微观经济效益和社会效益的统一关系。当然,这种统一关系的建成不是一朝一夕之功,而是在日复一日、年复一年的长期商业活动中逐渐积累起来的,时间因素非常重要。这就是为什么"百年老店"的号召力比刚开业的店铺要大得多。须知,一个企业进化为"百年老店"不是一件容易的事,其进化过程是长期对于诚实不欺的经营理念的坚守。良好的商业信誉,是在顾客心目中潜移默化树立起来的"货真价实""物美价廉""质量可靠""物有所值"等美好形象。我们平常所说的"重合同,守信用",也是要求企业诚实可信地对待往来的贸易伙伴,并与他们建立起良好稳定的合作关系。如果企业不注重执行合规策略,则不可能树立诚实可信的美好形象。国务院国资委发布的《中央企业合规管理办法》第31条规定:"中央企业应当加强合规宣传教育,及时发布合规手册,组织签订合规承诺,强化全员守法诚信、合规经营意识。"此规定的用意就在于通过合规建设强化中央企业全员守法诚信、合规经营意识。

(2) 企业合规建设的重要内容之一是培育具有企业特色的合规文化,从而为企业带来合规竞争力。在优秀企业文化作用下,企业违法涉罪的风险降低,市场信用度大幅提升。这不仅能够吸引更多的客户和投资者,还增强了他们的信心,随之而来,必然能够降低企业宣传成本、引流成本和沟通成本,给企业带来强劲的竞争力。基于这种思路,《中央企业合规管理办法》第32条规定:"中央企业应当引导全体员工自觉践行合规理念,遵守合规要求,接受合规培训,对自身行为合规性负责,培育具有企业特色的合规文化。"对于现代企业而言,企业竞争力与商业信誉如车之两轮、鸟之双翼,两者相互促进,缺一不可。从资产层面看,商业信誉依赖于企业已经建立起来并形成惯例的稳定的业务联系,诚实不欺的名声、特权、商标、牌记、专利权、版权,以及法律保障的或者保密的特别方法的专用权、特殊原材料来源的独家控制等。但从价值层面看,当今社会的商业信誉已经扩大到产品质量、广告宣传、品牌策划、售后服务等多个方面,既包括企业的有形资产建设,也包括无形文化的发展。因此,企业合规所带来的潜在收益,尤其是企业优秀文化所营造的形象价值,是不可低估的。

（3）企业合规建设有利于企业家养成回馈社会的奉献精神,从而构建企业与社会之间和谐的生存环境。众所周知,对国家和社会作出贡献的企业具有影响力和辐射力。追求对社会的贡献,反映了企业家的社会责任感。现代社会,影响企业发展的外部因素越来越多、越来越复杂,其作用也越来越大。企业除了关注消费者外,还要不断地面对其他利害关系主体的期望与压力。这种期望与压力实质上就是公众对企业未来价值的判断,这种判断不仅取决于企业的产品质量、服务质量或者未来的盈利能力,还取决于企业的社会责任感。企业的长远生存和发展,需要构筑与公众、社会环境的协调关系,因而企业的社会责任感构成其商业信誉的重要内容。如果企业以较高的社会责任感回应公众的判断,企业的商业信誉就会提升,企业就会得到公众的热情支持;反之,企业的信誉度就会降低。

（撰稿人:李娟）

039 企业合规是一个管理问题,还是一个法律问题?

企业合规既是一个管理问题,又是一个法律问题,但主要是一个管理问题。其理由如下:

（1）企业合规离不开法律法规和规章制度,所以它是个法律问题。从理论角度看,企业合规是一个管理学和法学的交叉问题,我们既不能脱离企业管理谈合规,也不能脱离法律法规、规章制度谈合规。可以说,外部法律制度的发展催生了企业的法律风险,企业为应对这些不断更新的合规要求,而对内部管理制度进行调整。因此,企业总是在法律法规和规章制度框定的范围内开展合规管理。不过,法律法规只是企业合规所谓的"规"的一部分,而不是全部,不能把企业合规简单地等同于企业法务。合规企业不仅要遵守企业在运行过程中需要适用法律、法规,还要遵守商业行为准则、国家相关部门监管政策和企业伦理规范,以及企业自身制定的规章制度。因此,国务院国资委发布的《中央企业合规管理办法》第26条规定:"中央企业应当结合实际建立健全合规管理与法务管理、内部控制、风险管理等协同运作机制,加强统筹协调,避免交叉重复,提高管理效能。"

(2)企业合规工作要在企业管理的全过程中展开,因此它也是个管理问题。正因如此,企业合规建设又叫合规管理。何为合规管理?顾名思义,即为合乎法律法规、规章制度等各种规范的管理。这里的规范,小则包括合规手册、公司规章制度,大则上升到地方、行业乃至国家法律法规。通常认为,合规管理是与业务管理、财务管理并驾齐驱的企业管理三大支柱之一。业务管理,是指对经营过程中的生产、营业、投资、服务、劳动力、分配等各项业务按照经营目的执行有效的规范、控制、调整等管理活动;财务管理,是通过回顾企业各种财务报表,通过一定的科学方法为下一报告周期的决策提供财务支持。业务管理和财务管理都在告诉企业决策者应该做什么。而合规管理则不同,合规管理旨在告诉企业在具体的操作过程当中应当怎么做,具体到怎么合理地做、合规地做、合法地做。对于上市企业而言,合规管理显得尤为重要,因为上市企业必须坚持依法公开公正的原则,即依法向社会公众披露相关信息。要求公开公正,就必然离不开对相关事项的合规化管理。

之所以说企业合规主要是个管理问题,是因为合规管理与单纯地处理企业面临的法律问题相比较而言,具有更为宽广的业务范围和更为重要的社会价值。根据瑞士银行家协会所下的定义,合规(Compliance)是指使企业经营活动与法律、管治及内部规则保持一致的一切活动。可见,合规管理的范围是非常宽泛的,其高度、广度、宽度不是企业法务部门的业务所能企及的,也不是企业内控部门或者风控部门的业务所能涵盖的。合规管理的主要内容包括合规管理制度建设、合规咨询、合规审查、合规检查、合规监测、法律法规追踪、合规报告、反洗钱、投诉举报处理、监管配合、信息隔离墙(监视清单与限制清单)、合规文化建设、合规信息系统建设、合规考核、合规问责等。有效的合规管理有助于企业应对不确定性、风险和机会,有助于保护和增加股东价值,降低未预期损失和声誉损失的可能性。因此,合规管理的价值远远超过了单纯的讲究"依法办事"的好处,具有重要的经济价值和社会价值。

(撰稿人:李娟)

040 合规企业之间如何保持良性的竞争关系?

企业之间的良性竞争,应当是一种使所有参与竞争的企业都能够获得收益、取得进步的竞争。不过,这种收益和进步不是通过与其他企业的横向比较来体现,而是通过与自身的纵向比较来体现的。

理论上讲,合规企业之间的竞争容易实现良性竞争,因为竞争参与者都不可能使用非法的或者不正当的手段。要不然,这些企业就不能称为合规企业。当然,合规企业之间的竞争不是天然地属于良性竞争,以正当、合法手段参与到竞争中,也可能导致恶性竞争的结果,俗称内卷。那么合规企业之间如何保持良性的竞争关系呢?

(1)合规企业应当抱着双赢的心态与商业伙伴进行合作和开展竞争。理想的社会竞争将主要是良性竞争,每一个企业的自由而全面的发展将会在一种良性竞争中得到体现。在良性竞争当中,本企业将在帮助其他企业获得利润的过程中获得自己的利益,这就是双赢。反之,就是你死我活的零和博弈。合规企业开展良性竞争必须遵循的原则是:明确竞争对手不是敌对企业,把对方定位为商业伙伴。竞争的目标不是消灭或者"吃掉"对手,而是双方都能在竞争性的经济活动中获得利益、取得进步。遵循上述原则的前提是认同对方企业的价值观和利益具有合理性。保持各自价值观和维护自身利益是正常的竞争行为,应予理解和尊重。

(2)合规企业应当以建设性的方式参与竞争。在现代经济生活中,竞争是不可避免的。只要有企业活动,就必然有竞争。但是,只有建设性的竞争,即促进企业提高经济价值、获得发展机遇的竞争,才是推进社会进步的竞争。例如,生产型企业通过提高产品差异化获取或扩大销售利润,达到占有更多市场份额的目的,就是一种良性竞争。这样,其他在竞争中处于劣势的企业会转而谋求技术进步或者进一步提高自己企业产品的差异化,把行业内的蛋糕做大,使广大消费者获得实惠,从而给整个行业带来繁荣。

(3)合规企业参与竞争过程中,应当避免使用任何不正当手段或者有可能导向恶性竞争的措施。恶性竞争是一种非建设性的无效竞争,不可能双赢,而且很可能背离社会公共利益。例如,公司运用远低于行业平均价格甚至低于成本的价格向客户提供产品或服务,目的是抢占更多的市场份额。这就是典型的使用不正当手段来获取市场份额的竞争方式,实际上就属于内卷。最终的结果必然是一方受损,甚至是两败俱伤。任何导致内卷的经营措施,对于合规企业而言都是不可取的。

(撰稿人:李娟)

041 如何处理合规企业之间的经济纠纷?

只要存在企业,存在市场经济活动,就必然有经济纠纷。合规企业也不例外。有一种观点认为,假定全社会都是合规企业,则企业之间不再发生经济纠纷;这就好比在全体驾驶员都不违反交通法规的情况下,就不会有交通事故。其实这种观点并不全面。由于经济纠纷发生原因的多样性和复杂性,合规企业与合规企业之间也不可避免地会发生经济纠纷,只不过发生的概率低于不合规企业之间的经济纠纷。有时候,经济纠纷的形成并非出自企业的意愿或者过失,或者说合规企业并非有意制造或者疏忽大意地制造纠纷,就好比交通事故的发生不是必然与违反交通法规行为相联系。对交通法规的严格遵守只能避免事故责任的承担,但不能杜绝交通事故本身。一定条件下,交通事故也可能表现为意外事件。

企业千差万别,经济纠纷也各有不同。现实经济生活中发生的经济纠纷总是具体的,我们不可能脱离具体的时空条件而提出某种放之四海而皆准的方法去解决所有发生在合规企业之间的经济纠纷。但是,下列原则,对于解决合规企业之间的经济纠纷具有较为普遍的适用性:

(1)协商优先原则。从程序角度看,合规企业发生经济纠纷后,既可以选择与对方协商解决,也可以选择人民调解组织进行调解,或者选择提起民事诉讼。在合同中如果订有仲裁条款的话,也可以选择仲裁程序。在以上诸多途径中,应当优先考虑与对方企业进行友好协商,以便在达成共识的前提下尽快解决纠纷。为什么要强调协商优先呢?一是合规企业已经养成了依法依规办事的习惯,拥有商业信誉方面的优势,容易与对方达成共识。二是协商解决可以节省成本。诉讼旷日持久,需要成本投入是不言而喻的;即便是仲裁或者人民调解途径,也需要投入一定的成本。其中,时间成本就难以避免,只有协商解决是最快捷的。三是友好协商可以维护合作伙伴之间的良好关系,避免营商环境恶化。协商不成的,则须尽快选择其他途径解决纠纷。

(2)及时处理原则。解决纠纷,要讲究一个"快"字,避免久拖不决。经济纠纷对于合规企业而言,是个负面的累赘,越早切除越有利。一味拖延,可能将小矛盾拖成大纠纷。当然,有的纠纷,必须寻找合适的解决时机,从容了断。及时处理,不等于急躁冒进。

(3)专业处理原则。企业合规建设须依循专业而行,解决经济纠纷尤其需要讲究专业。仅凭常识就能判断是非曲直的利益冲突,通常不能成为难以解决的纠纷。真正难解难分的矛盾,总是发生在专业领域,超出了非专业人士的判断能力。因此,合规企业应当建立一个解决纠纷的专业团队,来负责解决与其他企业之间的经济纠纷。但是,这个团队作为一支企业内部的"常备军",并不能应付本企业的所有纠纷,因为这个团队毕竟不能涵盖所有的专业。由此,在发生专业性较强的纠纷时,需要聘请专业律师或者其他领域的专业人员参与纠纷的解决。

(4)成本计算原则。如前所述,纠纷解决是需要成本投入的。当投入解决纠纷的成本比可能挽回的损失还大时,就必须寻求其他解决途径,甚至做出放弃相关利益的决策。

(5)分清是非原则。合规企业面临与其他企业的经济纠纷时,必须查明事实,分清是非,明确责任,然后依法解决纠纷。例如,当某企业面对其他企业提出的侵犯商标权的指控时,应当查明本企业是否存在商标侵权行为,并在此基础上采取解决办法。从这个意义上说,分清是非原则,实质就是依法解决原则。

(6)保存证据原则。最难解决的纠纷,通常需要进入诉讼程序。常言道,打官司就是打证据。诉讼成败的关键环节,是举证,即证据的收集和出示。因此,合规企业必须树立证据意识。纠纷发生后,保存证据显得尤为重要。

(撰稿人:李娟)

042 合规企业的法律救济包括哪些内容?

救济一词,具有救援、救治、救助、援助等含义,指对那些陷入困境的组织或个人实施的物质意义上的帮助,目的是把救济对象从困境或危险状况中解脱出来。一般认为,法律救济是指公民、法人或者其他组织认为自己的人身权、财产权因行政机关的行政行为或者其他组织和个人的行为而受到侵害,依照法律规定向有权受理的国家机关告诉并要求解决的活动。

根据以上分析,合规企业的法律救济,可以理解为合规企业的合法权益受到侵犯并造成损害时,依照法律程序获得恢复和补救的行为。有一种观点认为,需要法律救济的企业大多是存在不合规行为的,合规企业不存在需要法律救济的问题。我们认为,这种观点是片面的,合规企业也需要获得法律救济。这是因为,其一,合规是个相对的动态的概念,一个总体上合规的企业,有时不可避免地存在局部的、暂时的不合规现象。100%合规只是合规企业追求的目标,现实中难以发现在合规方面"完美无缺"的企业。其二,即使是100%合规的企业,也不能保证其合法权益不受其他企业或者个人的侵犯。因此,法律救济制度应当涵盖合规企业。

合规企业法律救济的内容极其丰富,这里仅阐述其主要方面:

(1)依法制止侵权行为。制止侵权行为,既针对正在发生的侵权行为,也针对那些迫在眉睫的侵权行为。法律救济既是对正在发生的侵害行为的合法性予以否定,也是阻止侵害行为发生的一种预防性保护机制。制止侵权行为是依法对侵害行为发起的阻击,如援引《民法典》第179条规定的请求司法机关责令加害人停止侵害、排除妨碍、消除危险等,就属于这种形式的法律救济。

制止侵权行为的同时,也是对某种合法行为或合法状态的宣示、确认和肯定。司法机关对不法行为或不法状态的否定,也是对合规企业的合法权利、某种合法身份以及一定的法律关系的确认。因此,制止侵权行为这种救济方式,通常是在侵权行为造成实际损害结果之前极具价值的纠纷解决机制。

(2)要求恢复原状,或者修理、重作、更换,或者消除影响、恢复名誉、赔礼道歉。这种救济的实质是要求对方修复原有的法律关系。恢复原状,顾名思义,就是使被破坏、损害的事物恢复到未被破坏、损害之前的状态,它意味着使失去的东西再现、使被破坏的关系重新恢复。在法律救济实践中,修复法律关系也往往以修理、重作、更换、赔偿损失、消除影响、恢复名誉及赔礼道歉等形式出现。

(3)请求返还财产或者赔偿损失。这种救济内容出现在不法侵害行为已经造成物质损失的场合。在此场合,支付货币通常是实现救济的一种重要形式。例如,甲企业与乙企业订立货物买卖合同后,依照合同约定将货物交付给乙企业,但乙企业收到货物后无力支付货款,给甲企业造成了经济损失。这种情况下,甲企业可以请求司法机关判令乙企业退还货物,或者支付货款,或者赔偿损失。在另外一些场合,企业的无形财产权益受到损害,则只能通过赔偿来弥补损失。例如,甲企业的商业秘密受到乙企业的侵犯,甲企业可以提起民事诉讼,要求乙企业赔偿损失。有时候,这种侵害可能来自行政机关。当行政机关的违法行政行为造成企业经济损失时,企业可以依据《国家赔偿法》的规定起诉要求行政机关给予行政赔偿。

(4)要求惩罚侵权行为实施者。对侵权行为人的惩罚,主要表现在行政处罚(如罚款)和追究刑事责任(如判处刑罚)。比如上文述及的侵犯商业秘密行为,达到"情节严重"程度时,即可能构成《刑法》第219条规定的侵犯商业秘密罪。若如此,被害企业可以向公安机关经侦部门提出举报,要求追究侵权企业及其直接负责的主管人员或者其他直接责任人员的刑事责任。

值得注意的是,惩罚侵权行为人虽然不解决被害企业利益受损的问题,但它确认了被害企业权利和利益的合法性。因此这种救济内容也是至关重要的。有时候,即使在赔偿损失、恢复原状、否定不法行为等已经得到满足的情况下,对侵权行为实施者的惩罚也是必不可少的。剥夺罪犯的自由权或财产权(指罚金)虽然并不能在事实上使遭受损害的事物恢复原状,甚至相关替代意义也不存在,但罪行需要受到惩罚、正义需要伸张。从这个意义上说,惩罚是一种不可代替的独立的救济内容。

(撰稿人:李娟)

043 合规企业的法律救济有哪些途径?

合规企业法律救济的途径有多种,整体上可以区分为国内法救济与国际法救济两大类型。所谓国内法救济,是指依照国内法实施的法律救济行为。相应地,依照国际公约、国际条约或国际惯例实施的法律救济为国际法救济。实施国际法救济,既可以选择中华人民共和国的法院管辖,也可以选择其他国家或者地区的法院行使管辖权。例如,《民事诉讼法》第267条规定:"中华人民共和国缔结或者参加的国际条约同本法有不同规定的,适用该国际条约的规定,但中华人民共和国声明保留的条款除外。"第272条规定:"因合同纠纷或者其他财产权益纠纷,对在中华人民共和国领域内没有住所的被告提起的诉讼,如果合同在中华人民共和国领域内签订或者履行,或者诉讼标的物在中华人民共和国领域内,或者被告在中华人民共和国领域内有可供扣押的财产,或者被告在中华人民共和国领域内设有代表机构,可以由合同签订地、合同履行地、诉讼标的物所在地、可供扣押财产所在地、侵权行为地或者代表机构住所地人民法院管辖。"根据这些规定,在一定条件下,国内企业可以到人民法院提起涉外民事诉讼,诉讼中适用的法律,可能包括相关国际条约。同时,国际法救济也包括通过国际裁判机构,如国际商事仲裁机构、欧洲人权法院、国际法院等,方法类似于寻求主权国家内的公共裁判机构实施救济。

国内法救济,又可以分为司法救济与非司法救济。所谓司法救济,也称诉讼救济,是指合规企业行使诉权,通过诉讼的方法实现法律救济。司法救济一般由司法机构作为主导角色并通过审理和判决来实现。从职能上讲,司法救济具有终局性,其结论具有其他救济途径所无法比拟的强制效力。非司法救济是指司法救济以外的法律救济方法,包括但不限于通常意义上的申请仲裁、人民调解、行政复议、依法正常上访等。

司法救济,又可以区分为私法救济和公法救济。这种划分的依据是以适用的法律属于私法还是公法为标准。通常情况下，私法救济是指适用民事法律和商事法律实施的救济，主要表现为民事诉讼；公法救济是适用行政法律和刑事法律进行救济，主要表现为行政诉讼、申请国家赔偿和提出刑事举报。违约和侵权案件会被归属到私法救济领域，诉讼过程中多采当事人主义；而犯罪、违法行政等行为则会被归属到公法救济范畴，诉讼过程中多采职权主义。私法救济场合，法律视受害人为具有自由意志的个体，在违反合同或民事侵权行为发生后有权决定是否放弃救济的权利。公法救济则不然，通常具有强制性。公法救济考虑到犯罪、行政违法等行为不仅给具体受害人造成伤害，还对社会的整体利益造成损害，因而社会整体视为受害人，强调社会危害性的法律意义。因而，一定条件下，作为个体的被害人无权放弃公法救济。公法救济重在惩罚和教育，私法救济重在赔偿和修复。此外，公法救济也是对受害人有可能实施私力救济的严格控制和排除，防止因此造成新的不公和伤害。

上述法律救济途径，实践中最为常见的有：提起民事诉讼、申请仲裁、申请人民调解、提起行政复议、提起行政诉讼、申请国家赔偿、提出刑事举报等。

（撰稿人：李娟）

044 为什么有效的合规管理可以使企业获得刑事责任减免？

合规管理作为企业治理方式，某种意义上说是企业为实现最佳经营业绩而对公司的所有权和经营权所做的结构性安排。这种安排如果是科学的、有效的,则该企业在遵规守法、预防犯罪方面必然走在其他企业的前面。从我国刑事法律以及相关刑事政策出发,应当说,有效的合规管理可以使企业获得刑事责任的减免。这是因为:

(1)有效的合规管理可以证明企业尽到了管理义务。什么是有效的合规管理呢?根据国际经验和我国企业合规改革试点工作情况,衡量合规管理是否有效,需要构建一套科学的评估工作机制和指标体系。通常认为,评估一家企业的合规管理体系是否有效,可以从设计、执行和结果三个方面来评估或者制订评估指标:首先是合规管理体系设计的有效性,主要包括对涉案合规风险的识别和评估,领导率先垂范、全体人员一体遵循的合规政策导向,合规管理机构的设置和职权配置,合规知识的培训、普及和合规意识的树立,违规行为的举报、调查和处理机制等方面。其次是合规管理体系执行的有效性,主要包括合规管理体系的运行具备必要的资源和条件,合规管理机构具有必要的权力和独立性,合规管理人员具有胜任职务的能力,企业领导和员工具有清晰的合规意识,合规管理绩效纳入岗位绩效考评,合规管理过程保留文件和记录等信息,等等。最后是合规管理体系实施结果的有效性,主要包括专项合规目标的实现、良好合规文化的形成、合规管理体系的持续改进、持续发展能力的增强、违规事件的适当处理等方面。假定一个企业在以上各个方面都能够通过评估,则说明该企业已经尽了最大努力来预防犯罪。由于无法防控的原因,发生了违法犯罪,那么企业对于涉嫌犯罪的行为就没有主观过错,因而不构成犯罪,可以免除刑事责任的追究。

(2)企业有效的合规管理,能够使企业员工个人犯罪行为不被评价为单位犯罪,从而排除了企业作为整体的刑事责任追究。当然,这并不排除直接负责的主管人员和其他责任人员对其犯罪行为应当承担的刑事责任。因此，合规管理体系的落实，实质上是通过有效合规实现了企业与企业人员在刑事责任上的分离或者切割。例如，在郑某等侵犯公民个人信息案中，被告人郑某、杨某在分别担任雀巢(中国)有限公司西北区婴儿营养部事务经理、兰州分公司婴儿营养部甘肃区域经理期间，于2011年至2013年9月，为了抢占市场份额、推销雀巢奶粉，二人授意该公司兰州分公司婴儿营养部员工被告人杨某某、李某某、杜某某、孙某通过拉关系、支付好处费等手段，多次从兰州大学第一附属医院、兰州军区总院、兰州兰石医院等多家医院医务人员手中非法获取公民个人信息。此案，被告人郑某及多名辩护人认为本案属于单位犯罪。相关审判法院经审理认为，雀巢(中国)有限公司政策、员工行为规范等证据证实雀巢公司禁止员工从事侵犯公民个人信息的违法犯罪行为，郑某等被告人违反公司管理规定，为提升个人业绩而实施犯罪行为。即本案中雀巢(中国)有限公司因为尽到合规管理义务而不构成单位犯罪。

(3)预防犯罪既是企业的责任，也是国家和社会的责任。国家应当通过从宽处罚来支持、鼓励和推广合规管理，从而使企业实现合规管理的利益最大化。也就是说，企业在免受追究刑事责任的同时，能够增强可持续发展的能力。从这个意义上说，作为市场经济的基本主体的企业，可以通过合规管理实现企业治理结构的法治化。企业也通过实现整个市场秩序的维护和优化，来巩固市场经济秩序。

（撰稿人：李娟）

045 在哪些情况下可以排除合规企业的刑事责任？

概括地说，如果合规企业能够证明犯罪行为发生之前，存在有效运行的防止该犯罪行为的合规管理体系，则该企业已经尽到注意义务，可以排除刑事责任的承担。这就是合规免责制度。

目前在我国，刑法和刑事诉讼法一些条款的零星规定体现了合规免责的精神。此外，合规免责主要是一项刑事司法政策。从已经出台的司法政策性文件规定看，合规免责也是定罪量刑的酌定情节，主要适用于检察机关办案环节。如 2021 年 3 月 19 日印发的《最高人民检察院关于开展企业合规改革试点工作方案》、2021 年 6 月 3 日印发的《关于建立涉案企业合规第三方监督评估机制的指导意见（试行）》、2021 年 11 月 25 日印发的《关于建立涉案企业合规第三方监督评估机制的指导意见（试行）实施细则》等，都是企业合规免责的政策依据。随着我国企业合规改革不断深入，将来有可能在侦查和审判环节都可以适用，而且有望通过国家立法将合规免责转化为法定情节和法定程序。依据现行法律和刑事政策，下列两种情况下可以排除对合规企业追究刑事责任：

（1）在具有有效的合规管理体系的情况下，企业涉嫌犯罪的，可以以有效合规为由，证明单位没有主观过错，主张免除单位刑事责任，只追究直接责任人员的刑事责任。

（2）在没有合规管理体系或者合规管理体系不健全的情况下，企业涉嫌轻微犯罪的，可以承诺实行或者改进合规管理体系，请求检察机关适用"合规不起诉"政策，对该企业作出不起诉决定。具体程序操作上，这一做法包括公安机关不提请逮捕、撤销案件，检察机关作出不批准逮捕、不起诉的决定等。

这里需要指出,理论上一般认为,合规免责可以分为两种类型:一是作为法律救济手段的合规免责,二是作为犯罪预防机制的合规免责。作为法律救济手段的合规免责,是指企业发生危害社会的事实后,司法机关以企业承诺采取符合要求的合规管理措施为条件,作出免除企业刑事责任的决定。这一类合规免责要求几乎是处理重大合规事件的标准做法,特别是国际合规事件。例如,2021年10月,格力电器因产品质量问题在美国加州中区地方法院提交了延期起诉协议,根据协议条款,格力珠海总公司与格力香港被罚款9100万美元,并同意为相关受害者提供赔偿。此外,作为刑事决议的一部分,格力公司同意继续与美国消费者保护部门和美国检察官办公室合作,配合相关调查和起诉。格力公司还同意加强合规性项目和报告要求,向美国司法部提交年度报告,说明其合规性计划和内部控制、政策和程序的状况。作为犯罪预防机制的合规免责,是指企业为预防合规风险的发生而事先建立的一套合规管理体系。当企业出现违规事件后,执法机构如果认定企业合规管理符合合规免责条件,则可以决定免予追究该企业的刑事责任。

以上两种类型的合规免责,对应的就是排除对于合规企业追究刑事责任的两种情况。

(撰稿人:李娟)

046 具备哪些条件时,可以排除合规企业中直接负责的主管人员和其他直接责任人员的刑事责任?

从合规免责的对象上看,理论上有企业单独免责和企业与个人双重免责之分。所谓企业单独免责,是指在违规企业满足免责的条件下,司法机关可以免除该企业的刑事处罚,但并不能因此免除从事违法活动的企业直接负责的主管人员或者其他直接责任人员的刑事责任。所谓企业与个人双重免责,是指在满足合规免责的前提下,司法机关免除刑罚处罚的对象,不仅包括企业,还包括企业中直接负责的主管人员和其他直接责任人员。

我国近年来的合规改革实践,倾向于实施企业与个人双重免责制度。最高人民检察院等九个部门于2021年6月3日印发的《关于建立涉案企业合规第三方监督评估机制的指导意见(试行)》第3条明确规定:"第三方机制适用于公司、企业等市场主体在生产经营活动中涉及的经济犯罪、职务犯罪等案件,既包括公司、企业等实施的单位犯罪案件,也包括公司、企业实际控制人、经营管理人员、关键技术人员等实施的与生产经营活动密切相关的犯罪案件。"

最高人民检察院于2021年6月发布的企业合规改革试点典型案例显示,在张家港市某公司、张某甲等人污染环境案中,检察机关经审查认为,该公司及张某甲等人虽涉嫌污染环境罪,但排放污水量较小,尚未造成实质性危害后果,可以进行合规考察监督并参考考察情况依法决定是否适用不起诉。在企业通过合规考察后,召开公开听证会,参会人员一致建议对该公司作不起诉处理。检察机关经审查认为,符合刑事诉讼法相关规定,因此当场公开宣告不起诉决定。由于对公司的不起诉决定,相关人员也不用承担刑事责任。因此,从目前国内的现实情况看,建立企业与个人双重免责机制,可能更有价值。

但是,上述关于企业与个人双重免责的制度安排只是目前我国司法机关一种政策倾向,并不意味着只要涉案企业获得免责就必然导致企业内部责任人员的免责。那么,具备哪些条件时,可以排除合规企业中直接负责的主管人员和其他直接责任人员的责任？一是企业的合规管理达到司法机关要求的标准。二是企业有条件获得合规免责。三是企业直接负责的主管人员和其他直接责任人员所实施的危害社会行为属于情节轻微，可以适用"合规不起诉"的相关政策规定。

（撰稿人：李娟）

047 如何理解产业链上下游企业进行合规建设的必要性？

上游企业和下游企业是两个相对的概念，是根据企业在产业链上所处的对应位置而言的。所谓上游企业，是指处于整个产业链上端的企业。上游企业通常掌握该产业链重要资源，如原材料的采掘、供应以及零部件的生产等。下游企业，则是处在整个产业链下端的企业，主要是对原材料进行深加工和改性处理，并将原材料转化为生产和生活中的实际产品。相对上游企业来说，下游企业在产业链上的话语权较弱。但从企业合规管理体系建设的角度看，上下游企业是相互依存、相互影响的。可以说，对同一产业链的上下游企业进行合规建设，是很有必要的。

（1）各个产业链的上游企业和下游企业都是在互助共赢、相互支持的情况下生存发展的，任何一方失去对方的支持和帮助，都会立即陷入困境。经济全球化的发展趋势，使产业与整个社会经济发展的关联度不断提高，产业与相关产业之间的联系更加密不可分。除了某些终端消费品生产之外，绝大多数产业从一个角度看是上游产业，从另一个角度看则是下游产业，上下游企业之间存在"谁也离不开谁"的局面。比如汽车电池生产,相对于汽车生产商来说是上游企业,相对于电池酸碱液生产商是下游企业。当汽车电池生产厂家出现经营危机,则必然影响到汽车生产厂家的业务。同样,当汽车生产厂家出现经营危机时,必然影响到汽车电池和电池酸碱液的销售,即影响到上游企业的业绩。显然,没有上游企业提供的原材料,下游企业犹如"巧妇难为无米之炊";若没有下游企业生产制品投入市场,上游企业的材料也将"英雄无用武之地"。

(2)在出现不合规事件时,同一产业链的上下游企业会出现"一荣俱荣,一损俱损"的状况。说得通俗点,上下游企业是"同一根绳子上的蚂蚱",当其中一家企业没有通过合规评估时,可能影响到其上游企业或者下游企业。比方说,我国境内有个芯片生产企业,从境外某国进口稀土作为原材料。后来,该上游企业所在国家颁布法令禁止稀土出口,则我国企业无法从上游企业购买原材料,不得不停止芯片生产。假定该芯片生产企业暗中从原来的上游企业那儿进口稀土,则冒着极大的不合规风险。一旦败露,上下游企业都可能要承担相应的法律责任。

(撰稿人:李娟)

第二部分

企业合规标准与合规管理体系建设

048 什么是合规标准与合规认证?

(1)合规标准。广义而言,合规标准指各行各业在进行合规建设时所需要达到的由权力机关、行业协会、国际组织等授权部门所制定的一套成体系化且可操作的指导性标准(准则、法案)。合规标准的表现形式多种多样,既可以是以某法律文件为依据,也可以是某行业协会自行制定的行业准则,具体到企业,也可以是由有制订标准资质的企业内部制定的并适用于其自身的一套合规标准。众多领域均有其适用的合规标准,如美国适用于企业的刑事合规标准《企业合规体系评价指引》;欧盟适用于数据安全领域的 GDPR(《通用数据保护条例》)合规标准;适用于环境管理体系的 ISO 14001 合规标准;适用于反腐败领域的《反海外腐败法》等。

(2)合规认证。认证,是一种信用保证形式。按照国际标准化组织(ISO)和国际电工委员会(IEC)的定义,是指由国家认可的认证机构证明一个组织的产品、服务、管理体系符合相关标准、技术规范(TS)或其强制性要求的合格评定活动。而合规认证针对企业而言是指由某种类型的授权监管机构提供的证明文件,证明其工作已按照相关法规、标准或指南执行。

目前国际上合规认证主要聚焦于合规管理体系认证领域,即根据最新版 ISO 3730 国际标准进行的认证,其对于各类组织的合规管理能力建设、政府监管活动、国际贸易交流、沟通合作改善等具有重要的意义。同时,此合规认证为企业治理者提高组织自身的合规管理能力提供系统化方法,为监管机构和司法机关采信企业组织的合规管理体系实践提供参考依据,为便利全球范围内相关方之间的贸易、交流和合作提供通用规则。而我国关于 ISO 37301 国际标准于国内的落地也在稳步推进中,2021 年 4 月 16 日,中国标准化研究院标准化理论战略研究所在北京组织召开了,将 ISO 37301 国际标准采用为我国国家标准 GB/T 35770 修订预备会,用以更迭替代我国 GB/T 35770—2017 合规认证标准。

(撰稿人:吴昱达)

049 什么是企业合规的国际标准?

国际标准是指国际标准化组织(ISO)、国际电工委员会(IEC)和国际电信联盟(ITU)制定的标准,以及国际标准化组织确认并公布的其他国际组织制定的标准,国际标准在世界范围内统一使用。而企业合规的国际标准主要指由 ISO 技术委员会编制,由 ISO 组织发布和实施,适用于全球任何类型、规模、性质和行业的组织的标准。

2014 年 12 月 15 日,ISO 发表了全球首个合规管理的国际标准,即 ISO 19600:2014《合规性管理体系 指南》(以下简称 ISO 19600 标准),以良好治理、均衡性发展、透明度和可持续性的原则,提供了有关组织内建立、发展、实施、评估、维护和改进有效的合规管理体系的相关指南。

ISO 37301 国际标准作为 A 类管理体系标准,2021 年,ISO 37301 国际标准发布后,替代了 ISO 19600 标准(对应的中国标准为 GB/T 35770 国家标准)成为新一代的企业合规国际标准。

(撰稿人:吴昱达)

050 什么是企业合规的国家标准？

中华人民共和国国家标准，简称国标，是包括语编码系统的国家标准码，由在国际标准化组织（ISO）和国际电工委员会（或称国际电工协会，IEC）代表中华人民共和国的会员机构：国家标准化管理委员会发布。而根据国务院印发的《深化标准化工作改革方案》（国发〔2015〕13号）的改革措施中指出，政府主导制定的标准由6类整合精简为4类，其中国家标准分别是强制性国家标准和推荐性国家标准。

在企业合规国家标准领域，GB/T 35770—2017《合规管理体系 指南》国家标准经国家质量监督检验检疫总局（2018年3月国务院机构改革后，该机构已经不存在。权限划分给了国家市场监督管理总局等3个部门）、国家标准化管理委员会正式批准、发布，并于2018年8月1日起实施，该标准等同采用ISO 19600标准，成为我国的企业合规国家标准。但是在ISO 37301国际标准出台并覆盖ISO 19600标准之后，我国与ISO 37301国际标准相对应且更迭的企业合规国家标准也将在立足我国国情的基础上转换、落地，成为新一代的中国企业合规国家标准。

（撰稿人：吴昱达）

051 什么是企业合规的行业标准？

行业标准是指对没有国家标准而又需要在全国某个行业范围内统一的技术要求所制定的标准。行业标准不得与有关国家标准相抵触。

有关行业标准之间应保持协调、统一,不得冲突。行业标准在相应的国家标准实施后,即行废止。行业标准由行业标准归口部门统一管理。细化到企业合规领域内,企业合规的行业标准主要指 GB/T 35770—2017《合规管理体系　指南》国家标准(现行)中没有规定的,由对口管理部门制定的适用于全行业的企业合规标准。工业和信息化部于 2022 年 8 月发布的关于数据合规的相关的五个行业标准:《APP 收集使用个人信息最小必要评估规范　第 5 部分:设备信息》《APP 收集使用个人信息最小必要评估规范　第 8 部分:录像信息》《APP 收集使用个人信息最小必要评估规范　第 10 部分:录音信息》《APP 收集使用个人信息最小必要评估规范　第 11 部分:通话记录》《APP 用户权益保护测评规范》《移动应用软件安全评估方法》。

除企业数据合规领域外,企业合规的行业标准还广泛存在于在税收管理、海关报关、环境资源保护、工程项目招投标、医药产品生产上市、专利商标保护等领域。

(撰稿人:吴昱达)

052 什么是企业合规的团体标准?

团体是指具有法人资格,且具备相应专业技术能力、标准化工作能力和组织管理能力的学会、协会、商会、联合会和产业技术联盟等社会团体。团体标准是指由团体按照团体确立的标准制定程序自主制定发布,由社会自愿采用的标准。在企业合规的层面上,其团体标准应当是由相应的具有法人资格的社会团体,在统筹我国实践中的具体情况、整合国际成熟经验的基础上制定并发布的适用于社会各界期以指导企业进行合规建设的一套标准。

目前,我国实务中已有多部企业合规的团体标准出台,更多的团体标准的制定也在紧锣密鼓地推进中。2022年5月23日,由中国中小企业协会发起起草的《中小企业合规管理体系有效性评价》团体标准正式发布,并于7月1日正式实施。该标准的推出,填补了国内中小企业合规建设标准的空白,让全国众多中小企业的合规建设开始变得有规可循、有据可依。该团体标准确立了中小企业合规管理体系有效性评价的总体原则和方法,制定了评价机制和评价指标,明确了合规管理体系有效性评价核心要素,为中小企业的合规管理体系提出了具有针对性的评价标准。

2022年7月5日,中国企业评价协会发布了《企业合规管理体系有效性评价》团体标准,加速促进了企业合规管理体系建设,发挥了社会组织行业自律、社会治理创新等职能。并且,据中国国际贸易学会公告,《"走出去"企业合规管理指南》团体标准的制定也在稳步开展中。

(撰稿人:吴昱达)

053 什么是企业合规的企业标准?

企业标准是在企业范围内需要协调、统一的技术要求、管理要求和工作要求所制定的标准,是企业组织生产、经营活动的依据。国家鼓励企业自行制定严于国家标准或者行业标准的企业标准。企业标准由企业制定,由企业法人代表或法人代表授权的主管领导批准、发布。

一般而言,某企业的企业合规标准贯彻了该企业对于法律要求的遵守及适用于商业行为的一般性标准,它总结了高层次的原则和商业惯例，表达了公司对广大公众的承诺。较为成功的企业合规标准的建设有西门子公司、甲骨文公司、苹果公司等。

并且，企业标准的制定通常均是在国际标准、国家标准、行业标准、团体标准（如中企评 5A 评级）的基础上进行，这意味着企业标准需相应企业在以上标准所规定的最低限度下制定出符合企业自身的企业合规标准，主要囊括技术标准、管理标准、工作标准这三个层面。

（撰稿人：李湘露）

054 ISO 37301 国际标准的制定背景是什么？

近年来，全球贸易关系愈加复杂，全球产业链进入深度调整与重构时期。在国家层面，各国建立了严格的合规监管制度，监管机构加强了立法深度和执法力度，引导和督促企业实施更加主动的合规经营。在国际层面，联合国、经济合作与发展组织、世界银行集团、非洲开发银行集团、亚洲太平洋经济合作组织、国际商会等国际性组织相继制定全球性契约、指南和指引等，对合规管理核心问题形成国际共识，在相关贸易活动中对不合规行为实施联合惩戒。合规已经成为各类组织成功和可持续发展的基础。

为了满足全球化合规的快速发展和迫切需求，提升各类组织合规管理能力，促进国际贸易、交流与合作，ISO 于 2018 年 11 月启动了 ISO 37301 国际标准的制定工作，基于最新的合规管理实践，修订并代替 ISO 19600 标准。

ISO 37301 国际标准的制定对于各类组织的合规管理能力建设、政府监管活动、国际贸易交流、沟通合作改善等具有重要的意义。一是为各类组织提高自身的合规管理能力提供系统化方法,它采用PDCA理念,即计划(Plan)、实施(Do)、检查(Check)、改进(Act)完整覆盖了合规管理体系建设、运行、维护和改进的全流程,基于合规治理原则为组织建立并运行合规管理体系、传播积极的合规文化提供了整套解决方案。二是为监管机构和司法机构采信组织的合规整改计划、合规管理体系实践提供参考依据,监管机构和司法机构在对组织违反相关法律的行为作出处罚时,可以将组织的合规管理体系运行情况作为衡量处罚力度的一个考量因素。三是为便利全球范围内相关方之间的贸易、交流与合作提供了通用规则,各类组织可以通过声明符合ISO 37301国际标准或者获得依据ISO 37301国际标准所进行的认证,在相关方之间传递信任,进而为贸易、交流与合作提供便利。

(撰稿人:李湘露)

055 中国对ISO 37301标准的贡献是什么?

ISO 37301国际标准由ISO组织治理技术委员会合规管理体系工作组(ISO/TC309/WG4)制定,来自澳大利亚的Martin Tolar先生担任召集人,中国标准化研究院理论战略所所长王益谊研究员担任联合召集人,奥地利标准协会Peter Jonas先生担任项目负责人,中国标准化研究院理论战略所王耕杰助理研究员担任工作组秘书,共有来自30多个国家成员机构的120名专家参与该标准的研讨及起草工作。

中国标准化研究院作为ISO/TC309国内技术对口副组长单位,组织来自北京大成律师事务所、中建科技集团、中国工商出版社、深圳市标准技术研究院、微软(中国)有限公司、中标合信(北京)认证有限公司、北京康柏汉森医药科技咨询有限责任公司、北京在礼合规信息技术有限公司等相关单位的专家组成国内注册专家团队和国内专家组,全程参与了 ISO 37301 国际标准条款的制定工作,贡献了中国在合规管理方面的理论研究成果和实践经验做法,得到了国际同行的一致认可。

(撰稿人:李湘露)

056 ISO 37301 标准可望对国际贸易产生哪些影响?

在经济全球化的浪潮下,贸易流动远超出了一个组织总部所在的司法边界,合规的世界也变得越来越复杂。公司要为其自身行为与员工行为负责,也要为代理人及供应链上的上下游企业之行为负责。仅仅通过合同中关于合规的相关规定往往不足以消弭可能存在的未合规风险。一言以蔽之,ISO 37301 国际标准的制定对于全球各类组织的合规管理能力建设、政府监管活动、国际贸易交流、沟通合作改善等具有重要的意义,各地组织可以通过标准化的合规管理系统建立商业互信,进而开展国际贸易。

首先,ISO 37301 国际标准的制定为便利全球范围内相关方之间的贸易、交流与合作提供了通用规则,各类组织可以通过声明符合 ISO 37301 国际标准或者获得依据 ISO 37301 国际标准所进行的认证,在相关方之间传递信任,进而为贸易、交流与合作提供便利。

其次,ISO 37301 国际标准是由来自众多国家的专业人士拟定的,并得到了大多数 ISO 成员国的认可。在这样的情况下,企业仅仅需要对 ISO 37301 国际标准进行认证便可在绝大多数地区开展商事交易,这大大减少了企业的相关合规建设成本,有利于企业以更顺畅、更自信的姿态开展国际贸易,无须担心因合规认证标准不统一而可能导致的交易风险。

再次,ISO 37301 国际标准并非一成不变的僵化模板,该标准本身提供了高度的灵活性,可以设计及实施一个以该组织为中心的特定的合规计划,以满足各企业的在不同领域开展贸易的需求。

最后,ISO 37301 国际标准与 2016 年推出的 ISO 37001 国际标准有着密切的关系,ISO 37001 专注于企业的反贿赂合规,对于在国际贸易中已经在遵循 ISO 37001 国际标准认证其合规性管理体系的企业来说,ISO 37301 国际标准有助于其节省时间及其他相关成本,免于可能因腐败问题而导致的监管隐忧。

(撰稿人:李湘露)

057 作为合规标准,ISO 37301 与 ISO 19600 有什么不同?

ISO 37301 国际标准规定了组织建立、运行、维护和改进合规管理体系的要求,并提供了使用指南,适用于全球任何类型、规模、性质和行业的组织。它修订并代替了 ISO 19600 标准,与 ISO 19600 标准相比,ISO 37301 国际标准为要求类(也称 A 类)管理体系标准,能够用于各类组织自我声明符合的内部审核(第一方)、组织对其外部供方和其他外部相关方(第二方)审核、开展管理体系认证等活动。它的制定和发布,将有助于各类组织建立并维护合规文化、提升合规竞争力和可持续发展能力,有助于全球范围内相关方之间的贸易、交流与合作,同时还为各国监管机构、司法机关采信组织的合规整改计划、合规管理体系实践提供了参考依据。简而言之,ISO 19600 标准为 ISO 组织制定的 B 类标准,其目的在于指导组织建立、实施、评价和改进合规管理体系,为其提供指导性的指南。ISO 37301 国际标准为 ISO 组织制定的 A 类标准,其目的在于为组织提供合规管理体系的建立标准化要求和实施指南。

具体而言,有如下变化:

(1)在第 3 章术语和定义方面,与 ISO 19600 标准相比较,术语和定义部分发生了如下变化:

修改"组织"的定义(3.1):增加了"注 2:如果组织是大型实体的某个组成部分,那么,术语'组织'仅指在合规管理体系(3.4)范围内的这个组成部分";

增加"有效性"的定义(3.13):完成策划的活动和实现策划的结果的程度;

修改"治理机构"的定义(3.21):增加了"最高管理者(3.3)向其报告"的描述以及"注 1:并不是所有的组织,尤其是小型组织,都会有一个独立于最高管理者的治理机构"和"注 2:治理机构可能包括但不限于董事会、董事会委员会、监事会或受托人";

修改"雇员"为"人员"(3.22):将存在工作关系和合同关系的人员纳入体系;

修改"合规义务"的定义(3.25):删除"合规承诺"和"合规要求",将组织需要强制遵守和自愿选择遵守的要求统一称为"合规义务";

增加"第三方"定义(3.30):清晰界定与合规管理体系相关的第三方的范围。

(2)在第 4 章组织环境方面,与 ISO 19600 标准比较,本章节发生了以下变化:

"4.1 理解组织及其环境"增加了对业务模式、第三方业务关系的性质和范围以及组织自身的合规文化的认知要求;

"4.2 理解相关方的需要和期望"增加了"哪些需求将通过合规管理体系予以解决";

"4.6 合规风险评估"强调了组织应评价外包和第三方过程相关的合规风险,以及形成文件的信息的要求。

(3)在第 5 章领导作用方面,与 ISO 19600 标准比较,本章节发生了以下变化:

将"合规治理"原则调整到本章第 5.1.3 条,并增加两个注解对合规职能部门的独立性做出进一步解释;

增加了"5.1.1 治理机构和最高管理者""5.1.2 合规文化""5.1.3 合规治理"和"5.3.4 人员",这些内容进一步强调了治理机构和最高管理者的支持在合规管理体系中的重要作用,以及将合规要求由上而下从治理决策过程贯穿到人员的具体工作从而建设组织成熟的合规文化的要求、方法和重要性。

(4)在第 6 章策划方面,与 ISO 19600 标准比较,本章节发生了以下变化:

"6.1 应对风险和机会的措施"增加了组织策划合规管理体系需要考虑的要素;合规目标、被识别的合规义务和合规风险评估结果;

增加"6.3 针对变更的策划",强调管理体系的动态性;

(5)在第 7 章支持方面,与 ISO 19600 标准比较,本章节发生了以下变化:

增加了"7.2.2 雇用过程",要求组织考虑可能在人力资源层面上产生的合规风险,应制定、建立、实施和维护适宜的雇佣过程,通过雇佣条件、尽职调查、培训和奖惩措施的实施规避或降低这些风险;

将"合规文化"调整到第 5 章,并在"7.3 意识"强调工作人员应了解支持合规文化的重要性。

(6)在第8章运行方面,与 ISO 19600 标准比较,本章节发生了以下变化:

增加"8.3 提出疑虑",要求组织应确立、实施并保持程序,程序应做到鼓励提出关注、对提出关注的内容予以保密、接受匿名报告、保护提出关注的人员不被打击报复以及个人能够得到建议;组织还要确保所有人员都知晓这个程序以及他们的权利和保护措施,并能够切实使用该程序;

增加"8.4 调查过程",要求组织开发、确立、实施并保持用于评估、评价、调查报告的流程,对疑似不合规或实际不合规情况进行调查;该调查过程应确保决策公平公正、避免任何利益冲突;调查结果应可用于合规管理体系的改进;治理结构和最高管理者应得到定期的有关调查的数量和结果的报告。

(撰稿人:李湘露)

058 在中国进行合规认证的企业是否还需国际认证?

虽然 ISO 文件不具有强制约束力,但由于 ISO 是世界上最大的综合性国际标准化机构,其制定的国际标准已经被各国广泛采用,或者通过转化为国内标准应用于生产实践,使得其在标准领域具有事实上的影响力。标准已经成为国际贸易游戏规则的重要组成部分,特别是在我国促进高水平对外开放、推动"一带一路"建设和中国企业加快"走出去"的当下,ISO 标准对我国及我国企业的影响更加关键。我国企业必须积极采用国际标准和国外先进标准,才能在国际竞争中处于优势地位。

从理论上讲,中国是国际标准化机构制定 ISO 37301 标准的起草国和参加国,中国企业依据 ISO 37301 标准建立和认证的合规企业,就不需要国外的认证机构重复认证,中国认证的效力不容置疑。但国内许多企业为了避免麻烦,或免受纠纷困扰,也可能选择请国外权威认证机构进行合规认证,或者请国内外认证机构联合认证,这些国家不会禁止;但如果涉及国家秘密和个人隐私,聘请国外认证机构单独或者联合认证,就有可能泄密或者侵犯个人隐私。

(撰稿人:李湘露)

059 ISO 37301 国际标准的适用范围是什么?

这一标准属于 A 类管理体系标准,可以在全球范围内用于认证。其规定了组织建立、运行、维护和改进合规管理体系的要求,并提供了适用指南,适用于全球任何类型、规模、性质和行业的组织。

为便利全球范围内相关方之间的贸易、交流与合作提供了通用规则,各类组织可以通过声明符合 ISO 37301 国际标准或者获得依据 ISO 37301 国际标准所进行的认证,在相关方之间传递信任,进而为贸易、交流与合作提供便利。

作为 A 类管理体系标准,ISO 37301 国际标准至少有如下几种应用方式:

作为各类组织自我声明符合的依据。各类组织通过实施 ISO 37301 国际标准,建立并运行合规管理体系,一方面使得组织的行为以及行为结果合规;另一方面在需要时还能够据此标准追溯组织是否符合了合规管理体系规定的内容或证实是否达到了合规要求。

作为认证机构开展认证的依据。ISO 37301 国际标准规定了合规管理体系的要求,并提供了建议做法和指南,认证机构在认证活动中,可以直接应用或者在其认证技术规范中明确 ISO 37301 作为组织符合合规管理体系要求的认证依据。

作为政府机构监管的依据。政府机构可以将 ISO 37301 国际标准确立的合规管理理念应用于行政监管活动,通过对组织的合规管理体系运行情况评价结果来匹配相应的监管手段和措施,实施精准监管。

作为司法机关对违规企业量刑与监管验收的依据。可以将 ISO 37301 国际标准确立的合规管理体系要求作为司法机关对涉及违规企业,作为落实依法不捕不诉不提出判实刑建议等司法意见,制定合规指引,督促企业合规整改和第三方监管验收的依据。

(撰稿人:李湘露)

060 如何根据 ISO 37301 国际标准认证程序建设合规管理体系?

1. ISO 37301 国际标准的认证程序为:
(1)企业提出申请,签订合同,缴纳相关费用;
(2)建立合规管理体系文件并运行;
(3)认证机构现场审核;
(4)关闭不符合项;
(5)颁发认证证书;
(6)认监委公示认证结果。

2. 该合规管理体系建设包括下列内容：

合规管理体系的建设遵循"PDCA 循环逻辑"（即计划、执行、核查、改进——由质量管理开始），以持续改进原则为基础，在领导力和合规文化的内核驱动下，结合组织的合规目标、原则及内外部环境，建立合规管理体系，制定符合组织文化和目标的相关流程并在组织内有效地运行实施，并通过定期、不定期地维护和评估，纠正和改进合规管理体系的漏洞。

以 ISO 37301 国际标准为例，合规管理体系建设主要包括以下 7 方面的内容：

（1）组织环境。组织所处的环境构成了组织赖以生存的基础。这些环境既涉及法律法规、监管要求、行业准则、良好实践、道德标准，又涉及组织自行制定或公开声明遵守的各类规则。因此，建立合规管理体系首先要对组织所处的环境予以识别和分析。ISO 37301 从以下方面规定了识别和分析组织环境的要求：确定影响组织合规管理体系预期结果能力的内部和外部因素；确定并理解相关方及其需求；识别与组织的产品、服务或活动有关的合规义务、评估合规风险；确定反映组织价值、战略的合规管理体系及其边界和适用范围。

（2）领导作用。领导是合规管理的根本，对于整个组织树立合规意识、建立高效的合规管理体系具有至关重要的作用。ISO 37301 国际标准对组织的治理机构、最高管理者等如何发挥领导作用作出了规定：治理机构和最高管理者要展现对合规管理体系的领导作用和积极承诺；遵守合规治理原则；培育、制定并在组织各个层面宣传合规文化；制定合规方针；确定治理机构和最高管理者、合规团队、管理者及人员相应的职责和权限。

（3）策划。策划是预测潜在的情形和后果，对于确保合规管理体系能实现预期效果,防范并减少不希望的影响,实现持续改进具有重要作用。ISO 37301 国际标准从以下方面规定了策划合规管理体系的要求：在各部门和层级上建立适宜的合规目标,策划实现合规目标需建立的过程；综合考虑组织内外部环境问题、合规义务和合规目标,策划应对风险和机会的措施,并将这些措施纳入合规管理体系；有计划地对合规管理体系进行修改。

(4) 支持。支持是合规管理的重要保障,对于合规管理体系在各个层面得到认可并保障合规行为实施具有重要的支持作用。ISO 37301 国际标准从以下方面规定了支持措施：确定并提供所需的资源,例如,财务资源、工作环境与基础设施等；招聘能胜任且能遵守合规要求的员工,对违反合规要求的员工采取纪律处分等管理措施；提供培训,提升员工合规意识；开展内部和外部沟通与宣传；创建、控制和维护文件化信息。

(5) 运行。运行是立足于执行层面,策划、实施和控制满足合规义务和战略层面规划的措施相关的流程,以确保组织运行合规管理体系。ISO 37301 国际标准从以下方面对运行作出了规定：实施为满足合规义务、实施合规目标所需的过程以及所需采取的措施；建立并实施过程的准则、控制措施,定期检查和测试这些控制措施,并保留记录；建立举报程序,鼓励员工善意报告疑似和已发生的不合规；建立调查程序,对可疑和已发生的违反合规义务的情况进行评估、调查和了结。

(6) 绩效评价。绩效评价是对合规管理体系建立并运行后的绩效、体系有效性评价,对于查找可能存在的问题、后续改进合规管理体系等具有重要意义。ISO 37301 对如何开展合规管理体系绩效评价作出了规定：监视、测量、分析和评价合规管理体系的绩效和有效性；有计划地开展内部审核；定期开展管理评审。

(7) 改进。改进是对合规管理体系运行中发生不合格/不合规情况做出反应、评价是否需要采取措施，消除不合格/不合规的根本原因，以避免再次发生或在其他地方发生，并持续改进，以确保合规管理体系的动态持续有效。ISO 37301 从以下方面对改进作出了规定：持续改进合规管理体系的适用性、充分性和有效性；对发生的不合格、不合规采取控制或纠正措施。

（撰稿人：李湘露）

061 如何通过一张图，认识合规管理体系建设的全过程？

合规管理体系是一个完整、严密逻辑体系，我们可以用一张图作出直观的解释。

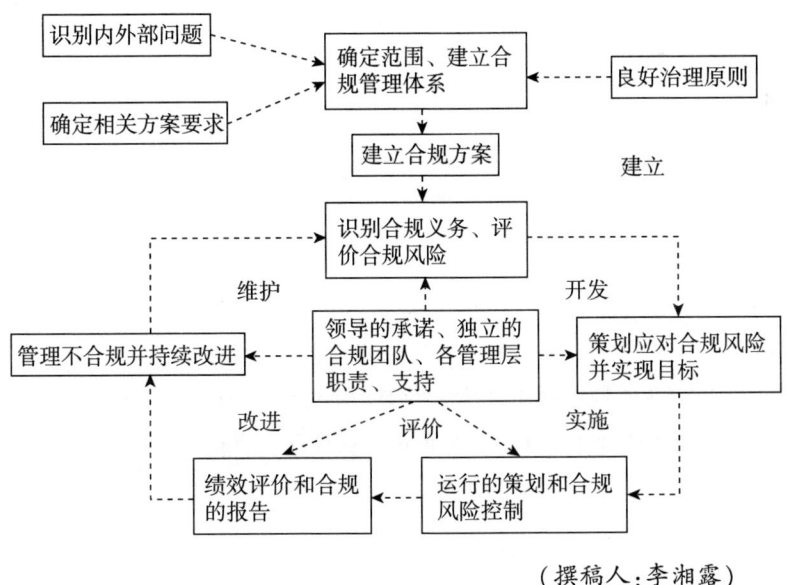

```
识别内外部问题 ┐
              ├─→ 确定范围、建立合规管理体系 ←─── 良好治理原则
确定相关方案要求 ┘            ↓
                         建立合规方案                    建立
                              ↓
                      识别合规义务、评价合规风险
              维护                              开发
管理不合规并持续改进 ←── 领导的承诺、独立的合规团队、各管理层职责、支持 ──→ 策划应对合规风险并实现目标
                改进            ↓评价                实施
                     绩效评价和合规的报告 ←── 运行的策划和合规风险控制
```

（撰稿人：李湘露）

062 企业合规管理的重点领域通常有哪些?

(1)市场交易。完善交易管理制度,严格履行决策批准程序,建立健全自律诚信体系,突出反商业贿赂、反垄断、反不正当竞争,规范资产交易、招投标等活动。

(2)安全环保。严格执行国家安全生产、环境保护法律法规,完善企业生产规范和安全环保制度,加强监督检查,及时发现并整改违规问题。

(3)产品质量。完善质量体系,加强过程控制,严把各环节质量关,提供优质产品和服务。

(4)劳动用工。严格遵守劳动法律法规,健全完善劳动合同管理制度,规范劳动合同签订、履行、变更和解除,切实维护劳动者合法权益。

(5)财务税收。健全完善财务内部控制体系,严格执行财务事项操作和审批流程,严守财经纪律,强化依法纳税意识,严格遵守税收法律政策。

(6)知识产权。及时申请注册知识产权成果,规范实施许可和转让,加强对商业秘密和商标的保护,依法规范使用他人知识产权,防止侵权行为。

(7)商业伙伴。对重要商业伙伴开展合规调查,通过签订合规协议、要求作出合规承诺等方式促进商业伙伴行为合规。

(8)其他需要重点关注的领域。

(撰稿人:李湘露)

063 搭建合规管理体系前,企业应做哪些准备?

在企业搭建合规体系之前,应当筹划好合规体系搭建的3W,即指:who 谁来管,what 管什么,how 如何管。

1. 建立健全纵横交叉的工作体系,解决谁来管的问题

合规管理牵涉面广,涉及部门、业务、人员较多,为确保高效不推诿,必须坚持以下几个原则,即:确保合规管理有效、实际地管理和防控合规风险,顺利履行合规职责;确保合规部门独立地、严肃地开展合规管理;确保合规部门与其他相关部门之间的职责分工明确,但又协调合作;确保适当的成本管理,但绝不能因此忽视或者牺牲合规管理。在此基础上,建立健全纵向专业管理与横向分工协作相结合的组织体系。

具体来说,在董事会下依次设合规委员会、合规总监、合规部门,合规部下设合规管理专员;在二级单位设立合规部并配备合规专员、各业务部门设立兼职合规管理员;在三级单位设立合规管理专员。

2. 关注重点领域、重点环节和重点岗位,解决管什么的问题

《中央企业合规管理指引》运用了企业大合规理念来指导和规范企业合规管理,要求合规管理覆盖企业各业务领域、各部门、各级子企业和全体员工,贯穿决策、执行、监督等各个环节。

重点领域的合规管理,包括市场交易、安全环保、产品质量、劳动用工、财务税收、知识产权、商业伙伴等,重点环节的合规管理,包括制度制定环节、经营决策环节和生产运营环节,重点人员的合规管理,包括管理人员、重要风险岗位人员以及海外人员等。

合规管理的内容主要包括:建立合规政策和标准,进行合规风险调

查和评估,建立违规举报途径、接受举报并对违规行为进行查处,建立员工的行为准则,培育合规文化等。

3. 以规范运行和坚强保障为基础,解决如何管的问题

合规体系的搭建:

(1)企业负责人要树立合规意识,这是合规体系建设的根本,但是企业领导人的合规意识需要合规部门和合规管理人员经常性对其进行合规风险的提醒。

(2)合规管理部门要制订并执行以控制合规风险为本的合规管理计划,制定完善的合规管理制度和内控流程,定期举行员工合规培训,定期出具本企业合规风险报告,在重大项目上提醒企业领导人相关风险,及时对员工的违规行为进行调查。

(3)要加强合规培训和合规文化建设,尤其要重视对业务人员进行经常性的合规培训,且每次培训都应对员工进行考试,考核成绩纳入个人年终绩效考核,在企业合规文化方面,应加大合规宣传,定期向员工公布外部和内部发生的典型案例,作为对员工的警醒教育。

(4)要建立举报机制,建立流畅的举报渠道,设立员工违规行为举报热线,对举报人实行保护,确保其不受打击报复,及时处理对违纪员工的举报。

(5)可以借助大数据与信息化,运用大数据挖掘并运用信息化手段,分析违规原因和管理中的薄弱环节,并反溯至企业经营管理全过程,总结经验教训,查找企业运营管理的薄弱环节,检测企业运营管理环节的潜在风险,对制度和流程进行合规性评价,督促违规整改和持续改进,帮助企业实施管理流程再造。

(撰稿人:李湘露)

064 什么是合规方针?

方针是合规建设的一个重要因素,是指最高管理者正式发布的组织的宗旨和方向。方针是对具体的事业和工作而言的,它引导事业前进的方向和目标,如企业的质量方针、安全生产方针等。

企业在进行合规管理工作前,首先应明确合规管理体系建设的指导方针,并依据合规管理方针的要求进行合规管理体系建设。指导方针包括:保证所建立的合规管理体系适合企业目的并与企业战略保持一致,保证为合规管理体系建设提供基础架构支持,保证适用要求的承诺得到明确的落实,保证持续改进合规管理体系的承诺有效实施。

企业合规管理体系的建设,必须在上述四项指导方针的基础上进行设计,确保所呈现合规管理体系的科学性、合理性、落地性和可实施性,从而为企业合规管理创造真实有效的价值。

(撰稿人:李湘露)

065 企业如何确立合规方针?

企业在确立合规方针设计过程中,需考虑以下五类因素:

(1)国际、区域和本地的特定义务。合规方针的建立是为了更好地帮助企业明确合规管理事项的操作方向,是企业合规管理建设工作的"指南针"。因此,在进行方针设定中,需考虑企业的内外部环境对特定义务的要求,避免合规管理体系成果"束之高阁"。

(2)企业自身的战略规划和企业文化。合规管理最终目的是为企业的管理添砖加瓦,提高企业人员的管理能力和管理意识。因此,在进行管理方针设计时,需要充分考虑企业接下来的发展战略和重点方向,以及企业现行的企业文化,最终实现合规管理的体系内容和理念"软着陆"。

(3)企业现行组织架构和治理架构。合规管理体系的实施和落地,需要有专门的部门来承接。因此,在合规方针的确定阶段,企业就要有"组织意识",明确组织架构和治理架构的支撑情况,确定方针内容。

(4)企业现行风险控制体系和风险识别、分级机制。合规风险的有效防范是合规管理关系稳定的标志。因此,在进行合规管理方针设计时,需要对现行的风险管理体系、风险识别机制、风险预警机制、风险分级机制进行分析,寻找合规体系和内控风险管理体系的结合点,以确保合规管理和内控风险管理能够更有效地结合。

(5)其他相关合规文件、标准要求。合规方针的制定,除需考虑以上内容外,还需要明确其他合规管理文件、行业标准文件对合规事项的要求,确保企业在经营上能够实现管理的全面化,在内外部环境中实现全维度合规。

(撰稿人:李湘露)

066 企业如何制定和调整合规目标?

合规目标是企业根据自身运营情况所设立的一种以维持企业可持续性发展为根本目标的美好展望及追求。不同行业和不同规模的企业基于不同的合规需求,需要制定的合规目标也是多种多样的。跨国公司等大型企业注重国内外业务的合法联动，需要建立合规体系；中型企业偏重合规管理机制建设；小微企业则更关注合规风险点，需要落实的是合规措施。这三种合规目标各有特点，例如合规体系庞大而完整，但投入的维护和运营费用也高；合规机制需要对合规风险进行分类以做到功能明确，但操作难度较大；而合规措施虽然零散，但具有机动灵活的特征，可以点对点解决问题。所以，"合规目标"是一个概括性词语，可以涵盖不同需求层级的具体内容。但无论什么类型的企业，至少都需要追求以下四个方面的目标：保证企业经营的合法性、管理及决策的科学性、处理风险的有效性和提升企业的竞争力。[1]

企业设立并执行合规目标并不只是为了让企业运行合乎法律法规，还涉及遵循政策、制度、社会道德以及价值规范的约定以不断提升企业竞争力，维持可持续性发展。缺乏"合规风险意识"的企业在制定或调整合规目标时，没有根据风险评估结果来建立有针对性的合规管理体系，而是将几乎所有可能的合规风险均作为防范对象，倾向于建立一种同时覆盖多种甚至数十种专项合规管理领域的"一揽子合规计划"。[2] 这样的合规管理体系，可能只是一种纸面上的合规计划，难以切实有效地发挥预防合规风险的作用。所以企业在设立合规目标之前，应当培养专业的风险意识，深入调研企业内部的运行状况，调动公司内部各部门联合发力，先归纳企业存在合规风险点的领域，再制定合规目标，以确保合规体系整体方向的精准性。

对于大部分企业而言，法务部门是制定合规目标必不可少的主体

---

[1] 参见陈瑞华：《企业合规的基本问题》，载《中国法律评论》2020年1期，第178—196页。

[2] 参见陈瑞华：《企业合规不起诉制度研究》，载《中国刑事法杂志》2021年第1期，第92页。

之一，但在设立或调整企业合规目标的过程中，无论是由于法务部门"主动请缨"还是由于其他各部门"一致对外"，均需要避免法务部门"一家独大"的现象产生。因为在法律思维方式上，合法与合规有所不同。以刑法为例，根据刑法的罪刑法定原则要求，法无明文规定不处罚；而合规则恰恰相反，是"法无规定不可为"。其他部门同理，设立合规目标并不是某一个部门的工作，而需要企业全员积极参与。

（撰稿人：王文华　姚津笙　郑越）

067 什么是合规组织机构？

合规组织机构其实就是享有推行企业合规建设的权力并承担合规措施对应义务的企业内部机关及所属人员，即执行合规目标的主体。由于企业规模、类型等均有所差异，合规组织机构在不同企业间也会呈现出不同的形态。参考国资委《中央企业合规管理办法》，合规组织机构主要在对第一责任人、合规委员会、首席合规官三大角色的职能定位上。首先，第一责任人由企业主要负责人担任，经营合规管理体系是一项长期任务，所以在组织、推动和实践合规措施的过程中，需要第一责任人切实发挥领导作用，确保合规管理工作的权威性与严肃性。其次，合规委员会的主要职责为组织领导和统筹协调，划清部门之间的权责界限，研讨重点难点合规问题。最后，目前国内的首席合规官大多数是由企业在内部高管中挑选担任，由其领导合规管理部门、开展相关工作并对第一责任人负责。

一家企业的合规组织机构至少需要处理三类合规工作，即执行合规管理的基本制度、专项整治高风险领域和研究对外经营或涉外领域的风险。① 执行合规管理的基本制度,就是发挥合规计划中内部控制体系的作用,包括落实合规目标、职责划分、考核规则和监督问责等。专项整治高风险领域,是在归纳企业现有合规风险的基础上,定位高风险或较紧迫的问题,立即投入合规的人力和物质资源进行整改,甚至可以针对该领域设立专门的合规组织机构。由于企业运营不可避免地会与外部资源发生关联,所以无论是涉外企业还是内地企业,均需要建立专门负责保障公司与外部主体合法合规交易交往的组织机构,研究和处理对外经营或涉外领域的风险。

(撰稿人:王文华　姚津笙　郑越)

068 企业应当建立怎样的合规组织机构?

合规组织机构是企业所建立的合规目标与企业实施合规管理之间的执行媒介。没有精准发力的执行者,再完美的合规目标也只能止步于"纸上谈兵"的状态,所以搭建合规管理组织机构是企业开展合规建设中的第一项重大工程。

企业的合规组织机构,需要基于整体运行存在的特定风险,结合已经订立的合规目标,制定专项合规计划并分层部署到每一个对应部门的工作范畴内,如审计、法律、内控、风险管理、安全生产和质量环保等相关部门。不同层级的合规组织分别对应处理不同的合规风险点,这样做的目的是避免因违反相关法律法规而致使企业遭受行政处罚、刑

---

① 26 A. I. & L. 251 (2018) *Norms Modeling Constructs of Business Process Compliance Management Frameworks*:*A Conceptual Evaluation*, Hashmi, Mustafa, Governatori, Guido [56 pages, 251 to 306]

事追究以及其他方面的损失。① 虽然合规组织机构是企业合规的牵头部门，但这并非意味着合规仅是合规组织机构的职责，推动企业内部梳理"全员合规"理念和良好氛围亦是合规组织机构的重要任务。

以中国石油化工集团有限公司 2019 年印发的《中国石化诚信合规管理手册》（以下简称《手册》）为例，在《手册》"合规管理组织架构"一节中，明确了中国石化的合规管理组织架构，包括以下几个层级的岗位设置：

（1）合规管理领导机构发挥统领和协调各部的作用，主要由兼具高学历与丰富内部管理经验的中国石化高管组成；

（2）领导机构之下专门设立合规管理负责人一职作为领导机构与合规管理牵头部门沟通的桥梁，制定并分配合规战略；

（3）由公司法律部门或其他承担合规管理职能的部门担任合规管理牵头部门（如审计部等），是合规管理领导机构和负责人的执行机构；

（4）公司其余各业务部门，遵从"管业务必须管合规"原则，对经营中的合规风险进行自查自纠；

（5）另设立四个专职监督部门在对应的职责范围内作为合规风险的"清道夫"，分别为审计、内控、风险管理和监督部门。

中国石化的合规组织机构非常典型，即自上而下，分层管理，既能宏观调控，又能微观自治。合规管理组织的人员既要熟悉自身专业的合规管理工作，又和其他部门保持充分及时的沟通，因此企业当中的合规岗人员需要具有较高的专业性和自觉性。合规管理部门不是从各部门挑选几位员工，换个部门办公，而是分别在每一层级的合规组织机构中培养负责研究与观察本部门合规风险的专门人员，再向外渗透，负责监

---

① 参见陈瑞华：《有效合规管理的两种模式》，载《法制与社会发展》2022 年第 1 期。

测和处理公司各个部门的合规风险,这类人员属于企业的合规资源。

(撰稿人:王文华　姚津笙　郑越)

069 企业管理者在合规体系建设中应当发挥怎样的作用?

合规管理体系是一个"自上而下"的治理结构,而企业治理的起点和要诀即管理者与员工之间心心相通、想法一致。① 在推进合规管理体系的建设和运营中,企业管理者发挥的示范作用就能起到这样的效果,因为合规建设本身其实也是管理者对全体员工的一份郑重承诺。企业管理者根据先前设立的合规目标,提炼出其中蕴含的企业价值观,以身作则地实施并在企业培训过程坚持宣传,使合规文化渗透到企业全体员工,并通过合规组织机构将其覆盖到所有业务领域和公司运营的各个环节,这就是企业整体在合规之路上做到"心心相通"的途径。

以华为公司为例,华为在其企业官网上明确表示,华为管理层秉持的核心理念是"坚持诚信经营、恪守商业道德、遵守所有适用的法律法规",而且这一理念并不仅适用于华为公司内部运行,华为还要求其供应商和商业合作伙伴也遵循此要求。

企业管理者表达合规承诺的方式有很多种,最重要的是在客观上支持和维护企业的合规体系行稳致远地发展。可以像华为公司一样,

---

① 参见[日]稻盛和夫:《领导者的资质》,曹岫云译,机械工业出版社2014年版,第56页。

由管理者向全体员工表明对企业实现合规承诺负责；也可以像前文提到的中国石化的管理层一样，以管理者正式参与的方式确认贯穿企业全方位的合规方针；如果管理者对企业运营存在的问题或风险已经有较深入的认识，其还可以通过保障合规团队拥有充分资源的方式，减少合规工作开展的限制和阻碍。总之，企业管理者在合规体系的建设中无论采用哪种表达形式，其最终效果均是以自身的行动或决定表明企业必将带领全体员工走向合规之路。

（撰稿人：王文华　姚津笙　郑越）

070 合规部门在企业中的定位、职责、权限？

一般来说，合规部门在企业中承担的是一种控制和监督公司运作的角色，这便与传统的只提供法律建议及解决方案以维护企业最大利益的法务工作有所不同。合规部门要主动采取行动，检查可能存在合规风险的业务领域并将存在的问题向上级报告，甚至有权对一些需要立即做出整改的业务举措或某个严重违反公司合规要求的业务行为作出决定。此外，合规部门还有一项重要职责，即为公司组织和提供合规培训，这是将企业的合规文化向下传递的有效途径。

保障合规部门能够在企业内部"施展拳脚"的基础除了保证合规人员的独立性外，还需要赋予合规部门必需的权力。首先，要保证合规部门在排查合规风险点时能够畅通无阻，部门之间不能针对合规部门的调查权"层层加码"。其次，要保证合规部门能够调动其他部门相关人员切实参与到自身所涉及的合规任务中。合规管理相关工作，应由合规管理牵头部门负责,其他业务及职能部门仅提供协助与支持。①《中央企业合规管理办法》第 4 章运行机制中,明确要求企业应当将合规审查作为必经程序嵌入经营管理流程,合规部门需要定期对审查情况进行评估,发生合规风险需要及时采取应对措施并向上级合规部门或首席合规官报告。据此可以看出,合规部门必须具有审查权。最后,要保证合规部门能够将合规情况如实传达到领导层,这需要企业内部在纵向沟通层面予以支持,但是企业对是否接受建议或承担风险有最终决定权。

有权必有责,合规部门既然拥有贯穿企业各个部门和将合规意见直通公司上下级的权力,除了要对合规工作的内容承担严格的保密责任外,自然也需要为合规风险发生或任何因合规工作疏漏而诱发的危机承担责任,责任形式包括但不限于相关人员接受处罚或立即采取补救措施。例如,西门子贿赂门事件被揭露后,西门子公司以监事会主席(相当于我国企业董事长)为首的 20 余名高级管理人员被解除职务,有的还被追究刑事责任。对此合规部门可以建立完整的考核机制,将合规工作的履职情况作为考核打分的重要依据,在日常工作中就培养合规部门的担当意识。但同时切忌让公司领导层或其他部门把合规部门当成万能的"挡箭牌",以合规部门的工作不到位为由推卸自身责任。

(撰稿人:王文华　姚津笙　郑越)

---

① 10 Int'l. In-House Counsel J. 1 (2016 – 2017) *Managing Legal & Compliance Department in a Medium-Sized Company*, Liu, Chloe [6 pages, 1 to 6]

071 企业各层级机构应当在合规管理中发挥怎样的职能？

目前，国内企业设计合规管理机构可以参考的制度依据主要有国务院国有资产监督管理委员会令发布的《中央企业合规管理办法》，国家发展改革委员会等多部门联合发布的《企业境外经营合规管理指引》，原国家质检总局、国家标准委联合发布的 GB/T 35770—2017《合规管理体系　指南》，三个制度文件对合规管理机构的层级进行了不同的表述。其中，国资委《中央企业合规管理办法》将合规管理的组织和职责的主体划分为董事会、监事会、经理层、企业主要负责人、合规委员会，以及业务及职能部门，此处以《中央企业合规管理办法》的划分方式为例，叙述企业各层级机构应当发挥的职能。

董事会是股东会的执行机关，对股东负有受信义务。受信义务可以分为忠实义务和注意义务两个方面，这也是董事会在合规管理中的责任来源。合规管理的重要条件就是最高层的重视，英文通常表述为"Tone from the top"（即最高层的声音），如果缺乏最高层的明确指引和示范作用，企业和员工就会缺乏对合规的正确认识。因此，董事会在合规管理中的职能主要就是"总揽大局"，主要包括总揽"事"和总揽"人"。总揽"事"，指的是董事会需要批准合规规划与报告以及决定合规管理体系的构建方向。总揽"人"，指的是在合规管理中，董事会需要负责合规管理负责人的任免以及合规部门的设置和职能设定。

监事会是公司的内部监督机构，主要作用是防止董事会或管理层滥用职权损害公司和股东利益。监事会的合规管理职能并不突出，主要是监督董事会和高级管理层合规管理职责的履行情况,以及提出对合规管理人员的撤换建议。

经理层的基本定位是"谋经营""抓落实""强管理",[①]在合规管理体系中起到承上启下的重要作用。经理层在合规管理中的职能主要包括:明确合规管理流程,确保合规要求融入业务领域,及时制止并纠正不合规的经营行为,按照权限对违规人员进行责任追究或提出处理建议等。

业务及职能部门是合规的执行者,需要将合规实实在在地落实在业务开展之中。其职能和义务包括:确认适用于本公司的监管要求,定期向管理层或合规部门提出合规报告和建议,遇到违法不当行为和有应对措施及时与合规部门或管理层沟通,以及接受企业提供的合规培训与指导等。

(撰稿人:王文华　姚津笙　蒋德伟)

072 什么是合规风险?

合规风险是指,企业及其员工在经营管理过程中因违规行为引发法律责任、造成经济或者声誉损失以及其他负面影响的可能性。[②] 具体而言,企业通常会面临经营风险、财务风险和合规风险,合规风险既不同于经营风险,也不同于财务风险,是企业在经营中因为存在违法违规乃至犯罪行为,而可能遭受行政监管部门处罚和司法机关刑事追究的

---

① 参见《中央企业合规管理办法》,国务院国有资产监督管理委员会令第 42 号,2022 年 8 月 23 日发布。

② 参见《中央企业合规管理办法》第 3 条第 2 款。

风险。[1]

同时,合规风险还区别于一般的法律风险。常见的法律风险如因违反合同而承担民事责任,这并不属于合规风险之中。企业常常面对大量的常规性的法律风险,但这并不会给企业带来毁灭性的打击;而合规风险则是因为企业未能履行其合规义务导致的,这可能导致企业遭受吊销执照、缴纳大量罚金,以及企业负责人遭逮捕等严重后果。在各种法律风险之中,对企业具有致命影响的还是企业因为违反法律法规而受到监管处罚和刑事追究的风险。例如,企业因为实施商业贿赂行为,受到了反不正当竞争部门的调查,或者受到刑事执法机关的立案侦查;企业因为接受腐败分子或恐怖分子的融资,违反了有关反洗钱的法律,因此受到金融监管部门的调查,或者受到检察机关的起诉;企业因为违反有关网络安全管理法律,或者存在侵犯个人信息的行为,受到有关监管部门的调查,或者受到法院的刑事审判;企业因为违反有关出口管制的法律,受到监管部门的行政处罚,或者被追究刑事责任;企业因为排放危险废物,造成污染环境的法定后果,被环境保护部门处以行政处罚,或者被法院予以定罪等。正因为会给企业带来严重的后果,我们才将受到这些特定处罚视为一种特殊的"合规风险",并将其与一般的法律风险区别开来。[2]

(撰稿人:王文华　姚津笙　蒋德伟)

---

[1] 参见陈瑞华:《论企业合规的性质》,载《浙江工商大学学报》2021年第1期,第49页。

[2] 参见《中央企业合规管理办法》,国务院国有资产监督管理委员会令第42号,2022年8月23日发布。

073 企业可能面临哪些合规风险？

在市场经济环境中，企业的生产经营行为应该遵循合规义务，而一旦违反合规义务，便发生了合规风险。也就是说，有什么样的合规义务，就有什么样的合规风险。故根据合规义务，可以将合规风险分为以下四种：

（1）因不符合企业内部规章制度或管理制度而导致的合规风险。包括决策合规风险、管理合规风险以及人事合规风险等。如，因公司印章管理出现混乱，企业员工权限不明确，或是企业轻易对外担保而导致的颠覆性风险等。

（2）因不符合法律法规监管带来的合规风险。企业要时刻关注企业当地的各项法律法规与政策，以免出现违反法律而导致的合规风险。包括违反商业法规风险、违反职业健康安全法规风险、违反环境法规风险等合规风险等。

（3）因不符合企业合规承诺带来的合规风险。如，违反产品技术承诺风险、违反产品质量承诺风险，以及违反售后服务承诺风险等。

（4）因不符合社会道德规范的合规风险。如，因违背诚信原则而引发的舆情风险，会减损企业商誉，从而影响经济利益。

从合规风险的定义上来看，企业可能遇到的合规风险还有很多，如外贸公司会遇到的进出口管制合规风险、跨境金融会遇到的 NFT 合规风险，以及科研企业会遇到的知识产权合规风险等。这就要求企业根据自身的业务范围和当地的法律法规来识别和评估自身可能遇见的合规风险。

（撰稿人：王文华　姚津笙　蒋德伟）

074 企业合规风险的特点有哪些？

第一，普遍性。合规风险的普遍性是指合规风险普遍存在于企业各项业务行为活动和非业务行为活动之中。企业合规风险之所以存在，主要有以下三个原因：(1)企业作为市场经济的主体之一，追求利润最大化是其区别于其他组织的属性，而正是这种追求利益最大化的投机性往往会使得企业铤而走险，进而引发一系列合规风险。(2)企业的很多问题看似复杂，但归根结底都是源于人，解决的根本也在于人。而发生不合规的行为的主体是企业内部的人员，原因也来自内部人员的人性、欲望和追求，合规风险因此是来源于内部人员的不良动机驱使[1]。合规风险的来源决定了其具有普遍性。(3)由于市场信息的非对称性和经济主体的有限理性，企业在做出决策时往往缺乏全面性和科学性，进而会产生或伴随着不同类型的合规风险[2]。

第二，形态的多样性。合规风险形态的多样性是指合规风险具有多种多样的类型，既存在民事、商事合规风险，也存在行政与刑事合规风险。这是因为企业经营的条件、状态和环境处在一个动态和变化的环境之中，而合规风险的具体表现形态也会呈现各种差异性。

企业合规风险形态的多样性决定了企业合规管理也应该是一个动态的过程，而不能是一成不变的，应该根据企业自身情况，建立起全面的、有针对性的合规管理体系。

---

[1] 参见《企业合规风险识别与分析评估（中篇）》，载微信公众号"企业合规风控内控与效能管理研究"，2021年9月10日。

[2] 参见巴曙松：《监管与合规通识》，机械工业出版社2020年版，第8页。

第三，隐蔽性。合规风险的隐蔽性主要是指企业合规风险往往隐藏于企业经营的全领域与全过程。所谓"千里之堤，毁于蚁穴"，识别合规风险往往需要企业拥有清醒的合规认识、专业的合规团队，以及完善的合规管理体系。要想真正做到"防患于未然"，企业需要居安思危，通过一系列措施认真地识别、分析和考察可能存在的合规风险。

第四，严重性。合规风险的严重性是指合规风险不同于一般的法律风险，这也是合规风险被特别重视的原因。合规风险的严重性表现在：其一，当风险发生时，企业往往会遭受高额罚金、吊销执照和负责人承受刑事责任等沉重的打击；其二，一个合规风险点或者风险源往往会迅速引起其他风险，继而引发企业出现系统性或者全面性的合规风险，甚至导致重大的企业经营危机的发生。

第五，可识别性与可控性。企业合规风险的可识别性与可控性，是指企业对于风险的发生可以提前察觉，并采取预防措施。在建立较为完善的合规管理体系后，通过对各类合规风险进行识别、评估、处置和防范后，能够扼杀某些处于萌芽阶段的合规风险，能够有效降低某些已发生的合规风险的危害，能够有效防止类似的合规风险再次发生，以此来保障企业的正常运行。

（撰稿人：王文华　姚津笙　蒋德伟）

075 企业如何识别评估合规风险？

合规风险识别，是指对企业内部合规风险存在或者发生的可能性以及合规风险产生的原因进行分析判断。风险识别建立在过去经验的基础之上，面向现在以及战略方向中的风险。① 合规风险评估是风险防范体系的核心要素，是企业通过对业务性质、交易规模、违法违规情况，以及涉讼情况等诸多方面的审查，检验自身是否存在违规、违法和犯罪可能性的管理活动。②

在识别与评估合规风险前，要进行识别和评估的准备，包括了解所在国及所在地相关权威监管机构的法律法规要求，自己企业的业务范围以及股东、客户、企业内员工和商业合作伙伴等相关利益方的诉求。

在识别与评估合规风险中，在内容方面，要集中在识别自身的合规风险、查明不合规原因并明确其后果。在流程方面，需分析出流程中发现的合规风险等级及企业能够且愿意接受的风险等级，以此确定合规任务的优先级。在具体措施方面，要借助现代化的管理与存储办法，比如建立舆情和诉讼事件库，通过对企业或行业内发生的案例进行梳理，来发现企业存在的合规风险。

在识别与评估合规风险后，要总结经验，建立起对合规风险的长效监督和应对机制，认识到合规风险的识别与评估应是一项日常事务，避免仅在严重合规风险发生或者合规风险频繁发生之时才对合规风险进行识别和评估。及时更新公司以及业务范围内的诉讼情况，及时更新常用法律政策数据信息库，增强整个企业的合规意识。

（撰稿人：王文华　姚津笙　蒋德伟）

---

① 参见李本灿：《企业视角下的合规计划建构方法》，载《法学杂志》2020 年第 7 期。
② 参见陈瑞华：《有效合规管理的两种模式》，载《法制与社会发展》2022 年第 1 期。

076 什么是基于岗位的合规风险识别评估?

基于岗位的合规风险识别评估即根据企业内不同岗位、不同职能的角色、部门，根据职责和权限梳理业务活动、检索合规义务，制定实施相应的预防和应对违法违规和犯罪行为的机制。具体可分为：治理机构和最高管理者岗位职责、合规团队岗位职责、管理层岗位职责、员工岗位职责等。

治理机构和最高管理者岗位应当着眼于企业发展过程中的整体性合规风险，发挥其对合规管理体系的领导作用，建立合规方针，分配充足和适当的资源以建立、制定、实施、评价、维护和改进合规管理体系及绩效成果，建立高效及时的报告系统；对照合规关键绩效措施或结果被考核；分配向治理机构和最高管理者报告合规管理体系绩效的职责。

合规团队岗位应当在相关资源的支持下统筹梳理和识别企业合规风险，并管理与第三方有关的合规风险，如供应商、代理商、分销商、咨询顾问和承包商。

管理层岗位应当对其职责范围内的业务活动中存在的合规风险进行识别和评估；与合规团队合作并支持合规团队，鼓励员工也同样做；个人遵守且被看到遵守方针、程序、过程并参加和支持合规培训活动；鼓励员工提出其所关注的合规问题；积极参与合规相关事件和问题的管理和解决；增强员工履行合规义务的意识，并指导员工满足培训和能力要求；确保合规列入职务描述；将合规绩效纳入员工绩效考核；将合规义务纳入他们职责范围内现有业务实践和程序；与合规团队协力，确保一旦确定需要纠正措施则予以实施；对外包业务进行监督，确保它们考虑合规义务。

员工岗位应当履行与其职位和职务有关的组织合规义务；按照合规管理体系要求参与培训；使用作为合规管理体系一部分的、可获得的合规资源；报告合规疑虑、问题和缺陷。

（撰稿人：王文华　姚津笙　孔建）

077　什么是基于流程的合规风险识别评估？

企业合规是一种基于合规风险的治理体系，其主要功能是保证企业依法依规经营，预防违法违规和犯罪行为。要发挥上述功能，企业就要建立合规管理的基本流程，及时评估、识别、监控、处置可能发生的潜在风险和违规事件。

第一，根据各国的基本经验，从程序上看，合规管理可以包括三大基本流程：(1)风险防范体系，即预防违规事件发生的管理流程；(2)风险监控体系，即及时识别、报告合规风险的管理流程；(3)违规事件应对体系，即在违规事件发生后所采取的调查、奖惩和制度修复流程。

第二，风险防范体系又称"事前预防流程"，是防止合规风险发生所采取的风险管理制度，通常由五个要素构成：(1)定期合规风险评估；(2)专门的合规尽职调查；(3)必要的合规培训；(4)充分的合规信息沟通和传达；(5)适当的合规文化建设。其中，合规风险评估是风险防范的核心要素，是企业通过对业务性质、交易规模、违法违规情况、涉诉情况等诸多方面的审查，检验其是否存在违法违规和犯罪可能性的活动。

第三，风险监控体系又称"事中识别流程"，是企业对经营活动是否合乎法律法规问题进行的实时监督和控制，对于可能发生的违法违规行为及时加以识别和发现,以便对违法违规事件作出及时处置,对合规管理采取进一步改进措施。通常风险监管体系由以下要素构成:(1)实时合规检查,又称"合规控制管理",即对企业所有投资、并购、生产、销售、进出口等业务活动,都要进行合规性审查,以确保符合法律规定要求。(2)合规审计,又称"独立第三方合规审查"。企业委托外部独立的专业机构对合规管理体系的有效性进行定期或不定期审查,既审查合规政策是否在内部得到良好的执行,也审查是否发生了违法违规情况。(3)实时举报机制。对于内部发生的任何违法违规行为建立实时接收投诉机制并进行调查处理,同时确保举报人得到特殊保护不被打击报复。(4)合规报告制度。应确保首席合规官、合规部门和设在分支机构的合规专员,定期或不定期地就合规管理问题提出报告,包括合规管理执行情况,也包括内部发生的违法违规和犯罪情况。

第四,违规事件应对体系又称"事后合规管理流程",即在违法违规事件发生后,企业对合规管理所采取的纠正和补救程序。具体而言至少包含三个要素:(1)合规内部调查。企业自行或者委托外部专业机构对所发生的违法违规行为进行全面调查,查明违法事实,查明负有责任的员工、管理人员、客户、第三方或者被并购的企业,揭示合规管理漏洞隐患。(2)惩戒违规人员。对负有直接责任的员工、管理人员,应采取惩罚措施;对负有直接责任的客户、第三方,则采取责任切割或者终止商业合作等处理措施。(3)对合规计划作出及时完善和改进,对存在漏洞和合规管理体系作出必要的补救,对存在隐患的管理环节作出适当纠正,以免再次发生类似违法违规行为。①

(撰稿人:王文华　姚津笙　孔建)

---

① 参见陈瑞华:《企业合规基本理论》(第 3 版),法律出版社 2022 年版,第 158—160 页。

078 企业如何制定合规风险的应对措施?

企业应当基于前期对合规风险分析与评价的结果,确定风险应对措施和解决方案,制定风险应对措施清单并落实执行。

合规风险的应对措施主要包括制定和执行整改及防控目标和计划;制定、修改和完善企业内部合规规范;与存在重大合规风险的部门管理层商谈,明确合规风险应对措施和职责,并纳入绩效考核指标;对相关业务模式、业务流程进行整改和完善;开展专项合规培训与合规活动;严格问责,对违规行为进行违规调查和处置等。

对于重大合规风险,应当制定特殊预案,在应对措施的启动、执行及效果反馈等环节持续跟踪与监督,直至合规风险消除。如果风险应对措施执行不力或者效果不佳,需要及时预警与核查,提出合规风险应对改进建议,加大合规应对力度。

(撰稿人:王文华　姚津笙　孔建)

079 什么是合规义务?

合规义务是企业必须遵守的要求与自愿选择遵守的要求的总和,前者称之为合规要求,后者称之为合规承诺。

市场经济环境下,监管机构出于维护市场经济健康、有序发展的目的,制定了强制性法律规范,这是企业必须遵守的要求。此外,合规要求还包括道德规范、宗教文化、风俗习惯等,如果不遵守合规要求,将会产生严重的负面后果。具体而言,常见的合规要求包括符合法律法规;许可、执照或其他形式的授权;监管机构发布的命令、条例或指南;法院判决或行政决定;条约、惯例和协议等。

在市场竞争过程中,企业为了获得股东、顾客、供应商等相关方的信赖,赢得更多的交易机会,往往会就自身生产经营过程、产品品质、服务等对外作出承诺,这是企业自愿选择遵守的要求。具体而言,常见的合规承诺包括与社会团体或非政府组织签订的协议;与公共权力机构和客户签订的协议;组织要求,如方针和程序;自愿原则或规程;自愿性标志或环境承诺;与组织签署合同产生的义务;相关组织和产业的标准等。

(撰稿人:王文华　姚津笙　孔建)

080 企业如何了解自身的合规义务?

企业应当立足自身所在的国家或地区,根据业务范围,了解国际、区域或本地特定义务,结合企业战略、目标、价值观、结构和治理框架,了解与不合规有关的风险性质和等级,识别新的和变更的法律、法规、准则和其他合规义务,以确保持续合规。企业获取关于法律和其他合规义务变更信息的过程或者渠道包括:列入相关监管部门收件人名单;成为专业团体的会员;订阅相关信息服务;参加行业论坛和研讨会;监视监管部门网站;与监管部门会晤;与法律顾问洽商;监视合规义务来源,如监管声明和法院判决等。

无论是综合性合规,还是专项合规,企业都要根据自身性质、业务和风险领域,有针对性地关注合规义务。例如,从事进出口业务的企业,要重点关注出口管制合规义务;从事金融和证券业务的企业,要重点关注反洗钱合规义务;从事医药生产销售的企业,要重点关注反商业贿赂合规义务;从事化工生产的企业,要重点关注环境保护合规义务;从事互联网金融、大数据服务、电子商务等业务的企业,要重点关注数据保护合规义务等。①

(撰稿人:王文华　姚津笙　孔建)

081 企业如何建立、迭定合规义务库?

从企业合规义务的来源看,由于企业合规义务包括合规要求与合规承诺,企业建立、迭代合规义务库时,也应从这两方面考虑。

第一,合规要求方面,企业合规义务库的建立应当有如下依据:

(1)国家制定的法律法规,包括全国人大及其常委会通过的法律、国务院通过的行政法规、最高司法机关发布的司法解释、国家部、委、办、局通过的部门规章和地方立法机关通过的法规等;

(2)符合行政要求的许可、执照或其他形式的授权;

(3)相关监管部门发布的制度、条例、办法或指引;

(4)司法机关的判决或行政执法部门的措施;

(5)适用的国际条约或公约及相关条款。

第二,合规承诺方面,企业合规义务库的建立应当依据:

(1)企业规章与内部守则等;

---

① 参见陈瑞华:《企业合规基本理论》(第3版),法律出版社2022年版,第115—119页。

(2)企业所属相关组织和行业自律协会颁布的行为准则和商业实践中的伦理规范;

(3)企业与外部主体,包括主管部门和交易对手方签订的协议;

(4)企业与社会公益性团体或社会组织签订的协议。

以上述来源建立的合规义务库,应当以其所涉及的法律法规的更新和行业内相关情况的变化为依据进行迭代。

第三,从合规义务的不同领域看,除了从合规义务的来源出发建立和迭代的合规义务库,企业还可以以不同领域的合规义务作为合规义务库建立和迭代的依据。

企业可以将不同法律法规、行政指引和意见、行业协会规范等涉及企业的内容节选并梳理,主要从以下几个领域进行:

(1)反贿赂领域。如《刑法》《反垄断法》《全国人民代表大会常务委员会关于国家监察委员会制定监察法规的决定》、最高人民法院《关于审理因垄断行为引发的民事纠纷案件应用法律若干问题的规定》等。

(2)反垄断领域。《反垄断法》《经营者集中审查暂行规定》《禁止滥用市场支配地位行为暂行规定》等。

(3)反不正当竞争领域。《反不正当竞争法》《广告法》、最高人民法院《关于审理涉及驰名商标保护的民事纠纷案件应用法律若干问题的解释》等。

(4)数据信息保护合规领域。《数据安全法》《个人信息保护法》《网络安全法》《电子商务法》等。

(5)网络安全领域。《网络安全法》《密码法》《电信条例》等。

(6)劳动合规领域。《劳动法》《劳动合同法》《全国年节及纪念日放假办法》《妇女权益保障法》等。

(7)财务税务领域、环境保护领域、知识产权领域、安全生产领域、外商投资领域、进出口贸易领域等。

以不同领域作为合规义务库建立和迭代思路时,企业更应当结合自身的行业属性和业务范围建立起全面、定期的审查机制,确保合规义务库的完备。除了强行性法律法规带来的合规要求,企业也需要关注相关行业动态,及时更新合规承诺。与此同时,随着洗钱、数据窃取等方面技术的发展和相关监管要求的增加,企业也应当通过技术手段自觉地增加合规义务库迭代的方式与途径。

企业可以以上述标准作为坐标系,以更加直观的方式(如下图所示)系统性地建立和迭代合规义务库:

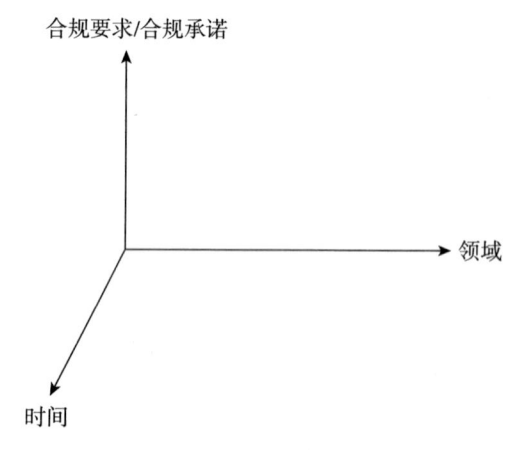

（撰稿人：王文华　姚津笙　杨铭铭）

082 什么是不合规行为?

不合规行为就是违反了合规义务而造成合规风险的行为。不合规行为从来源上看,是违反了根据 ISO 37301 国际标准和《合规管理体系指南》(GB/T 35770—2017/ISO 19600:2014)企业所规定的合规义务的行为。其中,合规义务既包含了法律法规所要求的合规要求,也包括企业所做出的合规承诺。因此,不合规行为,是指违反了相关法律法规的不符合合规要求的行为和违背了企业合规承诺的行为。

常见的企业不合规行为有,违反刑法的商业贿赂行为、违反劳动法的强迫员工加班行为、违反网络安全法的信息泄露行为、违背企业内部规定的流程审批行为等。与企业的合规义务相对应,企业不合规行为出现的领域主要有反商业贿赂、反垄断、数据保护与信息安全、劳动者权益保护、知识产权、进出口管制等。

不同的企业会因其业务侧重点的不同,出现不同的不合规行为。例如,金融证券业务的企业主要出现的是反洗钱方面的不合规行为,化工生产类的企业主要出现的是环境保护方面的不合规行为。而一家企业也会在不同领域出现不合规行为。如中兴公司,就在合规整改中,针对反商业贿赂、数据保护和进出口管制等多个方面出现的不合规行为制定了专项合规计划。[1]

与此同时,参考《中央企业合规管理办法》中有关"合规风险"的表述[2],不合规行为是造成企业及其员工在经营管理过程中引发法律责任、造成经济或声誉损失以及其他负面影响的原因。

(撰稿人:王文华 姚津笙 杨铭铭)

---

[1] 参见陈瑞华:《中兴公司的专项合规计划》,载《中国律师》2020年第2期。
[2] 参见《中央企业合规管理办法》,国务院国有资产监督管理委员会令第42号,2022年8月23日发布。

083 不合规行为就是违法行为吗？

不合规行为并不完全是违法行为，二者存在一定的区别和联系，在企业合规领域，违法行为只是不合规行为的一种。

（1）此处讨论的"不合规行为"的概念与上述不合规行为一致，"违法行为"的概念以广义的违法行为为准，即违反现行法律法规，给社会造成某种危害的、有过错的行为，包括刑事、民事、行政违法行为等，不讨论狭义的、与"犯罪"相对的违法行为。

（2）从二者的范围来看，违法行为属于不合规行为的"子集"。根据上述对合规义务的界定，不合规行为包括违反了合规要求的行为和违背了合规承诺的行为，只要是违反了企业合规义务的行为，都属于不合规行为，但只有违反了企业应当遵守的法律法规的行为，才属于合规语境下的违法行为。

以个人信息保护合规领域为例，《个人信息保护法》第 10 条规定"任何组织、个人不得非法收集、使用、加工、传输他人个人信息，不得非法买卖、提供或者公开他人个人信息；不得从事危害国家安全、公共利益的个人信息处理活动"，如果企业或员工违反了这一合规义务，则构成违法行为；如果是企业根据该法条而制定的企业内部的个人信息处理规定或合规计划，企业或员工对其的违反则不构成违法行为，但属于违背了其合规承诺的不合规行为。[1]

（3）从不合规行为和违法行为的上下游关系来看，企业合规的目的

---

[1] 参见敬力嘉：《个人信息保护合规的体系构建》，载《法学研究》2022 第 4 期。

之一就在于避免因违法行为产生的法律风险,如果没有履行好企业合规义务,不合规行为就有可能最终导致违法行为的产生,从而将企业的合规风险转化为法律风险。[1]

仍以个人信息保护合规领域为例,如果企业或员工违反了已经制定的个人信息处理规定或合规计划,此时行为是不合规行为,并不当然地对企业运行产生负面影响,但如果企业没有相关合规要求或放任此类不合规行为的发生,则有可能导致信息非法收集、使用、加工、传输,将不合规行为发展为违法行为,给企业带来法律风险。

(撰稿人:王文华　姚津笙　杨铭铭)

084 什么是合规审查?

合规审查,是指为了保证企业生产、运行和管理的合规性,对企业生产、运行和管理等方面的合规性进行检查、识别、追踪,确保企业履行合规义务并能及时对不合规行为进行整改的工作。在企业的运行过程中,以《中央企业合规管理办法》和国资委答记者问中有关合规审查的表述为例,合规审查是规范经营行为、防范违规风险的第一道关口,是能够在源头上防住大部分合规风险的程序。因此,合规审查是嵌入企业经营管理流程的必经流程[2]。

合规审查在广义上包括企业内各业务及职能部门、合规管理部门

---

[1] 参见邹金凤、刘锦旗、陈立彤:《全面风险管理与合规管理》,载微信公众号"合规",2021年2月27日。

[2] 参见国务院国资委政策法规局负责人就《中央企业合规管理办法》答记者问,载国务院国有资产监督管理委员会网站,最后访问时间:2022年9月28日。

和监督审查部门在其相应工作开展过程中,对相关法律法规等合规要求和企业部门相关合规承诺履行情况的检查,比如财务部门负责其在财务合规方面的事务,人事部门负责其在劳工权益合规方面的事务等;而在狭义上,合规审查特指企业合规管理部门在企业中应当执行的合规管理职能,包括其对于企业内部规章制度和合规计划的审查,在企业内部对合规职能的分配,对于合规指标的建立,对员工的合规培训,以及识别、评估、防范、追踪并检验公司合规风险的职能。[1]

除了企业内部的日常性合规审查,合规审查也包括企业经营危机发生后检察机关、相应的行政部门和第三方合规审查单位在处理企业合规问题时,对企业合规义务履行情况的调查行为。[2]

(撰稿人:王文华　姚津笙　杨铭铭)

085 合规审查的对象和范围?

合规审查的对象涉及企业经营管理的各个方面,上至企业的规章制度、管理规范,下至企业业务流程、产品、服务等事项,都属于合规审查的对象。按照审查范围的不同,可以分为整体性合规审查、重点领域合规审查和重大事项合规审查等。

(1)整体性合规审查范围宽广,可以将其看作是一种对企业合规基本面的审查,是对企业合规经营情况和合规风险的整体把握。整体性

---

[1] 参见蒋倩:《论美国〈反海外腐败法〉对中国企业合规审查的启示》,华东政法大学2010年版。
[2] 参见尹云霞、李晓霞:《中国企业合规的动力及实现路径》,载《中国法律评论》2020年第3期。

合规审查的重点是对企业内部规章制度的审核检查,应当检验其是否符合法律等外部规范,以及企业内部更高层次和效力的规章制度等。全面合规审查虽然全面,但往往难以深入,对于企业合规的一些重点和专业领域,还需要进行专门的审核检查。

(2)重点领域合规审查,是指企业根据内部经营管理特点、行业发展或政府监管趋势等,对企业合规风险日益凸显的重点领域和专门问题进行合规审查。就企业内部而言,可以关注安全生产、环境保护、产品质量、财务税收、知识产权、劳动用工、市场交易、商业贿赂等。就外部环境而言,可以关注反垄断与公平竞争、网络数据安全、个人信息保护、消费者权益保护、广告发布、关联交易等。

(3)重大事项合规审查,是指在企业发展过程中,对可能会影响企业发展进程的重大事项中的合规风险,如筹备上市、重大股权变动、重要投资等,进行专门合规审查。此类审查并非常规行为,而是根据企业发展需要,有针对性地开展。

(撰稿人:王文华　姚津笙　杨铭铭)

086 合规审查应遵循什么样的程序?

企业合规审查要遵循规范的流程,包括提交申请、受理、初审、审核、归档等环节。企业日常合规审查需要各部门共同支持。(1)业务部门、各职能管理部门应当对本部门的合规情况进行全面自查,并将自查情况报告合规管理部门。(2)在业务部门、职能部门全面自查之后,结合企业前期形成的合规风险识别结果,针对其中合规风险高的重点领域,由质量保证部门、环境保护负责部门、技术部门、安全部门、财务部门、人事部门等相关部门进行专业审查,提出专业意见。(3)涉及重大合规风险的情形往往违反了法律的禁止性规定,因此法务部门在合规审查中承担着重要的责任。法务部门需要以本部门的名义提出或请外部律师等法律专业人士提出法律意见,起到把关作用。(4)合规管理部门要针对前述层层审查过程中反映的客观情况做出最终审查决定,并做好记录和存档。涉案企业邀请第三方监督机构参与合规审查的,可由合规管理部门对接配合。监督机构参与审查的程序可与企业内部审查同步推进。

实践中,由于审查工作可能涉及企业经营活动的方方面面,合规审查在追求全面的同时一定要注意关键要点、注意方式方法。(1)要注意对决策权限进行审查。任何企业决策均必须由决策主体在法定权限内做出,或者获得授权。企业中任何管理人员不得滥用职权。(2)合规审查中还要注重对决策程序的审查,即决策方案是否按照企业规定的方式和步骤形成,是否经过风险评估、专家论证、公开征求意见、进行成本效益分析等必要程序。(3)企业在审查决策的具体内容时,要考察决策方案是否与现行法律法规相抵触、是否符合党和国家政策、是否符合行业准则、对外承诺等所有的企业合规义务。

(撰稿人:贾博妍)

087 设置不合规行为举报机制,应注意哪些要点?

为了及时发现、纠正不合规行为,并鼓励员工关注企业发展,引导纾解不良情绪,客观反映企业内部可能存在的问题,企业应当建立通畅、健康的不合规行为举报机制。举报机制的建立主要针对内部员工,具体实施可以通过多种渠道来进行,包括举报信箱、举报邮件、合规专栏、合规热线等。

企业设置不合规行为举报机制时,应当注意以下几点:

(1)制定和公布权威的举报规则。举报规则应当明确举报程序、途径、受理主体、举报奖励、举报保障等事项,为员工启动举报提供全面的指引。

(2)采取保密措施。对实名举报人员的信息予以保密,保障匿名或实名举报者的安全。严格限制举报信息受理主体的工作人员数量和范围,并确保其工作的独立性。企业应遵循保密原则,通过规避制度来限定企业人员调取举报信息。举报信息受理人应当对上级主管部门或领导垂直负责,其业绩考核、职级待遇等尽量脱离本级企业的权力制约。

(3)举报信息处理程序应当规范。举报信息资料尽量规范化,主要包括被举报人基本信息、涉及项目信息、违规情况、涉及的金额及经济损失、客户资料、证据等。收集和处理举报信息时,应当排除外部因素干扰,仅就举报信息本身进行调查核实,不考虑举报人的动机等与举报内容无关的因素。

(4)设置举报奖励机制。为营造良好的舆论环境,企业可根据实际情况决定公开或不公开对于举报人的奖励。不合规案件参与者主动举报、弥补损失,且举报信息对侦破案件有帮助的,企业可对其免于追究或减轻处罚,以鼓励违规者迷途知返。

(5)设置特别的禁止性规范。在与客户或第三方的商务活动中明示禁止商业贿赂及其他违规行为,鼓励客户或第三方对与本企业有关的违规行为进行举报。

(撰稿人:贾博妍)

088 如何进行不合规行为的调查？

企业发现或怀疑存在不合规行为，或者收到不合规行为举报时，要及时进行调查。合规调查可按照以下步骤进行。

(1)制定调查方案。要根据问题的性质、复杂程度、调查对象和范围等来确定调查方案。调查方案要尽量详细和具有针对性。

(2)确定调查员。要慎重确定针对具体案件的调查员，避免利益冲突。调查员应当保持客观中立性，且了解相关法律法规、内部规定、业务等，需要具备良好的调查技能，对违规行为有清晰的认识。如遇涉及企业高层或者企业自身可能负有重大责任的案件，企业内部调查人员难以具备取证能力的，企业应当向有关部门报案。如果条件允许，同一个案件最好由两名调查员协同进行调研。

(3)做好准备工作。在调查之前，调查员需要提前熟悉与案件相关的文档、记录，被指控人的个人情况，以及法律、政策规定等。同时，调查员要提前采取措施防止相关人员销毁证据或者恶意串通、串供。

(4)开展访谈调查。调查员应当对所有与案件相关的人员进行访谈调查。访谈应当在密闭场所进行。调查员应当从"是谁参与、时间、地点、发生了什么情况、发生的原因"等方面出发，积极引导被调查者如实详细地陈述案情，从而发现其中的逻辑问题或信息漏洞，并以文字、音频及视频的方式做好记录。

(5)撰写调查报告。调查员通过访谈等方式进行调研之后，无论是否已经得出结论，都应当及时撰写调查报告。调查员在撰写调查报告时，应当尽量客观呈现被调查者的陈述，注重事实呈现，避免主观臆断。

调查报告应当高度保密,需控制读者范围。

（撰稿人：贾博妍）

089 如何处置不合规行为？

根据不合规行为的具体情形、严重程度等,企业应当对相关行为人采取不同的处置方式,包括纪律处分、向执法部门报告违法情况以及向违规者提起民事诉讼等。针对大多数不合规行为,企业通常采取的纪律处分包括警告、训诫、调职或降职、扣减奖金、取消或暂缓升职加薪、解雇等。

企业对违规员工进行纪律处分时,应当注意标准统一且稳定,对所有员工一视同仁,不同级别的员工、同一公司不同地域子分公司的员工受到的处分应当保持一致。实践中,为了树立合规管理体系的权威性,一些企业会在内部成立纪律处分委员会,由纪律处分委员会来进行审批和决定处置方式,委员会的人员来自法务部门、合规部门、人事部门、业务部门等多部门。但由于纪律处分委员会中的"评审员"通常并不直接与一线员工接触,而最熟悉不合规事件和违规者情况（比如不合规事件产生的背景、违规者是初犯还是惯犯等）的往往是部门经理,因此由部门经理提出纪律处分的提议,详细汇报具体情况后,再由纪律处分委员会最终进行审批决策,有利于保证决策的标准统一、实现公平公正。

企业最高管理层应当关注不合规行为的处置效果,并根据处置效果来不断调整、升级处置方式。同时,不合规行为的处置应当与个人绩效和团队绩效直接挂钩,如果某一团队在某一时期经常出现不合规行为,企业要积极进行帮助、引导和干预,帮助该团队有效建立合规文化。

企业应当要求员工，一旦发现他人正在进行、有可能进行了不合规行为，应当立即制止或者举报。对于不合规行为知情不报、视而不见的员工，企业应当予以适当处罚。要对员工加强合规教育，在企业中培养正向的合规风气。

（撰稿人：贾博妍）

090 什么是合规报告？

合规报告（Compliance Reporting），是指企业根据监管机构和企业内部合规管理制度的要求，按季度、半年度和年度等定期提交的合规运行情况报告。不同内容的合规报告，形式各有不同。目前国内企业合规建设实践中，尚未形成统一的合规报告格式。

根据国际标准化组织制定的ISO 37301国际标准的要求：组织应建立、实施和保持合规报告过程，以确保：(1)确定适宜的汇报准则；(2)制定定期汇报的时间表；(3)建立非常规汇报机制以便于临时汇报；(4)实施保证信息准确性和完整性的机制和过程；(5)向组织中合适的职能或板块提供准确和完整的信息，以便及时采取预防、纠正和补救措施。合规职能部门向治理机构或最高管理者提交的任何报告内容均应受到充分保护，以防止被修改。

（撰稿人：贾博妍）

091 合规报告应当包括哪些内容？

按照国际标准 ISO 37301 的要求，合规报告应包括下列内容：(1) 组织按要求向任何监管机构通报的任何事项；(2) 合规义务的变化、其对组织的影响以及为履行新义务拟采取的措施方案；(3) 对合规绩效的测量，包括不合规情况和持续改进；(4) 可能的不合规行为的数量和细节，以及随后的分析；(5) 采取的纠正措施；(6) 合规管理体系有效性、业绩和趋势信息；(7) 与监管机构的联系和关系发展；(8) 审核和监视活动的结果；(9) 监视行动计划的完整执行，特别是基于审计报告或监管要求的行动计划，或两者兼而有之。

另外，企业的合规方针应鼓励及时通报那些已经超出定期报告时限的重大事项。在合规报告中，既要报告系统性的、重复性高的问题，也要报告单次发生、偶然发生的不合规行为。那些看起来偶发的，甚至微小的问题也可能会反映出当前企业业务流程、合规管理体系存在的缺陷，对这类问题的忽视有时甚至会导致"小问题变大问题"，引发系统性的合规风险。

（撰稿人：贾博妍）

092 什么是合规绩效？

按照 ISO 37301 国际标准的表述，绩效是指可衡量的结果，即可能涉及定量或定性的结果，并且可能与活动、过程、产品、服务、体系或组织的管理有关。

所谓合规绩效，是指员工在合规方面的表现，是某一个时点的状态结果。形象化地讲，合规绩效可以有"优、良、中、差"之分，比如，一名员工在本年度从事业务活动过程中，如果从未发生过违规事件，积极配合合规管理工作，并且践行传播合规文化，那么他的合规绩效就可能为"优"；如果一名员工在一年内发生过多次不合规事件，合规绩效的评级就很可能会非常低。

合规绩效考核要与个人奖惩制度相关联，合规考核结果应作为企业绩效考核的重要依据，与职务任免、评优评先、晋升及薪酬待遇等挂钩，且具体标准和考核程序需要统一事先确定。

（撰稿人：贾博妍）

093 为什么要组织合规绩效考核？

企业必须认真组织合规绩效考核，这是因为：

（1）合规绩效考核是企业合规管理体系建设的重要内容，是引导员工融入企业合规文化的重要途径。合规管理体系建设是对企业向上向善发展的一种正向引导，但由于它是一个长久地融入于企业经营中的过程，必然会涉及多种利益冲突、取舍、选择，因而需要每位企业员工身体力行。

（2）合规绩效考核是企业绩效管理的重要组成部分。在绩效管理中，企业不但考核员工的业务能力和阶段成果，而且把员工在从事本岗位业务活动中的合规执行情况也作为重要的考量因素，为合规管理体系的有效运行建立了一种保障机制。这样做，反向激励、影响每位员工重视合规，并通过考核来明示不合规导致的成本和代价，从而督促每位员工尽量减少不合规行为。

（3）在推进合规管理体系建设的实践中，很多企业通过强化合规绩效考核机制来带动合规管理体系的建设和运行。合规作为考核指标在绩效指标中应当占有决定性的位置，甚至是"一票否决"的。也就是说，一旦某位员工从事业务的合规性无法达到公司要求，即使业绩再好，也不能获得高奖励。为了促进合规管理体系与业务体系的深度融合，合规考核可以直接在业务部门完成。业务部门负责人是最了解本部门业务情况、合规风险，以及本部门员工的日常工作情况的，应当同时对本部门业绩和合规经营负责，因此合规考核应当落实到业务端每一个部门。反之，如果合规考核仅由公司统一的合规管理部门推进，很容易造成业务部门"应付"检查的情况，合规政策根本无法落到实处。

（撰稿人：贾博妍）

094 如何安排合规绩效考核？

合规绩效考核应当全面覆盖企业的各项管理工作。企业的合规绩效考核通常包括三个层级：一是企业各个业务部门与职能部门对本部门员工进行的合规绩效考核；二是企业的合规负责人或者合规管理部门对各部门负责人、企业管理层进行的合规绩效考核；三是企业的合规委员会对合规负责人或合规管理部门的合规绩效考核。

企业既可以针对合规事项制定单独的合规绩效考核制度，也可以将合规绩效考核融入绩效管理体系中。合规绩效考核需要制定详细的考核标准，保证考核标准的适用统一、程序规范。对于在合规文化传播、违规事件发现等合规管理体系建设方面有贡献的员工,应给予表彰或奖励;对于合规重视度不足,发生违规事件的员工,应给予扣分、处罚。

企业合规绩效考核的内容要全面,包括是否按时参加合规培训、是否严格执行企业的合规方针和合规制度、考核年度内有无违规行为、是否积极支持和配合合规职能部门工作、遇到违规行为时是否及时汇报以降低给企业带来的损失和负面影响等。

(撰稿人:贾博妍)

095 什么是合规管理体系的有效性评价?

合规管理体系的有效性评价,是指对企业已经建成的合规管理体系是否正在有效运行,企业是否在推进"实质合规"而非"纸面合规"的一种判断。合规管理体系有效性评价包括以下四个方面的内容:

(1)评价合规管理体系设计的有效性,包括合规风险的识别和评估、合规政策导向、合规管理机构的设置、企业领导的率先垂范、合规知识的培训、合规文化的树立、违规行为的举报、调查和处理机制,等等。

(2)评价合规管理体系执行的有效性,包括合规管理体系的运行具备必要的资源和条件,合规管理机构具有必要的权力和独立性,合规管理人员具有胜任职务的能力,企业领导和员工具有清晰的合规意识,合规管理绩效纳入岗位绩效考评,合规管理过程保留文件和记录等信息,等等。

(3)评价合规管理体系实施结果的有效性,主要包括专项合规目标的实现,良好合规文化的形成,合规管理体系的持续改进,持续发展能力的增强、不合规事件的适当处理等方面。

(4)评价合规管理体系各部分的协调关系,即评价其综合运行效果。要坚持全面性原则,全面关注企业合规管理体系建设从建立、实施、运行到持续改进的整个过程。同时,要针对不同行业、不同规模的企业设定不同的评价内容和评价指标,并关注它们相互之间的协调关系。整个评价过程要易于证明、材料收集过程要易于证实。在评价过程中,既要客观反映当下企业在合规管理方面的不足和问题,还要从正面积极引导,注意方式方法,提振企业加强合规管理的信心,引导其树立正确的价值观,不断优化改进自身的合规管理体系。

(撰稿人:贾博妍)

096 如何进行合规管理体系的有效性评价?

为实现公平公正,客观地反映被评价企业合规管理体系的实际情况,企业在进行合规管理体系的有效性评价时可以选择复合型的评价方法,即将多种考察方式相结合。评价方法包括问卷调查、审阅文件、访谈调研、飞行检查、感知测试、穿行测试、模拟运行等。

合规管理体系有效性评价一般包括准备阶段、实施阶段和报告阶段。有效性评价要力求严谨科学,在准备阶段要建立评价官审核小组,评价官需要具备相关的合规知识、技能和资质。在启动评价前,评价小组人员共同制定好评价方案,明确本次评价的目的、分工、评价范围、指标、时间节点和适合采用的方法。进入实施阶段后,评价小组要严格按照评价方案来组织评价,发现重大问题或者疑点问题时,应当及时与企业负责人和相关人员进行核实。采集好实际数据和信息之后,进入报告阶段。在这个阶段,应当撰写评价报告。评价报告的内容应当包括:企业基本信息、本次评价的评价审核小组信息、评价目的、评价依据、评价范围、评价方法、评价流程、为进行本次评价所采集的信息、结论、问题及改进建议等。

(撰稿人:贾博妍)

097 如何培育合规文化?

合规文化是指企业在长期的组织建设和发展过程中形成的一种倡导合规、重视合规的良好软环境。合规文化体现了被企业全体员工认可和信守的合规价值标准、思想观念、道德规范、礼仪风俗和传统习惯,其内涵在职业素养层面也非常丰富,包括正直、专业、责任等。企业合规文化的形成,并非一朝一夕之事,却是合规管理体系落地之本。没有合规文化的企业管理制度就如同无源之水,不可持续。现实中很多有"全面"的管理制度的企业因没有合规文化支撑,企业人员在利益面前不择手段,最终导致企业大厦一夜间倾倒。这样的例子屡见不鲜。只有将合规融入企业文化,员工才能主动合规、自觉行动,让合规文化渗透到员工们日常工作中的每个环节。员工不断养成的合规习惯,让每个人都成为合规文化的实践者和建设者,只有这样才能真正形成"人人合规、事事合规"的良好氛围。

合规文化是企业文化的重要组成部分,其培育过程需要每位企业管理者和员工的持续坚持和努力。企业合规文化的培育受到很多因素的制约,其中最重要的是管理层的合规意识如何、重视程度如何。此外,企业应当注意多种方法的协调、配合使用,这样才能逐渐形成综合性的合规文化。培育企业合规文化，应当注意以下几点：

（1）企业管理层从自身做起，自觉增强合规意识。管理者首先应当深化自己的合规意识，明确合规管理对企业的重要意义，带头学规用规，以身作则，规范自身行为。管理者要提出并传播本企业的共同合规行为准则，比如国内一些知名企业的"合规创造价值""合规从高层做起，全员主动合规""坚持诚信经营，恪守商业道德，遵守所有适用的法律法规"等。

（2）建立高效的合规组织体系和科学的激励约束机制。企业应当强化合规制度建设和执行，并在企业内部各个层级、各个部门推广合规文化。由于企业各层级、各部门的实际业务活动不同，其所要遵守的合规义务、所面临的合规风险则不同，在企业整体目标下每个部门的合规目标也会有所不同，因此合规文化的建设应当各有侧重。企业要积极鼓励每个层级和部门发挥主动性，在企业共同合规行为准则的指引下，以合规制度为保障，培育适合本部门的、有部门特色的合规文化。

（3）加强合规培训，培养合规人才。企业应当不断通过合规培训，让员工知规守规，知法守法，提升每位员工的合规意识和自身修养。通过合规培训，让员工正确理解合规的内涵，明白合规对于企业、对于企业每个人的重要作用，让合规文化深入人心。与此同时，企业应当大力培养合规人才，包括合规师、法务等专业人才，也包括为每个部门培养的合规专员。合规师、合规部门负责企业合规管理体系的制度建设、监督执行、引导培训等。每个部门的合规专员可以是部门内业务人员兼任，他们具备与合规部顺畅对接的能力，又对本部门人员和业务活动非常了解，是合规制度自上而下能够推行落地的重要推动力。

（4）通过公开渠道向公众传播企业合规文化。合规文化是企业非常难得的美誉和品牌标签。企业不仅要在内部宣传合规文化，更应该将合规文化总结凝练,发挥互联网的传播优势,积极在公众视野加强合规文化宣传,树立企业遵纪守法、道德诚信、重视合规的良好形象。在公众渠道传播的合规文化,将形成企业对社会的一种合规承诺,接受社会的监督和批评,体现优秀企业的胸怀,并反向影响企业内部员工的日常行为,使其形成文化自豪感和认同感。

(5)加强与其他企业的交流,学习并借鉴优秀企业的合规文化。企业的合规文化各具特色,是企业的软实力。企业要注意学习世界上先进的合规文化理念,借鉴其他优秀企业合规文化建设的经验做法,与时俱进,不断形成、发展、发扬本企业的合规文化。

(撰稿人:贾博妍)

098 如何理解企业对外合规承诺?

企业对外合规承诺,是企业自主向社会公布的一种"自我要求",展现了企业自身的基本形象,是企业想要成为一个合法合规、讲道德的社会主体的对外宣言。

如果把企业比喻成一个人,那么合规承诺就如同一个人声明其尊崇高尚的道德准则、坚守优良的人格品质。每个企业对产品、服务品质的承诺不同,就像每个人对自身行为规范的要求不同。很多那些我们熟悉的、被公认优秀的百年老店,常常是以极高的标准要求自己,对自己的产品和服务精益求精,对社会有着甚至可用"苛刻"来形容的合规承诺。他们在多年的生产经营中"严于律己",在发展之路上克服重重困难,长期践行着这样的承诺,最终树立了备受尊重的企业形象,获得了市场的信赖和认可。企业对社会的合规承诺内涵丰富,体现企业的价值观，其核心内容常常包括诚信、质量、以人为本、社会责任等。

为什么监管机构已经颁布了许多强制性的法律法规，企业还需做出合规承诺呢？这是因为，合规不仅仅是指合乎法律法规，其内涵比合法更为丰富。法律规定的通常是社会的最低容忍标准，企业满足这种最低容忍标准只能是达到"不违法"，并不能在激烈的市场竞争中获得优势。因此，优秀的企业往往通过更高标准的合规承诺赢得股东、市场、客户、监管机构等各方的认可。比如，很多企业会围绕所提供的产品、服务品质进行合规承诺，而一旦承诺，就必须在从事业务行为时兑现这些承诺。业务沟通和专业技术承诺，一般包括与相关方信息沟通、相关方要求识别响应、产品技术标准与改进、产品质量标准、售后服务、产品功能持久性、产品节能、产品绿色、产品智能化、产品人性化设计、产品技术专利、产品知识产权、商业秘密、资产保值增值等方面。合规承诺已成为这些企业应对市场竞争的必然选择。

（撰稿人：贾博妍）

099 什么是合规承诺书？

合规承诺书是指企业或者企业员工承诺自己在未来经营、业务活动中要遵循法律、监管规定、行业规范、自律性组织制定的有关准则等所有应遵守的规则，并将企业合规标准作为自身行为准则而签订的文件。

合规承诺书可以是合规企业与政府主管部门或者交易伙伴等其他商业主体之间签订的文件，也可以是合规企业内设机构与企业之间签订的文件，还可以是企业职工与企业之间签订的文件。合规承诺书的内容可以针对某一单项业务,也可以涵盖所有的业务;其有效期可以是短期的,也可以是长期的。合规承诺书的形式不拘一格,目前尚未形成统一的固定格式。

(撰稿人:贾博妍)

100 企业为什么要组织员工签订合规承诺书?

企业组织员工签订合规承诺书,意义重大。

(1)员工与企业签订的合规承诺书实质上是企业合规文化的载体。合规承诺书通常写明了企业的整体合规方针、企业对不同岗位员工的合规要求,并且帮助员工明晰所在岗位从事业务活动时可能面临的合规风险以及应该遵守的合规义务。员工在签订合规承诺书时,有机会再次详细地阅读、学习,这是对合规文化的又一次深度传播。

(2)合规承诺书也是一份义务与风险告知书。相关部门在组织员工签订合规承诺书之前,会提前告知员工本次签订的目的和作用,告知员工加强重视、详细了解其中每个部分的内容,未来一旦违反,将为此承担相应的后果。这对员工而言,起到了一种责任警示的震慑作用。承诺书的签订相当于将合规管理责任下放落实到了每位员工。

(3)企业与员工签订的合规承诺书,是企业推进合规管理体系建设的有效证明。专业、全面、有针对性的合规承诺书能够证明企业已经向员工传递了合规理念,员工签字也证明了员工已经获知企业的合规行为准则、合规标准。未来一旦某员工在工作中从事了违规、违法行为,企业可以主张企业已经尽到了合规管理义务(必要时结合其他证据一起实现证明目的)。员工行为与本企业行为无关,将员工行为与企业行为实现隔离。

（撰稿人：贾博妍）

101 企业组织合规培训应注意哪些要点？

企业合规培训是提升员工合规意识、传播培育合规文化的关键环节。企业组织合规培训需要注意几个要点：

(1) 企业合规培训要注意区分受众对象,针对企业管理层、业务部门、职能部门等不同的受众对象安排与之相适应的内容。设计内容时可以提前进行调研,结合企业行业特点,要充分考虑受众群体的教育水平、认知能力、工作背景、职能特点、从事的主责业务事项,以及不同业务事项的合规风险。

(2) 合规培训要提前与管理层沟通,并获得管理层的认同。在培训之前,提前与各层级、各部门的管理人员共同培训内容、培训时间、培训方式等,听取他们的意见,在取得认同之后让管理层提前完成对下属员工的动员。

(3) 合规培训要深入浅出,并注意形式多样性。要"寓教于乐",避免"填鸭式"教学。在培训时,可以增加与员工的案例互动环节,激发员工的兴趣,让员工在轻松的氛围下积极参与到培训的过程中,这样才能让员工有更深刻的感触,从而实现意识的"觉醒",然后把这种意识转化为实际行动。

(4) 关注培训的实际效果,并讲究持续性。合规培训的过程和参与人都要留痕记录,必要时可"以测试促培训"。企业组织合规培训要有持续性,培训的过程是一个提升认识、深化影响的过程。考虑到企业的战略、业务、人员等各方面都在不断变化,因而合规培训并非一劳永逸,需要从不同的维度持续性地、分阶段地进行。

(撰稿人:贾博妍)

102 企业合规培训应当包括哪些内容?

企业合规培训是为了提升受众即企业管理者及其他员工的合规意识,传播合规知识。只有根据不同受众匹配相适应的内容,才能使培训效果最大化。一般地说,企业合规培训内容的安排应当注意下列规则:

(1)针对企业管理层的合规培训,要聚焦在宏观层面对整个合规管理体系建设的把握上,包括如何设计制定企业的合规方针、如何培育整个企业的合规文化、如何在公众面前树立企业的合规形象、如何判断合规管理建设工作的阶段性重点,等等。

(2)针对企业全体员工的合规培训以全面覆盖为原则,主要是对合规理念、企业合规方针的宣传贯彻,让全体员工建立合规基本认识,掌握企业合规的基础知识,指导员工如何获得有关的合规知识,如何界定以及举报违规行为,遇到合规问题如何在组织内进行沟通,掌握一定的合规技能,成为合规文化的践行者和传播者。

(3)针对企业业务部门的合规培训要有针对性,可以根据不同业务部门的主责业务活动、合规风险等分版块进行培训,重在实际操作,促进合规管理与业务运行实现贯通和融合,让企业合规制度真正落到一线、落到实处。

(4)针对企业合规团队的合规培训要注重传授方法、专业全面、与时俱进。企业应当大力培养本企业内的合规人才,通过合规师培训等专业培训,使合规团队强化自身的合规知识体系,提升自身思想高度,在合规工作中发挥积极的带头、引导作用。

(撰稿人:贾博妍)

103 什么是合规留痕?

合规留痕,是将企业的合规活动记录、留存,在每个合规环节留下客观证据,证明企业具有完备的合规管理制度的动态过程。在合规管理体系建设和执行过程中,应当尽可能地将企业合规方面的信息全面、准确地记录留存,包括各个阶段、各个环节、各个业务事项等,且不能随意删除或者修改。

企业应当重视合规留痕工作,包括业务事项的审批单、会议纪要、文件的保存等。不仅如此,由于留痕工作需要具体化到每一个细节动作、每一个文件,它相当于是对合规管理制度的一种细化,从操作层面为员工提供了合规方面的具体行为指引。比如,一家企业建立了印章管理方面的合规制度,要求经办人员使用印章时要先进行审批申请、使用过程中需要监督、用完之后要做好登记等,那么整个过程中形成的审批记录、登记台账、加盖公章的文书复印件等就是合规留痕中的"痕迹"。因此,为了更全面的留痕,合规工作适宜尽量以书面形式进行。

(撰稿人:贾博妍)

104 合规留痕有哪些注意事项?

企业应当重视合规留痕,并注意以下几点:

(1) 合规留痕要坚持全面覆盖原则。由于违规事件和合规风险常常发生在一些"细微""隐蔽"的领域,合规留痕工作切记不能抱有侥幸心理,要覆盖到合规管理的各个环节,落实到岗位、落实到动作。每个员工做每一件主责业务事项均应有相应记录,确保"事事可查""人人可追踪"。

(2) 企业合规留痕,必须保证痕迹的固定性和不可更改性。企业在设计合规留痕节点时,要采取必要手段及时"固化"证明文件,比如及时上传显示时间的系统、密封档案等,防止合规信息被恶意删除或者篡改。具备条件的企业,应当将合规留痕工作及时与企业信息化系统相链接,企业 OA 审批系统与合规管理系统相联通,要求员工将每个工作阶段和环节的工作记录和文件都及时录入合规管理信息系统。

(3) 企业合规留痕记录要永久保存。合规留痕的记录是证明该企业合规管理有效性的重要证据之一,很多看起来过期乃至已经作废的信息,在涉及刑事调查或者违规行为处置的时候,也具备很强的参考借鉴价值。因此,企业应当将所有合规信息归档保存,永久保留。

(撰稿人:贾博妍)

105 为什么说合规留痕对企业具有重大意义?

合规留痕对于企业来讲有着非常重要的意义,表现在:

（1）一旦企业面临行政处罚或者刑事调查，可以通过向执法机关出示过往合规留痕的客观证据，证明企业已经具有完备的合规管理制度并且一直在积极践行这样的管理制度，证明企业自身已经尽到了应尽的管理义务，那么很可能获得从轻、减轻或者免除处罚。

（2）一旦企业内部发生违规事件，当企业启动违规调查程序时，能够通过留痕信息更为客观全面地掌握当时的情况，了解事件始末，从而对相关涉事人员作出更加公平公正的判断和处理。

（3）合规留痕对潜在不合规行为具有一定的震慑和预防作用。企业建立严谨的合规留痕流程和制度，能够让潜在的违规者意识到企业每个环节的规范性，增加了其违规"作案"的难度，从客观上减少蓄意违规行为的发生。同时，由于留痕制度是提前设计好的、规范的制度要求，员工哪怕遇到"不确定不熟悉"的操作环节，只要按照企业留痕制度进行操作，亦能在很大程度上避免不合规现象出现，这又在一定程度上降低了非蓄意违规的风险。

（撰稿人：贾博妍）

106 如何理解不合规责任追究机制？

不合规责任追究机制的运行是企业合规管理责任的具体落实，是企业整体合规管理体系得以有效落地的关键。对不合规行为人进行公平、公正、公开地追究责任，给予适当的处罚，具有重要意义。一方面，不合规责任追究机制有利于树立合规管理体系的权威性，使之对于尚未出现的不合规行为具有震慑效果；另一方面，不合规责任追究机制也为员工提供了合规指引，让员工能够提前明晰自身的合规义务，并知悉一旦违反合规义务自己将承担违规责任和违规后果,从而反向促进员工规范自身行为。

不合规责任追究机制的设置和启动,必须注意此机制本身的制定过程和内容是合规的。在制定之初,企业就应对追责主体、追责情形、追责流程、启动条件、救济程序等方面的规定进行严格的把关。同时,在正式启动某次责任追究时,应当注重程序上的合规性,保证每一次的追责都严格遵循企业既定的流程。这是对被追责人合法权益的基本保障。此外,一旦出现违规情形,企业要第一时间严肃启动违规责任追究机制,要事事有结论。调查和处罚都不能流于形式,让员工产生敬畏心,充分发挥其对合规管理的事后监督功能。

(撰稿人:贾博妍)

107 如何理解合规管理体系的运行机制?

合规管理体系的运行机制,是企业确保合规管理各项措施能够得到有效执行的程序设计。企业想要保证合规管理体系的有效运行,需要建立一整套完整的运行机制,包括合规审查与检查机制、合规举报机制、合规调查机制、合规报告机制、合规培训机制、合规考核评价机制、合规绩效奖惩机制、持续改进机制等。

根据 ISO 37301 国际标准和 GB/T 35770 国家标准的要求,企业要从四个方面保障合规管理体系得到有效运行:一是实施有效措施以满足合规义务和实现合规目标;二是建立并实施所需过程的准则和控制措施;三是定期检查和测试这些控制措施,并保留记录;四是建立举报程序,鼓励员工善意报告疑似或已发生的不合规情况;五是建立调查程序,对可疑或已发生的违规情况进行调查和评估。

（撰稿人：贾博妍）

108 什么是合规管理体系的持续改进?

根据 ISO 37301 国际标准和 GB/T 35770 国家标准的规定,企业合规管理体系之所以是有效的,是因为它具有持续改进和发展的能力。企业合规管理体系建设,是为了有效控制合规风险,形成人人合规、事事合规的合规文化,助力企业真正稳健长久发展。企业内部、外部环境以及业务随着时间的推移而变化,其客户的性质和适用的合规义务也随之变化。由于企业经营是动态的,内外环境是不断变化的,企业合规管理工作一定也是动态的,要想实现良好的执行效果,整个管理体系的各个环节都需要持续改进。只有这样,合规风险才能够实现闭环管理,企业合规管理体系才能及时迭代、与时俱进。企业应当明确合规管理的改进制度,定期评估合规管理体系的有效性,并将根据评估结果推进改进工作。

合规管理体系的持续改进有两层含义:一是始终保持合规管理体系的适用性、充分性和有效性;二是对发生的不合规行为做出反应,判断是否需要采取措施,如有必要则采取控制或纠正措施。改进时要努力发现并消除不合规情况产生的根本原因,以避免再次发生。持续改进意味着要制定可落地的合规整改措施和不合规问责制度,跟踪和评估合规风险的变化,持续调整或更新管控措施。企业必须不断分析当下的制度是否偏离或者在多大程度上偏离企业的合规管理目标,采取相应措施确保合规管理与企业的实际情况相适应。

（撰稿人：贾博妍）

109 如何持续改进合规管理体系？

为了持续改进合规管理体系,保障合规管理体系稳健运行,企业应当做到以下几点:

(1)持续及时地跟踪监管政策的变化。监管政策一旦发生变化,企业合规目标和任务均会发生变化。与此同时,根据政策变化,企业应当持续更新合规义务库。

(2)持续识别评估合规风险。实践中,合规管理体系的充分性和有效性应通过多种方法进行持续和定期的评估,例如,通过内部审核进行审查。

(3)不断跟踪企业内部的信息变化。企业应持续注意对文件化信息的收集、保存和使用,包括更新的合规义务,更新的合规风险评估报告、合规管理报告等,并根据收集到的信息,及时改进合规管理体系。持续改进的进一步信息来源可以是顾客调查的结果、引起关注的报告、定期的监视、审核或管理评审,等等。

(4)及时处置不合规事件。要确保合规管理机制不是"纸面"的,而是可操作并落到实处的。

(5)定期进行合规审计和管理体系评价。企业应当制定措施以评审其合规管理体系,并确保其保持最新状态,且与企业合规管理目标相适应。在确定持续改进的行动尺度和时间范围时,企业应考虑其背景、经济因素和其他相关情况。

(6)从合规绩效和合规管理的有效性入手,持续评价每次改进的效果。

(7) 持续开展合规培训。

（撰稿人：贾博妍）

110 什么是合规信息化建设？

合规信息化建设，是指企业利用现代信息技术来支撑合规管理的手段和过程。随着计算机技术、网络技术和通信技术的发展和应用，企业合规信息化建设应当成为企业实现可持续化发展和提高市场竞争力的重要保障。为提升合规管理的有效性，企业应当重视合规信息化建设。如果合规工作只通过人工的检查、报告等来推动，很容易脱离业务、浮于表面，因此信息化是合规体系落地的关键。

根据国务院国有资产监督管理委员会颁布的《中央企业合规管理办法》第33条、第34条的要求，中央企业可将合规管理体系的整个建设过程和运行过程纳入信息系统，包括所有合规制度、典型案例、合规培训、违规行为记录等。中央企业应当定期梳理业务流程，查找合规风险点，运用信息化手段将合规要求和防控措施嵌入流程，针对关键节点加强合规审查，强化过程管控。

受到企业发展阶段、当下合规管理水平、资金投入等综合因素的影响，企业合规信息化建设不可能一蹴而就。一般而言，企业合规信息化建设存在几个阶梯式递进的发展阶段：一是搭建合规管理体系的基础信息平台，所有制度传递完成从纸质到电子的形态转变；二是数据处理阶段，对企业产生的数据和外部法律法规等数据库统一进行分析，全面梳理业务流程，查找经营管理合规风险点，将合规义务与岗位、管控措施相关联，实现合规对业务流程的嵌入式管控；三是智能化应用阶段，通过机器学习模型建设过程,帮助企业实现自动监控、自动预警合规风险,自动升级管控要求,从而辅助企业决策。

企业合规信息化建设要重点关注以下几个方面的问题:

(1)突出重点,充分利用大数据、云计算等技术,加强对重点领域、关键节点的实时动态监测,实现合规风险即时预警、快速处置。国务院国资委颁布的《中央企业合规管理办法》要求,中央企业将规章制度、重点领域合规指南、合规人员管理、合规案例、合规培训、违规行为记录等作为重要内容。

(2)合规信息化建设应当与企业管理融为一体。要落实到岗位,嵌入到业务流程中,针对关键节点加强合法合规性审查,强化过程管控。信息化建设只有落实到每个岗位,明确相关条件和责任主体,对每个岗位的员工都能够实时进行合规尽职调查、识别合规风险,让每个员工随时可以参加合规测评,发现、了解自身的合规风险和合规义务,才有可能真正辅助合规管理制度落到实处。

(3)合规信息化建设要因企制宜。央企、国企、大型私营企业可结合自身规模和需求定制合规管理系统,而中小企业则可以选择市面上一些 SAAS 平台(比如 EyeTrust 合规眼、钉钉、用友、金蝶等)通过将不同功能的 SAAS 软件相组合使用(确有必要时再进行小范围定制),也可以满足合规管理信息化的基本需求。

(4)打造合规信息化系统时要注意与其他系统的互通联系。一方面,合规管理信息系统应当与财务、投资、采购等其他信息系统的互联互通,实现数据共用共享。另一方面,风控、内控、合规和法务体系之间亦需要打通,使企业运行一整套流畅的制度,避免几个制度体系之间的冲突和不协调。

(5)合规信息化建设要整体规划、递进式开发。在设计时要立足长远,在具体的开发推进动作不可操之过急,让员工从最简单的功能开始,慢慢培养使用习惯,体会整个合规管理体系的落地过程。

(撰稿人:贾博妍)

111 保证合规管理体系落地的关键点有哪些?

建立合规管理体系必须拒绝形式主义,防止停留于"纸面合规"。企业合规管理体系有效落地的关键点体现在以下几个方面:

(1)要建立健全合规管理组织体系和严谨规范的制度体系,保证整个组织体系内部权责明晰,保证业务流程规范,将合规管理要求和标准深度融入业务规范的制定中。

(2)要具备较强的合规风险识别、评估和管理能力。企业应当建立常态化的监测预警和持续改进机制,各部门具备合规风险意识,积极主动反馈一线信息,使得合规风险发生概率明显降低,有效防控重大合规风险的发生。

(3)要培养企业内部的专业合规人才队伍。合规工作落实要"到岗、到人",建立全员合规责任制,使合规管理成为各部门日常工作的一部分,做到人人合规、事事合规、时时合规。

(4)要建立健全合规考核机制、不合规追责机制和合规管理监督机制,通过合规绩效的考核评价强化员工对企业合规方针的认识,激励员工积极合规。通过不合规追责,树立合规管理体系的权威性。同时,要建立良好的合规管理监督机制,保证合规检查、合规管理评估、合规审计等机制能够有效运行。

(5)要注重合规管理的信息化建设,不断提升合规管理效能,通过信息化促进合规管理的规范化、公开化。

(6)持续通过培训、督导、宣传等各种方式方法培养合规意识,传播合规理念,形成企业合规文化。

(撰稿人:贾博妍)

第三部分

企业合规管理体系建设实务

112 全面合规与专项合规的关系是什么？

ISO 37301 国际标准第 4.4 条合规管理体系：组织应根据本文件的要求建立、实施、维护和持续改进合规管理体系，包括所需的过程及其相互作用。合规管理体系应反映组织的价值观、目标、战略和合规风险，并且应考虑组织环境。全面合规针对整个组织，应当包括整个组织的全部经营范围和业务职能，体系全面性和系统性。专项合规是针对企业特定生产经营领域的合规风险而建立的合规管理体系。常见的专项合规，如反商业贿赂、反垄断和反不正当竞争、数据保护、税务、劳动用工、出口管制、环境保护、知识产权保护、安全生产、反洗钱等，每一个专项合规都包含 ISO 37301 国际标准中的 7 个要素。因此，每一个专项合规都应当是针对特定领域的、完整的合规管理体系。专项合规的优势是成本低，见效快。不仅如此，企业根据市场需求和自身特点建立的专项合规计划，往往更容易落地实施。而全面合规是企业合规管理体系发展和完善的目标和必然结果。企业在全面建设合规管理体系时，应当针对自身内、外部环境因素，制定和完善专属本企业的合规管理体系。目前，根据《中央企业合规管理办法》及各省市国资委对企业合规的要求，央企和国企应当建设全面合规管理体系，同时对合规风险较高的业务，制定合规管理具体制度或者专项指南；针对涉外业务重要领域，根据所在国家（地区）法律法规等，结合实际制定专项合规管理制度。

对于涉案企业合规整改应属专项合规还是全面合规，2022 年 4 月 19 日，全国工商业联合会、最高人民检察院的九部门联合发布《涉案企业合规建设、评估和审查办法(试行)》(下称《审查办法》),涉案企业合规建设,是指涉案企业针对与涉嫌犯罪有密切联系的合规风险,制定专项合规整改计划,完善企业治理结构,健全内部规章制度,形成有效合规管理体系的活动。可见涉案企业合规建设首先要制定专项合规整改计划。《审查办法》规定"涉案企业应当以全面合规为目标、专项合规为重点,并根据规模、业务范围、行业特点等因素变化,逐步增设必要的专项合规计划,推动实现全面合规"。涉案企业做合规整改的起因是涉及刑事案件的专项领域,但仅仅针对涉案领域做专项合规恐怕不能完全解决涉案企业管理中的合规性问题,从而全面避免合规风险。所以,我们倡导涉案企业合规整改时应当在专项合规的基础上,结合企业经营管理和业务发展情况做全面合规管理体系建设。

此外,企业在制定专项合规计划时,能够落实某特定的合规义务为中心,将其对应的实质性合规义务要求、制度化的合规风险应对措施单独制定成"专项合规指南/计划",与业务管理制度相对独立。业务经办人员在按照业务管理制度执行的同时,也要参照"专项合规指南/计划"。通常,如果"合规义务"比较复杂而且容易变化和后果严重,建议制定专项合规指南。

(撰稿人:刘雅琴)

113 为何企业建立合规管理体系应当与企业日常经营相结合?

ISO 37301 国际标准第 4.5 条合规义务:组织应系统识别其活动、产品和服务所产生的合规义务。可见,合规义务的产生源于企业的生产经营活动。企业在进行合规管理体系建设时,应当以组织的岗位职能为基础,系统梳理各项工作职能可能或应当包含的合规义务,根据合规义务评估、识别、分析和评价其合规风险,并采取相应的管控措施,从而达到控制和预防合规风险的目的。

企业合规管理体系建设按照岗位单元合规风险评估切入,按照业务流程单元实施防控管理,基于岗位+业务流程来建立合规管理体系。这一合规管理体系是与企业的日常经营管理体系密切结合,具有动态化特征。企业合规管理制度不是一个阶段结果的外部评价体系,而是一个过程的内部规范体系。这个过程就是企业经营管理行为本身,即企业的日常经营活动。企业合规管理体系的建设除了具有动态化特征之外,还具有具体化特征,即落实到企业的每一个工作岗位、每一个员工。每个员工都应在自己的工作岗位上按照统一制定的规范进行工作,自觉遵守岗位职责的要求,履行相应的义务。在进行合规管理之前,企业可能只要求员工保质保量完成自己的工作任务,别无他求。但在合规状态下,这个要求更高了,要求员工在完成自己的工作任务时规范自己的行为,即以规范行为作为自己实现工作目标的保障。员工的合规工作行为,并不会影响企业的效益,相反会使企业扎牢合规的堤坝,使企业的日常经营活动始终置于合规状态之下,从根本上预防合规风险的出现。

(撰稿人:刘雅琴)

114 《中央企业合规管理办法》开始实施,地方国有企业应如何应对?

尽管《中央企业合规管理办法》适用对象为国资委出资的中央企

业,但第 40 条明确"地方国有资产监督管理机构参照本办法,指导所出资企业加强合规管理工作",故实践中,《中央企业合规管理办法》对地方国企合规管理工作亦具有较强指导意义。

目前因各地落地政策不一、执行监管力度不同、企业自身实际情况等多重因素影响,不少企业在合规管理建设工作中仍然出现了各式各样的问题。如合规官独立性与专业性不强,合规管理滞后于业务管理,合规管理配套细则和重点专项制度有待完善,尚未建立全流程合规风险防范机制,合规管理信息化建设未及深入等。鉴于此,地方国企应当参照《中央企业合规管理办法》和本地政府关于合规管理的法规和相关政策性文件,改善合规管理现状:

(1)应设置首席合规官,由总法律顾问兼任;改变一些地方国企由副总经理或总会计师兼任首席合规官的现状,确保合规官任职独立性。根据《中央企业合规管理办法》第 21 条的规定"重大决策事项的合规审查意见应当由首席合规官签字,对决策事项的合规性提出明确意见",因此可以推知首席合规官应具备专业合规经验,应当为懂合规、法律、业务和管理的复合型人才。企业应当注重审查相关人员在合规方面的资历,对于首席合规官的选任更应尤其注重其专业性。

(2)制定重点领域合规专项制度。结合国企合规实践来看,大部分企业仅停留在制定了合规管理制度的初级阶段,并未出台配套性细则或针对重要环节、重点领域等颁布专项制度,合规与业务呈两条线发展,没有实现良好融合,背离了管合规就要管业务的初衷。

(3)建立合规风险识别评估预警机制。部分国企建立了合规管理联席会议制度,拟通过多部门联动实现高效管理,但实践中该机制更多沦为一种事后问责手段,没有发挥出风险预防的作用。通常在整个流程的合规管理中,企业往往也容易"重事后轻事前",忽视合规风险识别、预警和报告的重要性，或是未充分识别合规义务、做好事前预防工作。

（撰稿人：刘雅琴）

115 央企、国企建立合规管理体系与原有的内控体系、风险管理体系的区别与联系是什么？

合规管理并不是一个孤立的体系，更不是另起炉灶把以前的管理体系全部推翻。内控、合规和风险管理都是企业治理体系和治理能力现代化的重要组成部分。2019年10月19日，国资委发布了《关于加强中央企业内部控制体系建设与监督工作的实施意见》，强调"建立健全以风险管理为导向、合规管理监督为重点，严格、规范、全面、有效的内控体系"，明确了风控、内控和合规的关系，风险管理为导向，合规管理为重点，内控体系是基础。要求将风险管理和合规管理要求须通过嵌入业务流程，促使企业依法合规开展各项经营活动，即"强内控、防风险、促合规"。

内部控制更加关注企业内部流程控制，通过"自下而上"地诊断具体运营流程中的内部控制缺陷、漏洞及薄弱环节并进行整改，有效降低企业内部可控的各种风险，更加侧重于财务与运营、资产安全和信息真实。

风险管理强调通过前瞻性的视角去积极应对企业内外各种可控和不可控的风险，侧重于战略、行业、业务、市场、法律等领域，关注风险信息、提示、解决和改进等。同时应当强调，风险管理需要与企业的战略目标匹配，将其控制在可承受的范围内，而不是一味强调风险。

合规管理更加关注"外规内化"的过程，将法律法规、监管要求、国际条约、行业准则、规章制度、公序良俗等强制性或企业承诺遵守的规则，纳入企业的业务流程，转化为企业生产经营和业务开展的适用规则，用来规范企业的经营管理行为与员工履职行为。

（撰稿人：刘雅琴）

116 《中央企业合规管理办法》删除了合规管理"三道防线"的原因是什么？

"三道防线"的概念首先出现在国资委2006年6月6日发布的《中央企业全面风险管理指引》中；在2018年12月2日发布的《中央企业合规管理指引（试行）》中，进一步细化了作为"三道防线"的各部门的合规管理职责；2022年4月1日国资委关于《中央企业合规管理办法》公开征求意见稿仍然沿用这一说法，其中："第一道防线"业务部门是本领域合规管理责任主体，负责日常相关工作；合规管理牵头部门组织开展日常工作，履行"第二道防线"职责；纪检监察机构和审计、巡视等部门在职权范围内履行"第三道防线"职责。而《中央企业合规管理办法》正式发布后，删除了关于"三道防线"的说法。按照通常的理解，业务部门是合规管理的第一道防线，那么纪检监察和审计等部门作为业务部门本身时，履行的是第一道防线的职能，如果单一将这些部门的职能规定为第三道防线，未免有失准确。

在2022年9月28日举办的第40期法治讲堂上，国资委法规局林庆苗局长对《中央企业合规管理办法》进行系统解读，提到办法中删除合规管理"三道防线"表述的主要原因是表述方式不符合部门规章的语言要求,但在实务中中央企业合规管理要按照"三道防线"的架构和思路开展工作。

(撰稿人:刘雅琴)

117 企业进行合规管理体系建设时,是否有必要设立合规委员会?

实践中,通常会根据企业规模和自身特点,设立合规专员、合规部门以及合规委员会。中小企业在进行合规体系建设时,可专门设立合规专员一职,承担合规管理职责,并负责与各部门之间的协同作业与统筹规划。大中型企业在进行合规体系建设时,可根据需要设立合规部门,或将合规职责归入法务部,承担合规管理工作职责。而合规委员会与前述岗位或部门设置不同,主要承担合规监督职责。

根据《中央企业合规管理办法》,企业内部各监督职能机构由于职权范围不同,决定其各自不同的合规监督职责,合规管理部门应与各监督职能部门建立协同工作机制。同时,鉴于中央企业每一层级业务管理组织架构的规模,企业合规管理在合规管理方法、工具、信息化建设等方面会有相应的技术与专业难点,合规管理体系建设、运行、监督、改进过程中,与各部门之间需要业务协同与统筹计划,需要有一个跨多部门的统筹协调与信息共享、联席会议沟通机制。于是,《中央企业合规管理办法》明确中央企业设立合规委员会,可以与法治建设领导机构等合署办公,负责统筹协调合规管理工作,定期召开会议,研究解决重点、难点问题。这些重点、难点问题往往具有通用性,或关联多部门的特征,合规委员会要立足于企业合规管理的执行协同统筹,作为董事会的下属和常设机构。

（撰稿人：刘雅琴）

118 如何理解《中央企业合规管理办法》中"员工履职行为"？

《中央企业合规管理指引》中明确合规管理的客体为央企及其员工的经营管理行为，而《中央企业合规管理办法》调整为：企业的经营管理行为和员工的履职行为，表述更为严谨也更符合客观实践。

员工履职行为通常理解为员工履行职务的行为，即员工根据《劳动合同》《聘用协议》以及《员工手册》《岗位说明书》等文件表明的岗位要求和职责说明，履行本岗位职责的行为。这样的理解是对员工履职行为的基本分析，在企业合规管理的语境下，员工履职行为应当做更广义的理解，还应当包括：本职工作范围之外，接受委托履行特定职责的行为；按照监管要求需要履行的职责，根据企业自愿承诺需要履行的职责，根据特定善良风俗需要履行的职责。

另外，对于员工不应仅仅理解为与企业建立劳动关系或接受政府部门委派担任领导职务的人员，还应当包括与企业建立劳务关系、存在雇佣关系的人员，包括但不限于劳务派遣、临时雇佣、兼职等情况。

（撰稿人：刘雅琴）

119 企业合规师属于新职业吗？

2021年3月18日，人力资源和社会保障部会同国家市场监督管理总局、国家统计局正式将企业合规师纳入《中华人民共和国职业分类大典（2015年版）》，其中企业合规师的职业代码为2-06-06-06，属于国家职业第二大类（即专业技术人员大类），标志着企业合规师正式成为与律师、会计师、审计师一样服务企业管理的新职业。

2022年月30日，中国企业联合会与中国贸促会共同批准并联合发布《企业合规师通用职业技术技能要求》团体标准，已于2022年10月1日起实施。

《企业合规师通用职业技术技能要求》团体标准沿用《中华人民共和国职业分类大典（2015年版）》对于企业合规师的定义，是从事企业合规建设、管理和监督工作，使企业及企业内部成员行为符合法律法规、监管要求、行业规定和道德规范的人员，是企业合规管理体系的重要构成，其职业技能更是确保企业合规管理体系有效并取得成功的关键。

（撰稿人：刘雅琴）

120 企业合规师通常具有怎样的职业特征？

企业合规师是开展企业合规管理的专门职业，是企业合规管理活动的专业人员。该职业从业人员通过制定实施企业合规管理规划计划和制度过程,开展监督调查处理工作,管理企业合规义务风险,使企业及其内部成员行为符合法律法规、监管要求、行业规定和道德规范。企业合规师具有独立的职业特征:(1)不可替代性。企业合规师所从事的职业具有很强的专业性,虽然与律师、会计师等职业职责有交叉,但不具有可替代性。因为当前合规人才缺乏,而从律师或法务人员转而从事合规工作,是两者是最相近职业,转业具有最便利的条件。(2)与企业管理工作的一致性。企业合规与企业管理制度紧密结合,甚至融于企业的日常管理制度之中,渗透于员工的文化观念之中。由此决定了企业合规师是企业管理的一个工种。(3)知识结构的复合性。合规工作的内涵企业合规师工作范围贯穿企业生产经营活动全过程,要求从业人员须以企业合规管理专业知识为基础,同时具备业务、法律、财务等跨学科、复合型知识结构,并且具备与企业各部门统筹协作、沟通协调的能力。

(撰稿人:刘雅琴)

121 企业合规师应当具备的职业操守和道德素养是什么?

企业合规师应恪守基本职业操守是指在合规制度的建设和运行中应遵循的基本行为规范。(1)独立客观,依法合规。企业合规师是一个独立的职业,在企业的合规委员会或者合规管理机构的领导下开展工作,工作具有相对的独立性。合规的独立性,主要是将合规制度的建设与原有企业的内控、风控、法务制度区别,不能混为一谈,合规不是上述制度的科学组合,而是借鉴上述制度,融合于企业管理制度之中的全新制度体系。所谓依法合规,就是指合规制度的建设要依法、依程序进行,制度体系要与国际、国内合规标准对标。(2)专业博学、勤业敬业。目前合规国际标准是 ISO 37301,国内标准是 GB/T 35770,合规师不但要熟练把握和应用国际、国内标准,还要精通相关的法律法规和司法部门、政府管理部门的方针、政策。例如,最高人民检察院和九部委关于涉案企业的合规整改规定,国务院国资委的合规管理办法,各省、市、自治区国资管理部门的合规管理文件,以及其他与合规相关的行政法规、社团文件。把握全面的合规知识,是勤业敬业的基础。(3)诚信正直,遵守公德。这是合规师的基本道德素养。俗话说"正人先正己",企业合规的目的就是要建立企业的自律制度,使其讲诚信和遵守公德,这就要求合规师本身要具有上述道德素养。然后再通过合规建设,把这种素养植入企业的合规制度之中,并使之发扬光大。因此,合规师的基本道德素养也是能否建立有效合规制度的前提。

(撰稿人:刘雅琴)

122 企业合规师应当具备哪些专业知识或技能?

企业合规师应了解并掌握有关企业合规管理的基础理论知识(至少包括):企业合规发展背景;企业合规内涵与理解;企业合规管理原则与体系建设;企业合规管理要素与相互关系。

企业合规师应根据职业要求了解、掌握、运用以下有关企业合规管理的相关法律法规知识:企业常用法律法规要求;相关行业、专业规定和特定要求;相关国际法律、规则和外国法律制度;其他相关法律法规;与合规管理有关的国内标准、指引和管理政策;与合规管理有关的国际指南和规定。

企业合规师应了解相关标准知识:相关国家标准;相关国际标准;相关地方标准、行业标准及团体标准。

企业合规师应了解并根据企业要求掌握以下有关企业合规管理的相关的企业管理知识(至少包括):管理基本职能和目标管理;管理框架与流程管理;风险管理;内部控制;管理与沟通;企业文化与跨文化管理;企业社会责任。

除此之外,企业合规师应具有胜任其工作的良好学习、分析、沟通、表达、组织、协调、合作、应变和创新以及适当决策的能力。

(撰稿人:刘雅琴)

123 如何理解信息化建设对合规管理体系的保障作用?

随着计算机技术、网络技术和通信技术的发展和应用,企业信息化已成为企业实现可持续化发展和提高市场竞争力的重要保障。企业信息化建设是指企业利用计算机技术、网络技术等一系列现代化技术,以优化经营决策、合理配置资源为目标,通过对信息资源的深度开发和广泛利用,从而提高企业经济效益和企业竞争力的过程。企业信息化建设还与企业的规模、发展阶段以及行业特点等因素密切相关,主要包括生产过程的信息化、经营管理信息化、审批决策信息化等多个方面。实践中不同企业的信息化程度有所不同。

《中央企业合规管理办法》对信息化建设做了详尽的规定:

(1)合规内容信息化,将合规制度、典型案例、合规培训、违规行为记录等纳入信息系统;

（2）运用信息化手段将合规要求和防控措施嵌入业务流程；这是企业合规管理体系建设的重要环节；

（3）加强合规管理信息系统与财务、投资、采购等其他信息系统的互联互通，实现数据共用共享；

（4）利用大数据等技术，加强对重点领域、关键节点的实时动态监测，实现合规风险即时预警、快速处置。

以上是国资委对央企进行合规管理体系建设的要求，同时也体现出信息化建设的保障作用，将合规内容、合规要求和防控措施进行信息化处理，嵌入业务流程，不仅可以将合规管控措施落实到位，还可以提高合规体系的运行效率。同时加强与财务、投资、采购等信息系统的数据共享，以及加强对于重点领域、关键节点的实时监测，更进一步利用信息化的手段对重点业务、重要领域和关键节点实时监测、快速处置，以保障合规管理体系的稳健运行。

（撰稿人：刘雅琴）

124 律师在企业合规建设和管理中的地位和作用？

目前，实务中为企业提供合规管理服务的机构多半是管理咨询机构以及软件服务机构，普遍认为合规管理并非单纯的法律服务，但在这些服务机构提供的服务中没有一项是可以脱离律师的，律师提供的服务都会成为合规项目的重要组成部分。

评价合规管理的一项重要指标，就是管理措施的预防性，其实这与部分律师业务的特点相关性极强。律师只是专门解决纠纷、代理诉讼的偏见，应尽早成为历史。事后解决纠纷和事先通过法律手段预防纠纷都是律师的重要工作,而且随着国内法治建设推进,大众法律意识的普及和提高,律师提供预防性法律服务的需求会越来越普遍。

此外,合规管理的基础工作是梳理合规义务、外规内化形成制度要求,这与律师通常提供的法律服务并无二致,特别是合规义务涉及的安全生产、知识产权、环境保护、劳动用工、产品质量、市场交易、商业伙伴等专门领域,其实也是律师最擅长的部分。

《中央企业合规管理办法》明确规定,由企业总法律顾问兼任央企首席合规官。这也从另一个角度诠释出法学专业以及从事企业法律事务积淀形成的管理经验对合规管理的重要作用。

(撰稿人:刘雅琴)

125 为什么说信息化是合规管理未来的发展方向?

《法治中国建设规划(2020—2025年)》提出,运用大数据、云计算、人工智能等现代科技手段,全面建设"智慧法治",推进法治中国建设的数据化、网络化、智能化。这为企业法治建设搭乘数字化快车、实现加速发展带来新机遇,也提出了更高要求。目前,超过半数中央企业建立了法治工作信息化管理系统,但合规管理信息化建设方面还有一些差距。我们体会,世界一流企业之所以合规管理做得好,一个重要原因就是充分运用大数据、人工智能等现代科技手段,真正将合规要求嵌入经营管理流程,并通过数据分析、智能控制等方式,实现即时预警、快速处置,切实提高了管理效能。因此,适应这一发展趋势,《办法》专章对合规管理信息化建设作出规定,从明确主要功能、推进与其他信息系统互联互通、加强重点领域和关键节点实时动态监测等提出要求。①

首先,信息化是合规管理体系建设的内在要求,建立合规义务数据库、合规风险数据库以及合规培训资料库,都需要通过信息化的手段开展、完善和保存。合规管理的首要基础是有效识别合规义务防范合规风险。而对于企业的经营管理和业务活动而言,需要遵守的合规义务浩如烟海,成百上千部法律法规和规范性文件,数以万计的条文;另外,企业的业务活动又是一个动态的过程,这就需要首先建立跨行业、跨企业、跨部门的合规义务数据库,并与具体的业务活动深度融合,将合规要求和管控措施嵌入业务流程,在这里要考虑如何将合规义务与企业原有的软件系统结合,在提高效率的同时不过多增加企业负担和员工操作负担。同时在进行合规风险评估与诊断时,需要尽可能地通过信息化的手段,提高评估结果的客观性、一贯性和准确性。

其次,信息化是合规管理体系建设的政策要求。从2018年的《中央企业合规管理指引》到2022年的《中央企业合规管理办法》,其中最重要的差异之一就是增加了信息化建设的部分,合规管理工作的指导原则应"坚持务实高效",充分利用大数据等信息化手段,切实提高管理效能,加强对重点领域、关键节点的实时动态监测,实现合规风险即时预警、快速处置。然后进行相应的风险识别和评估。

可见,在搭建合规管理体系时,应当重视合规管理信息化建设,通过信息系统对业务发起、流转、审批、存档环节留痕管理,有效审查法律法规、内部规章制度是否得到严格执行;通过各系统互联互通,消除信息孤岛、打破数据壁垒;通过数据分析或多种技术手段,对异常事件进

---

① 参见《国务院国资委政策法规局负责人就〈中央企业合规管理办法〉答记者问》,载中华人民共和国中央人民政府网2022年9月19日。

行追踪并对潜在合规风险进行预警。

(撰稿人：刘雅琴)

126 对于广大中小民营企业如何从专项合规走向全面合规？

就目前而言,在合规管理国家标准出台之前,对广大民营企业没有强制性的合规要求。那么,如何适应央企、国企对商业伙伴的要求,以及新形势下国际组织以及有商业往来的国家之间的合规要求,兼顾效率与成本,行稳致远,广大中小民营企业可以尝试从专项合规走向全面合规的发展道路。

专项合规是针对企业特定生产经营领域的合规风险而建立的合规管理体系。常见的专项合规,如反商业贿赂、反垄断和反不正当竞争、数据保护、税务、劳动用工、出口管制、环境保护、知识产权保护、安全生产、反洗钱等,每一个专项合规都包含 ISO 37301 国际标准中的七个要素。因此,每一个专项合规都应当是针对特定领域的、完整的合规管理体系。专项合规的优势是成本低,见效快。不仅如此,企业根据市场需求和自身特定建立的专项合规计划,往往更容易落地实施。

从 2020 年起,最高人民检察院开始探索并实践"涉案企业合规不起诉"制度。2022 年 4 月 19 日全国工商联会同最高检等九个部门发布《涉案企业合规建设、评估和审查办法(试行)》,其中第 21 条规定"涉案企业应当以全面合规为目标、专项合规为重点,并根据规模、业务范围、行业特点等因素变化,逐步增设必要的专项合规计划,推动实现全面合规"。涉案企业通常首先根据涉案管理疏漏建立专项合规计划,这是评估和审查的重点。但企业面临的合规风险往往是多重的,有条件的,要逐步增设专项合规体系,最后实现全面合规的目标。对于已经出现刑事风险的民营企业来说合规是其发展道路中的重大机遇。

建议广大中小企业在管理实践中,以专项合规为基础,逐步建立合规组织架构,通过培训、宣贯和案例讲解等方式逐步增强合规意识、建立合规文化,以全面合规为目标,逐步提高企业治理能力。

(撰稿人:刘雅琴)

127 对于集团公司(包括央企、国企以及上市公司)的分支机构和下级企业,应如何进行合规管理工作,保障集团公司合规管理体系的有效实施?

其一,集团公司可以分批次、分步骤地建立下级企业的合规管理体系。第一阶段,集团公司启动合规管理体系建设工作,制定集团公司总体合规管理体系建设方案及实施计划,并制定基本的合规管理制度。第二阶段,下属二级公司全面推进合规管理体系建设工作,集团总部协助下属公司建立合规管理基本制度,开展合规审查、对商业合作伙伴的合规筛查。第三阶段,总结第一和第二阶段的合规工作经验,查疑补缺,根据情况部署下一步合规工作计划,确定是否开展重点领域和重点环节的合规管理工作。

其二,集团公司的下级公司或分支机构可以根据在集团公司内部相应承担的管理职能和具体业务形态,部署相应的合规管理工作计划。(1)持续推进重点环节合规风险管控。将集团公司合规管理要求嵌入制度制定、经营决策、生产运营等重点环节,通过制度建设明确合规管理要求和路径,加强对决策事项的合规论证,并将合规管理要求融入产品质量、职业健康、安全生产等管理体系。(2)强化重点人员管理。通过组织主要负责人和重点岗位人员签署合规承诺,开展重点岗位人员廉洁合规警示教育,更新重点岗位人员合规事项清单,开展重点岗位人员培训及考试等方式加强对领导干部人员、经营管理人员、重要风险岗位人员的合规管理能力和意识,切实增强重点人员合规意识,确保其依法依规开展经营管理活动。(3)加强重点领域合规风险管控。下级公司应根据其业务特点梳理和总结企业经营的重点合规领域,如知识产权、合同履约、涉外贸易等纳入合规管理重点领域,围绕重点领域成立合规专项小组,明确年度合规管理目标,制定专项合规管理计划,通过项目管理方式强化对重点领域的合规风险防控。

(撰稿人:刘雅琴)

128 对于分支机构众多的集团公司(包括央企、国企以及上市公司),集团公司通常需要承担哪些合规管理职能?

实践中,需要根据集团公司/母公司的管理模式,管控现状、职能分配和业务形态进行分析。

通常集团公司承担如下合规管理职能:

(1)在组织建设方面,由集团主要领导成立合规管理体系建设工作领导小组,全面统筹、领导、落实和协调合规管理体系建设工作,并将合规管理体系建设列入年度重点工作清单。增设或改组法律合规部并相应部署相关职责,作为合规管理体系建设综合管理和主要推进部门。

（2）在制度建设方面，集团法律合规部着力推进合规管理体系建设基础性工作，牵头制定相应的《合规管理办法》《合规管理制度》及《员工行为准则》；另外，还应当制定合规管理与内控、风控融合建设的工作指引。

（3）在合规文化建设方面，增加合规培训内容，面向集团内所有法律合规工作人员、各级企业负责人以及各部门负责人系统性地进行宣贯工作。从合规视角，将与企业运营和管控联系密切的法律法规、监管要求和重大外部环境变化等内容，围绕法律合规、风险管控和潜在风险等方面，进行解读、分享与合规宣贯。

（撰稿人：刘雅琴）

129 如何理解"管业务必须管合规"？

由于企业合规本身与企业的管理制度是一体化的存在，因此，从启动合规制度建设之时起，合规与管理就是一种"你中有我，我中有你"的状态，二者密不可分。加之企业合规本身就是属于管理的范畴，因此，就企业领导层来说，"管业务必须管合规"是不二的选择。

"管业务必须管合规"是企业合规管理体系建设的内在要求。这表明：合规职责要进到各部门、各岗位，到达每位员工。按照这个要求，企业需要在各层级、各岗位现有职责内容上增加合规职责，明确业务及职能部门、合规管理部门和监督部门职责，严格落实员工合规责任，对违规行为严肃问责。

《中央企业合规管理办法》明确合规管理工作应当遵循"坚持权责清晰"的原则，增加的合规职责进党委（党组）、董事会、经理层、各部门，对于党委(党组)、董事会、经理层和各部门,企业应根据其原来的职责权限分配合规职责;进各部门,还需要按照"管业务必须管合规"的要求,根据该部门负责管理什么业务、什么职能来对应分配其合规职责,如人力资源部,负责管理人力资源业务,则对照人力资源业务相关的劳动用工、劳动合同、社会保险等合规义务要求增加人力资源方面的合规职责;又如技术研发部,则根据技术研发相关的专利法、著作权法等知识产权法规、数据安全法规等合规义务要求增加技术研发方面的合规职责。

(撰稿人:刘雅琴)

130 为什么说"因企制宜"是企业合规管理体系有效落地的前提和基础?

不同的企业在进行合规管理体系搭建时,都涉及合规管理组织架构、合规义务梳理、合规风险识别评估、合规管理制度制定、合规保障等环节,既然合规管理体系有固定的方法和工具,那不同企业的合规管理体系是不是都差不多呢?

每个企业的合规管理体系都应当是特有的,首先,因为企业管理模式和组织架构的不同,其合规义务和合规风险各有特点,对应的合规重点也不同。其次,不同企业的管理制度和流程是不同的,具体的岗位职责不同,再加上不同人员履职的差异化,会导致合规风险特定化。

鉴于此,企业内部基于岗位和业务流程的合规风险会有巨大差别,而合规管理体系的搭建是以合规风险识别、评估为基础,经过风险分级后,制定相应管控措施,嵌入现有管理制度和业务流程,这就导致企业所搭建的合规管理体系是与其自身"基因"绑定的。换个角度讲,只有结合企业独有特点而搭建的合规体系才是有效适用于本企业的合规体系,才能实现有效落地,否则,极有可能陷入"纸面合规"的境地。

(撰稿人:刘雅琴)

131 如何将合规义务落实到企业的管理制度

在 ISO 37301 国际标准中,合规义务的定义为:组织强制性地必须遵守的要求,以及组织自愿选择遵守的要求。根据《中央企业合规管理办法》第 3 条第 1 款的规定,"本办法所称合规,是指企业经营管理行为和员工履职行为符合国家法律法规、监管规定、行业准则和国际条约、规则,以及公司章程、相关规章制度等要求"。那么,央企的合规义务即为国家法律法规、监管规定、行业准则和国际条约、规则,以及公司章程、相关规章制度等要求。

根据企业业务对应的合规义务,制定合规管理制度可以有以下三种方式,具体选择哪种形式,可以根据实际、清晰和方便执行原则确定。

(1)以业务管理为中心,将某业务对应的合规义务实质性要求、制度化的合规风险应对措施写进企业现有的管理制度,实现合规要求嵌入业务管理制度。有两种方法,一种是文本制度嵌入法,另一种是 1+6 制度嵌入法,包括岗位 1+6 制度嵌入和流程 1+6 制度嵌入。作为业务管理制度的附件,可以附带编制该业务的流程合规管控清单,或者岗位合规管控清单。这种形式适合企业现有业务管理制度比较完善的情形。

(2)以落实某特定的合规义务为中心,将业务对应的合规义务实质性要求、制度化的合规风险应对措施单独制定成《××专项合规指南》，与业务管理制度相对独立。业务经办人员在按照业务管理制度执行的同时，也要参照《××专项合规指南》。还可以将《××专项合规指南》的内容清单化，制定专项合规管控清单，例如，《反商业贿赂专项合规指南》和《反商业贿赂专项合规管控清单》。适用的"合规义务"复杂、容易变化和后果严重的，建议制定专项指南。

（3）仍以业务管理为中心，将业务对应的合规义务实质性要求、制度化的合规风险应对措施单独制定成《××业务合规管理指南》，并对应形成《××业务流程合规管控清单》；同样，也是与业务管理制度相对独立，业务经办人员在按照业务管理制度执行的同时，也要参照《××业务合规管理指南》。

（撰稿人：刘雅琴）

132 在合规管理体系建设中，如何理解合规文化的重要性？

2022年GB/T 35770国家标准中提出：组织通过建立有效的合规管理体系，来防范合规风险。组织在对其所面临的合规风险进行识别、分析和评价的基础之上，建立并改进合规管理流程，从而达到对风险进行有效地应对和管控。2021年ISO 37301国际标准在正文中提到，管理体系是组织用于建立方针、目标以及实现目标的过程的相互联系或相互作用的一组要件。一个管理体系可能涉及一个方面或多个方面，管理体系的要素包括组织的结构、岗位、职责、策划和运行等。由此可见，合规管理体系是组织的结构、岗位、职责、策划和运行要素组成的相互作用的体系,其目标是促使组织遵守合规义务,有效预防合规风险。2022年《中央企业合规管理办法》第3条第3款指出,合规管理,是指企业以有效防控合规风险为目的,以提升依法合规经营管理水平为导向,以企业经营管理行为和员工履职行为为对象,开展的包括建立合规制度、完善运行机制、培育合规文化、强化监督问责等有组织、有计划的管理活动。通常认为,合规管理体系是企业内部拥有合规职责的个人或机构,通过制定和健全合规管理制度,建立合规管理运行机制,有效预防合规风险发生的一系列管理活动。

合规文化是组织成员在合规管理活动中形成并贯穿整个组织的价值标准、道德规范和行为准则,与合规组织体系和运行机制相互作用,并产生引导作用。

合规管理体系建设是企业行稳致远的前提和基础,而合规文化建设在合规管理体系中的作用举足轻重,重要性不言自明。而一个组织之所以看重合规,就是因为该组织认可合规以及与合规具有相同性质要素的价值和作用,从而树立正确的合规价值观以及道德准则和信仰,并与组织的结构和控制系统相互作用,从而产生导致合规结果的行为规范。ISO 37301标准在引言中提出,"为获得长远发展,组织需基于相关方的需求和期望确立并维护合规文化",最后结论为"本文件的目标之一是协助组织开发和传播积极的合规文化"。《中央企业合规管理办法》专章规定合规文化的内容,指出中央企业应当建立各种类型的法治专题学习、合规培训、合规宣传机制,引导员工践行合规理念,培育具有企业特色的合规文化。

(撰稿人:刘雅琴)

133 为什么说企业合规管理体系建设是一个持续的、动态的过程？

ISO 37301 国际标准在引言中提到，合规是一个持续的过程，是一个组织履行其义务的结果。合规的可持续性体现在将其融入组织的文化中以及其员工的行为和意识中。在保持合规管理独立性的同时，最好将其与组织的其他管理过程、运行需求和程序相结合。此外，ISO 37301 标准正文、《中央企业合规管理办法》等文件也有对管理体系和合理管理进行定义。

从以上文件可以看出，合规管理体系建设应当是一个持续的和动态的过程，这是合规管理内在要求和外部环境统一作用的结果。不同国家和地区以及不同行业的企业面临的外部环境是截然不同的，当外部环境发生变化时，企业的合规义务会相应变化。企业自身的发展战略、商业模式和业务形态也会发生变化，由此企业需要遵守的合规义务，可能存在的合规风险会相应变化。当这些变化发生时，企业都需要相应调整合规管控措施和相应的运行机制。例如，自 2016 年起中央企业就开展了合规管理体系建设试点工作，而当 2022 年《中央企业合规管理办法》发布，这些已经建立合规管理体系的企业应当在现有合规管理状态下，比照《中央企业合规管理办法》和其他最新发布的国际、国内的合规管理标准的要求，进行合规管理体系建设情况的"盘点"，查漏补缺，以符合各类规范性文件的要求。此外，因企业在不同的发展阶段有不同的发展需求，初创企业与相对稳定发展的企业相比其管理模式、组织目标是截然不同的，那么企业在不同发展阶段的合规管理要求也应当不同。如果我们把企业合规管理品质分为5个层级：一星级：刑事合规；二星级：民事合规；三星级：行政合规；四星级：道德合规；五星级：价值合规。那么企业在各个不同发展阶段的合规管理目标应当是逐级递进、不断提升的。

《中央企业合规管理办法》第19条特别强调了，央企应根据法律法规、监管政策等变化情况，对规章制度的修订完善要求。这一规定反映了合规管理的动态化过程。合规管理不是一时的工作，工作成果也不是固定不变的，合规管理是一个常态化、动态化，不断发展、不断改善的过程。

（撰稿人：刘雅琴）

134 如何系统地识别企业合规义务？

企业要识别和确定具体的合规风险，首先要识别"合规义务"。合规义务如同企业组织衡量自身生产经营行为正确性的尺度。有了尺子，才能够度量出行为过程中可能出现的合规偏差（合规风险）。

合规义务内容包括合规要求和合规承诺。在市场经济中，国家监管机构从维护市场经济健康、有序发展的需要，制定了许多强制性的法律法规等要求，这是合规要求的内容。由于市场竞争激烈，企业为获得股东、顾客、供应商等相关方的信赖，对自身生产经营过程和产品品质进行若干的承诺，这是合规承诺的内容。

合规要求是具有强制性的，如国家法律法规、监管机构发布的制度、条例或指导方针等方面，是企业生产经营行为必须遵守的；而合规则是企业自己的选择，是对相关方的一种承诺，是自愿的，如与社区团体或非政府机构签订的协议、自愿性原则或行为守则、对客户的产品质量承诺等方面。

由于识别企业要遵守的合规义务是合规风险识别评估的前提,所以在开展合规风险识别分析评估之前,企业需要考虑诸多事项,包括但不限于:

(1) 企业内部组织及环境

——业务模式,包括组织活动和运行的战略、性质、规模、复杂性和可持续性;

——与第三方业务关系的性质和范围;

——法律和监管环境;

——经济状况;

——社会、文化、环境背景;

——内部结构、方针、过程、程序和资源,包括技术;

——自身的合规文化。

(2) 相关方的需要和期望

——与合规管理体系有关的相关方;

——这些相关方的有关需求;

——哪些需求将通过合规管理体系予以解决。

以上是 GB/T 35770 国家标准的相关要求。在其附录 A 第 A4.5 条合规义务中,对如何系统地识别合规义务有明确指示:

组织宜将合规义务作为建立、开发、实施、评价、维护和改进其合规管理体系的基础。

组织强制遵守的要求能包括:

——法律法规;

——许可、执照或其他形式的授权;

——监管机构发布的命令、条例或指南;

——法院判决或行政决定;

——条约、公约和协议。

组织自愿选择遵守的要求能包括:

——与社会团体或非政府组织签订的协议;

——与公共权力机构和客户签订的协议;

——组织的要求,如方针和程序;

——自愿的原则或规程;

——自愿性标志或环境承诺;

——与组织签署合同产生的义务;

——相关组织的和产业的标准。

组织宜按部门、职能和不同类型的组织性活动来识别合规义务,以便确定谁受到这些合规义务的影响。

获取关于法律和其他合规义务变更信息的过程能包括:

——列入相关监管部门收件人名单;

——成为专业团体的会员;

——订阅相关信息服务;

——参加行业论坛和研讨会;

——监视监管部门网站;

——与监管部门会晤;

——与法律顾问洽商;

——监视合规义务来源(如监管声明和法院判决)。

组织宜采取基于风险的方法,即组织宜首先识别出与业务相关的最重要的合规义务,然后关注所有其他合规义务(帕累托原则)。

适宜时,组织宜确立并维护一个单独文件(如登记册或日志),列出其所有合规义务,并确立定期更新该文件的过程。

除列出合规义务外,该文件还宜包括但不限于:

——合规义务的影响;

——合规义务的管理;

——与合规义务相关的控制;

——风险评估。

(撰稿人:刘雅琴 孙萌)

135 企业如何防范合法但不合规的风险事件?

首先应当明确的是,合法与合规并非完全等同的概念,合规即合法的认知失之偏颇。按照《立法法》的相关规定,合法应当是符合法律、行政法规、地方性法规、自治条例、单行条例以及国务院部门规章和地方政府规章等规范性文件的要求。同时我们认为还应当符合司法解释的规定和要求。

而对于合规,合法只是其中的部分要求。2006年《商业银行合规风险管理指引》第3条第2款提出,本指引所称合规,是指使商业银行的经营活动与法律、规则和准则相一致。2018年《企业境外经营合规管理指引》第3条明确,本指引所称合规,是指企业及其员工的经营管理行为符合有关法律法规、国际条约、监管规定、行业准则、商业惯例、道德规范和企业依法制定的章程及规章制度等要求,特别提出企业境外经营要符合商业管理和道德规范的要求。ISO 37301国际标准的引言中提出,组织内部建立一个有效的合规管理体系,能表明组织遵守相关法律、监管要求、行业守则、组织标准、良好治理标准、普遍接受的最佳实践以及道德规范和社区期望的承诺。2022年《中央企业合规管理办法》第3条第1款规定,本办法所称合规,是指企业经营管理行为和员工履职行为符合国家法律法规、监管规定、行业准则和国际条约、规则,以及公司章程、相关规章制度等要求。

以上文件中,虽然指引和指南不产生强制性的效力,但仍然对企业的生产经营活动具有指导意义。而2022年国资委出台的《中央企业合规管理办法》已经明确了中央企业应当遵循的合规标准。

综上可见,法律风险通常指违反法律法规及相关规范性文件的规定而带来的民事责任、行政处罚、刑事责任,以及因此带来的负面影响。合规风险通常指因违规行为引发法律责任、造成经济或者声誉损失以及其他负面影响的可能性。

企业若要防范合法但不合规的风险事件,首先应当树立合规意识与合规文化,而不能再以合法作为企业生产经营的唯一标准,要知道合法只是企业生产经营的最低要求。"合规"不仅仅要求合法,还有许多法律之外的内涵,不仅包括国际条约、行业准则,以及企业在公司章程、签署的合同、广告宣传中做出的承诺,还应当包括商业惯例和道德规范。鉴于一直以来在各行各业发生过的风险事件,企业应当将广告宣传、营销策划作为合规管理的重点领域,将履行相关岗位职责的人员作为合规管理重点岗位人员,同时加强对重点岗位人员以及全员的合规培训。

(撰稿人:刘雅琴)

136 为何会出现合法但不合规的风险事件?

对企业的经营管理而言,合法是最底线的要求和标准,也是企业必须遵守的强制性的合规义务,若违反这一类义务,企业可能会遭受民事赔偿、行政处罚乃至刑事责任。

《商业银行合规风险管理指引》《企业境外经营合规管理指引》《中央企业合规管理办法》和 ISO 37301 标准等文件中,虽然指引和指南不产生强制性的效力,但仍然对企业的生产经营活动具有指导意义。合规风险通常指因违规行为引发法律责任、造成经济或者声誉损失以及其他负面影响的可能性。

当前社会上发生的一些热点事件,比如"消费灾难的营销文案",虽然合法,法律并未禁止这样的营销方式,但此举却与建立社会主义良好道德风尚相违背,不符合大众对企业的良善期待,消费灾难其实消磨了企业自身的口碑和信誉。再比如,出口与国内销售产品"双标"的现象,又是另外一种合法但不合规的现象。如果企业仅仅用合法的思维来回应符合国家生产安全标准,则是明显落后于时代发展的脚步。《中共中央关于党的百年奋斗重大成就和历史经验的决议》:"明确新时代我国社会主要矛盾是人民日益增长的美好生活需要和不平衡不充分的发展之间的矛盾。"目前对于消费者而言,不再是吃饱的问题,而是吃好、吃绿色、吃健康的问题了。

(撰稿人:刘雅琴)

137 为什么说 PDCA 质量管理方法是企业合规管理体系有效落实的重要机制?

PDCA 循环是全面质量管理所应遵循的科学程序、思想基础和方法依据。全面质量管理活动的全部过程,就是质量计划的制订和组织实现的过程,这个过程就是按照 PDCA 循环,不停顿地周而复始地运转的。PDCA 循环由美国质量管理专家沃特·阿曼德·休哈特(Walter A. Shewhart)首先提出的,由世界著名的质量管理专家戴明采纳、宣传,使其普及,所以又称戴明环。PDCA 循环的含义是将质量管理分为四个阶段,即 Plan(计划)、Do(执行)、Check(检查)和 Act(处理)。计划阶段的职能包括:目标(goal)、实施计划(plan)、收支预算(budget),通过市场调查、用户访问等来分析现状、制定目标。设计和执行阶段的职能包括:设计方案和布局,根据质量标准进行产品设计、试制、试验及计划执行前的人员培训,制定具体的行动方案。检查阶段的职能包括:Check(检查)、Communicate(沟通)、Clean(清理)和 Control(控制),这一阶段是对实施方案进行验证,确认是否实现了目标。处理阶段的职能包括:Act 执行,对总结检查的结果进行处理;Aim 目标,按照目标要求行事,如改善、提高。处理阶段是 PDCA 循环的关键。处理阶段就是解决存在问题,总结经验和吸取教训的阶段。该阶段的重点又在于修订标准,包括技术标准和管理制度。没有标准化和制度化,就不可能使 PDCA 循环转动向前。在质量管理活动中,要求把各项工作按照作出计划、实施、检查效果,然后将成功的经验进行总结制定或纳入标准,不成功的部分留待下一循环去解决。这样循环往复,不断进行 PDCA 四个阶段的循环,不断实践不断加以总结和提升。

在质量管理实践中,PDCA 循环得到了广泛的应用,并取得了很好的效果。如上所述,PDCA 循环中的四个过程不是运行一次就完结,而是要周而复始地进行。一个循环完了,解决了一部分的问题,可能还有其他问题尚未解决,或者又出现了新的问题,再进行下一次循环。PDCA 循环的四个阶段,"计划—执行—检查—处理"的 PDCA 循环的管理模式,体现着科学认识论的一种具体管理手段和一套科学的工作程序。PDCA 管理模式的应用对我们提高日常工作的效率有很大的益处,它不仅在质量管理工作中可以运用,同样也适合于其他各项管理工作。

2021 年 ISO/TC 309 技术委员会发布 ISO 37301 国际标准明确将 PDCA 循环作为合规管理体系的组成要素。作为 A 类管理体系标准,ISO 37301 国际标准发布后,替代了 ISO 19600 标准(对应的中国标准为 GB/T 35770—2017)。两项 ISO 标准均基于相同的架构、以风险导向为基础的方法,并注重整体的合规管理系统,但是只有 ISO 37301 国际标准可以用作第三方认证的准则。ISO 37301 国际标准规定了组织建立、运行、保持和改进合规管理体系的要求,并提供了使用指南,为各类组织提高自身的合规管理能力提供系统化方法。它采用的 PDCA 理念完整覆盖了合规管理体系建立、运行、保持和改进的全流程,基于合规治理原则,为组织建立并运行合规管理体系、传播积极的合规文化提供了整套解决方案。

(撰稿人:刘雅琴)

138 中央企业应当建立怎样的合规管理组织体系,如何明确职责分工,确保合规管理工作落实到位?

《中央企业合规管理办法》专门用一个章节来规定合规管理组织及其职责,强调了党委(党组)的领导作用,并将中央企业主要负责人作为法治建设第一责任人,同时明确了董事会、经理层、业务及职能部门、合规管理部门各自的合规管理职能。

1. 党委(党组)发挥把方向、管大局、促落实的领导作用,推动合规要求在本企业得到严格遵循和落实，不断提升依法合规经营管理水平。

2. 董事会发挥定战略、作决策、防风险作用，主要履行以下职责：

①审议批准合规管理基本制度、体系建设方案和年度报告等。

②研究决定合规管理重大事项。

③推动完善合规管理体系并对其有效性进行评价。

④决定合规管理部门设置及职责。

3. 经理层发挥谋经营、抓落实、强管理作用，主要履行以下职责：

①拟订合规管理体系建设方案，经董事会批准后组织实施。

②拟订合规管理基本制度，批准年度计划等，组织制定合规管理具体制度。

③组织应对重大合规风险事件。

④指导监督各部门和所属单位合规管理工作。

4. 主要负责人作为推进合规建设第一责任人，应当切实履行依法合规经营管理重要组织者、推动者和实践者的职责，积极推进合规管理各项工作。

5. 业务及职能部门承担合规管理主体责任，主要履行以下职责：

①建立健全本部门业务合规管理制度和流程，开展合规风险识别评估，编制风险清单和应对预案。

②定期梳理重点岗位合规风险，将合规要求纳入岗位职责。

③负责本部门经营管理行为的合规审查。

④及时报告合规风险，组织或者配合开展应对处置。

⑤组织或者配合开展违规问题调查和整改。

6. 合规管理部门牵头负责本企业合规管理工作，主要履行以下职责：

①组织起草合规管理基本制度、具体制度、年度计划和工作报

告等。

②负责规章制度、经济合同、重大决策合规审查。

③组织开展合规风险识别、预警和应对处置,根据董事会授权开展合规管理体系有效性评价。

④受理职责范围内的违规举报,提出分类处置意见,组织或者参与对违规行为的调查。

⑤组织或者协助业务及职能部门开展合规培训,受理合规咨询,推进合规管理信息化建设。

7. 纪检监察机构和审计、巡视巡察、监督追责等部门依据有关规定,在职权范围内对合规要求落实情况进行监督,对违规行为进行调查,按照规定开展责任追究。

(撰稿人:刘雅琴)

139 央企进行合规管理体系建设,需要遵守哪些"规"?

央企,即中央企业,是国务院国有资产监督管理委员会(以下简称国资委)根据国务院授权履行出资人职责的企业。

习近平总书记强调,守法经营是任何企业都必须遵守的一个大原则,企业只有依法合规经营才能行稳致远。在《法治中国建设规划(2020—2025年)》《法治社会建设实施纲要(2020—2025年)》等中央文件中也对企业依法合规经营提出了明确要求。为了落实党中央部署要求,国资委于2018年发布了《中央企业合规管理指引(试行)》。《中央企业合规管理指引(试行)》第2条第2款写道:"本指引所称合规,是指中央企业及其员工的经营管理行为符合法律法规、监管规定、行业准则和企业章程、规章制度以及国际条约、规则等要求。"此条已基本写明央企要达到合规要求需要遵守的义务。

在《中央企业合规管理指引(试行)》发布四年后,国资委于2022年8月23日发布了《中央企业合规管理办法》。此次《中央企业合规管理办法》的出台对中央企业进一步深化合规管理提出明确要求,与《中央企业合规管理指引(试行)》相比更加突出刚性约束,内容更全、要求更高、措施更实。而在《中央企业合规管理办法》第3条第1款将央企的合规义务又进行了更加明确和科学的约定:"本办法所称合规,是指企业经营管理行为和员工履职行为符合国家法律法规、监管规定、行业准则和国际条约、规则,以及公司章程、相关规章制度等要求。"此条规定基本已将央企要遵守的合规义务囊括其中。从《中央企业合规管理指引(试行)》到《中央企业合规管理办法》我们不难看出,对于合规管理概念的"规"并不限于法律法规,除按《立法法》规定理解的狭义上的法律法规外,还有监管机构依法颁布的相关规定,还包括部门规章、地方政府规章、其他规范性文件,以及其他相关规定等。

其实在2021年4月,国际标准化组织ISO发布和实施ISO 37301国际标准,内容与《中央企业合规管理指引(试行)》和《中央企业合规管理办法》也有很深的契合度。根据ISO 37301国际标准中对组织的合规义务是这样解释的:合规义务分为组织强制性地必须遵守的要求和组织自愿选择遵守的要求。而组织强制性地必须遵守的要求包括:法律法规或行政决定;许可、执照或其他形式的授权;监管机构发布的命令、条例或指南;法院判决;条约、公约和议定书。组织自愿选择遵守的要求包括:与社区团体或非政府组织的协定;与公共机构和客户的协议;组织要求,如方针和程序;自愿原则或行为守则;自愿标识或环境承诺;基于本组织的合同安排所产生的义务;相关组织和行业标准。ISO

37301 国际标准通过不同的形式,将一个组织要遵守的合规义务也明确出来,与国资委的《中央企业合规管理指引(试行)》和《中央企业合规管理办法》有异曲同工之妙。

此外,在 ISO 37301 的引言中提出:组织内部建立一个有效的合规管理体系,能表明组织遵守相关法律、监管要求、行业守则、组织标准、良好治理标准、普遍接受的最佳方法以及道德和社区期望的承诺。因此,虽然《中央企业合规管理指引(试行)》和《中央企业合规管理办法》都并未直接列举出道德准则作为合规遵从的范围,但是作为央企,应当采用更严格的标准,除上述提到的"规"之外,也应将道德准则纳入其中。

(撰稿人:孙萌)

140 上市公司进行合规管理体系建设,需要遵守哪些"规"?

2022 年 4 月 30 日,中国上市公司协会发布了《中国上市公司 2021 年年报经营业绩快报》。数据显示,2021 年年末,我国上市公司数量增长至 4682 家,总市值 96.53 万亿元,规模稳居全球第二。

上市公司在我国国民经济中占有重要地位,特别是涉及石油、煤炭、钢铁、军工、航空航天、通信、金融、电力、制造等行业的大型国有控股上市公司,其发展直接关系国计民生,对我国资本市场发展具有重大影响力。

上市公司进行合规管理体系建设的意义自不必说,那么在此过程中,上市公司需要遵守哪些"规",这在国际标准化组织 ISO 于 2021 年 4

月发布和实施 ISO 37301 国际标准中已有说明。根据 ISO 37301 国际标准中对组织需要遵守的合规义务有此解释:合规义务分为组织强制性地必须遵守的要求和组织自愿选择遵守的要求。并对两种合规义务进行细致介绍。

可以看出,ISO 37301 国际标准已经在通用层面将一个组织需要遵守的合规义务全面且概括地包含进去,上市公司必然也要遵守上述合规义务,但我国对此还有更加具体的规定。

在法律法规层面,除 2019 年新修订的《证券法》、2020 年发布的《刑法修正案(十一)》以及国资委最新发布的《中央企业合规管理办法》之外,还包括中国证券监督管理委员会(以下简称证监会)发布的《上市公司治理准则(2018 修订)》《上市公司信息披露管理办法》《上市公司章程指引》《上市公司独立董事规则》和《上市公司现场检查规则》等一系列行业规范,这些法律法规的出台和修订都标志着我国对上市公司的治理结构和规范性要求日趋严格。这也意味着,上市公司的合规风险在不断增加,法律责任也在大幅加重。

除上述上市公司需要遵守的合规义务外,上市公司在进行合规管理体系建设中还应关注其重点领域的合规管理,主要集中在包括反商业贿赂与反腐败合规、网络安全与数据保护合规、出口管制和制裁合规、市场准入合规、反洗钱合规、反不正当竞争合规、反垄断合规等方面。

此外,根据上市公司的性质还应特别注意监管部门要求的信息披露、内幕交易、资本运营方面的具体合规要求。鉴于违反这三类合规义务造成的违规情况比较多发,上市公司应当提升自身的合规管理意识与能力,加强公司治理和内部控制,为合规管理提供充分的组织、制度、人力、财力和物力支持。

(撰稿人:刘雅琴　孙萌)

141 安全生产合规需要遵守哪些法律法规及规范性文件？

1. 法律：

《中华人民共和国安全生产法》(2021年修正，全国人民代表大会常务委员会)。

2. 行政法规：

①《安全生产许可证条例》(2014年修订，国务院)；

②《国家安全生产事故灾难应急预案》(2006年，国务院)；

③《建设工程安全生产管理条例》(2003年，国务院)。

3. 司法解释：

①《最高人民法院、最高人民检察院关于办理危害生产安全刑事案件适用法律若干问题的解释》(2015年，最高人民法院、最高人民检察院)；

②《关于依法惩治涉枪支、弹药、爆炸物、易燃易爆危险物品犯罪的意见》(2021年，最高人民法院、最高人民检察院、公安部、工业和信息化部、住房和城乡建设部、交通运输部、应急管理部、国家铁路局、中国民用航空局、国家邮政局)。

4. 部门规章：

①《安全生产行政复议规定》(2007年，原国家安全生产监督管理总局)；

②《安全生产事故隐患排查治理暂行规定》(2007年，原国家安全生产监督管理总局)；

③《安全生产领域违法违纪行为政纪处分暂行规定》(2006年，监

察部、原国家安全生产监督管理总局);

④《安全生产监督罚款管理暂行办法》[2004年,原国家安全生产监督管理局(国家煤矿安全监察局)]。

(撰稿人:孙萌)

142 环保合规需要遵守哪些法律法规及规范性文件?

1. 法律:

①《中华人民共和国环境保护法》(2014年修订,全国人民代表大会常务委员会);

②《中华人民共和国环境影响评价法》(2018年修正,全国人民代表大会常务委员会);

③《中华人民共和国环境保护税法》(2018年修正,全国人民代表大会常务委员会);

④《中华人民共和国海洋环境保护法》(2017年修正,全国人民代表大会常务委员会);

⑤《中华人民共和国固体废物污染环境防治法》(2020年修订,全国人民代表大会常务委员会)。

2. 行政法规:

①《规划环境影响评价条例》(2009年,国务院);

②《全国生态环境保护纲要》(2000年,国务院办公厅);

③《全国生态环境建设规划》(1998年,国务院);

④《中华人民共和国环境保护税法实施条例》(2017年,国务院);

⑤《建设项目环境保护管理条例》(2017年修订,国务院);

⑥《城市市容和环境卫生管理条例》(2017年修订,国务院);

⑦《国务院关于环境保护若干问题的决定》(1996年,国务院)。

3. 司法解释:

①《最高人民法院关于审理生态环境侵权纠纷案件适用惩罚性赔偿的解释》(2022年,最高人民法院);

②《最高人民法院关于审理环境民事公益诉讼案件适用法律若干问题的解释》(2020年修订,最高人民法院);

③《最高人民法院关于审理海洋自然资源与生态环境损害赔偿纠纷案件若干问题的规定》(2017年,最高人民法院);

④《最高人民法院、最高人民检察院关于办理海洋自然资源与生态环境公益诉讼案件若干问题的规定》(2022年,最高人民法院、最高人民检察院);

⑤《最高人民法院关于生态环境侵权案件适用禁止令保全措施的若干规定》(2021年,最高人民法院)。

4. 部门规章:

①《环境行政复议办法》(2008年,原环境保护部);

②《环境监测管理办法》(2007年,原国家环境保护总局);

③《环境监察办法》(2012年,原环境保护部);

④《生态环境标准管理办法》(2020年,生态环境部);

⑤《环境影响评价公众参与办法》(2018年,生态环境部);

⑥《突发环境事件应急管理办法》(2015年,原环境保护部);

⑦《环境保护公众参与办法》(2015年,原环境保护部);

⑧《突发环境事件信息报告办法》(2011年,原环境保护部);

⑨《电子废物污染环境防治管理办法》(2007年,原国家环境保护总局);

⑩《企业环境信息依法披露管理办法》(2021年,生态环境部);

⑪《新化学物质环境管理登记办法》(2020年,生态环境部);

⑫《工矿用地土壤环境管理办法(试行)》(2018年,生态环境部);

⑬《污染地块土壤环境管理办法(试行)》(2016年,原环境保护部);

⑭《建设项目环境影响后评价管理办法(试行)》(2015年,原环境保护部);

⑮《建设项目环境影响评价文件分级审批规定》(2009年,原环境保护部)。

(撰稿人:孙萌)

143 数据合规需要遵守哪些法律法规及规范性文件?

1. 法律:

①《中华人民共和国数据安全法》(2021年,全国人民代表大会常务委员会);

②《中华人民共和国反电信网络诈骗法》(2022年,全国人民代表大会常务委员会);

③《中华人民共和国网络安全法》(2016年,全国人民代表大会常务委员会);

④《中华人民共和国食品安全法》(2021年修正,全国人民代表大会常务委员会)。

2. 行政法规:

①《中华人民共和国海关行政处罚实施条例》(2022年修订,国务院);

②《关键信息基础设施安全保护条例》(2021年,国务院)。

3. 司法解释:

①《最高人民法院 最高人民检察院 公安部关于办理信息网络犯罪案件适用刑事诉讼程序若干问题的意见》(2022年,最高人民法院、最高人民检察院、公安部)。

4. 部门规章:

①《数据出境安全评估办法》(2022年,国家互联网信息办公室);

②《汽车数据安全管理若干规定(试行)》(2021年,国家互联网信息办公室、国家发展和改革委员会、工业和信息化部、公安部、交通运输部);

③《证券交易数据交换协议》(2014年,已失效,中国证券监督管理委员会)。

(撰稿人:孙萌)

144 劳动用工合规需要遵守哪些法律法规及规范性文件?

1. 法律:

①《中华人民共和国民法典》(2020年,全国人民代表大会);

②《中华人民共和国劳动法》(2018年修正,全国人民代表大会常务委员会);

③《中华人民共和国劳动合同法》(2012年修正,全国人民代表大会常务委员会);

④《中华人民共和国劳动争议调解仲裁法》(2007年,全国人民代

表大会常务委员会);

⑤《中华人民共和国职业病防治法》(2018年修正,全国人民代表大会常务委员会);

⑥《中华人民共和国社会保险法》(2018年修正,全国人民代表大会常务委员会);

⑦《中华人民共和国工会法》(2021年修正,全国人民代表大会常务委员会);

⑧《中华人民共和国安全生产法》(2021年修正,全国人民代表大会常务委员会)。

2. 行政法规:

①《劳动保障监察条例》(2004年,国务院);

②《女职工劳动保护特别规定》(2012年,国务院);

③《中华人民共和国劳动合同法实施条例》(2008年,国务院);

④《劳动就业服务企业管理规定》(1990年,国务院);

⑤《使用有毒物品作业场所劳动保护条例》(2002年,国务院);

⑥《保障农民工工资支付条例》(2019年,国务院)。

3. 司法解释:

①《最高人民法院关于审理劳动争议案件适用法律问题的解释(一)》(2020年,最高人民法院);

②《最高人民法院关于审理拒不支付劳动报酬刑事案件适用法律若干问题的解释》(2013年,最高人民法院)。

4. 部门规章:

①《非法用工单位伤亡人员一次性赔偿办法》(2010年,人力资源和社会保障部);

②《关于建立劳动用工备案制度的通知》(2006年,原劳动和社会

保障部）；

③《关于非全日制用工若干问题的意见》（2003 年，原劳动和社会保障部）。

（撰稿人：孙萌）

145 知识产权合规需要遵守哪些法律法规及规范性文件？

1. 法律：

①《中华人民共和国民法典》（2020 年，全国人民代表大会）；

②《中华人民共和国刑法》（2020 年修正，全国人民代表大会）；

③《中华人民共和国商标法》（2019 年修正，全国人民代表大会常务委员会）；

④《中华人民共和国专利法》（2020 年修正，全国人民代表大会常务委员会）；

⑤《中华人民共和国著作权法》（2020 年修正，全国人民代表大会常务委员会）；

⑥《中华人民共和国促进科技成果转化法》（2015 年修正，全国人民代表大会常务委员会）；

⑦《中华人民共和国反不正当竞争法》（2019 年修订，全国人民代表大会常务委员会）。

2. 行政法规：

①《计算机软件保护条例》（2013 年修订，国务院）；

②《中华人民共和国专利法实施细则》（2010 年修订，国务院）；

③《中华人民共和国著作权法实施条例》(2013年修订,国务院);

④《中华人民共和国植物新品种保护条例》(2014年修订,国务院)。

3. 司法解释:

①《最高人民法院关于审理商标民事纠纷案件适用法律若干问题的解释》(2020年修订,最高人民法院);

②《最高人民法院关于审理侵犯专利权纠纷案件应用法律若干问题的解释》(2009年,最高人民法院);

③《最高人民法院关于审理侵犯专利权纠纷案件应用法律若干问题的解释(二)》(2020年修订,最高人民法院);

④《最高人民法院关于审理专利纠纷案件适用法律问题的若干规定》(2020年修订,最高人民法院);

⑤《最高人民法院关于审理著作权民事纠纷案件适用法律若干问题的解释》(2020年修订,最高人民法院);

⑥《最高人民法院关于审理侵害信息网络传播权民事纠纷案件适用法律若干问题的规定》(2020年修正,最高人民法院)。

4. 部门规章:

《驰名商标认定和保护规定》(2014年修订,国家市场监督管理总局)。

(撰稿人:孙萌)

146 反腐败与反舞弊合规需要遵守哪些法律法规及规范性文件?

1. 法律:

①《中华人民共和国刑法》(2020年修正,全国人民代表大会);

②《中华人民共和国反不正当竞争法》(2019年修订,全国人民代表大会常务委员会);

③《中华人民共和国公司法》(2018年修正,全国人民代表大会常务委员会);

④《中华人民共和国企业国有资产法》(2008年,全国人民代表大会常务委员会);

⑤《中华人民共和国监察法》(2018年,全国人民代表大会)。

2. 部门规章:

①《国家工商行政管理局关于禁止商业贿赂行为的暂行规定》(1996年,原国家工商行政管理局);

②《网络交易监督管理办法》(2021年,国家市场监督管理总局)。

(撰稿人:孙萌)

147 反垄断合规需要遵守哪些法律法规及规范性文件?

1. 法律:

①《中华人民共和国反垄断法》(2022年修正,全国人民代表大会常务委员会);

②《中华人民共和国专利法》(2020年修正,全国人民代表大会常务委员会);

③《中华人民共和国药品管理法》(2019年修订,全国人民代表大会常务委员会);

④《中华人民共和国外商投资法》(2019年,全国人民代表大会);

⑤《中华人民共和国标准化法》(2017年修订,全国人民代表大会

常务委员会)。

2. 行政法规:

①《国务院关于经营者集中申报标准的规定》(2018年修订,国务院);

②《粮食流通管理条例》(2021年修订,国务院)。

3. 部门规章:

①《经营者反垄断合规指南》(2020年,原国务院反垄断委员会);

②《国务院反垄断委员会关于汽车业的反垄断指南》(2019年,原国务院反垄断委员会);

③《国务院反垄断委员会垄断案件经营者承诺指南》(2019年,原国务院反垄断委员会);

④《国务院反垄断委员会关于相关市场界定的指南》(2009年,原国务院反垄断委员会);

⑤《经营者集中反垄断审查办事指南》(2018年修订,国家市场监督管理总局);

⑥《国务院反垄断委员会关于原料药领域的反垄断指南》(2021年,原国务院反垄断委员会);

⑦《国务院反垄断委员会关于平台经济领域的反垄断指南》(2021年,原国务院反垄断委员会);

⑧《国务院反垄断委员会关于知识产权领域的反垄断指南》(2019年,原国务院反垄断委员会);

⑨《国务院反垄断委员会横向垄断协议案件宽大制度适用指南》(2019年,原国务院反垄断委员会)。

(撰稿人:孙萌)

第四部分

涉案企业合规整改与处置实务问题

148 检察机关"合规不起诉"的产生背景是什么?

检察机关开展企业合规改革试点工作是深入贯彻党的十九大和十九届二中、三中、四中、五中全会精神,认真贯彻习近平法治思想,助力实现"十四五"规划和2035年远景目标的重要举措,对于促进国家治理体系和治理能力现代化具有重要意义。

具体而言,检察机关"合规不起诉"的产生背景主要是:一方面,我国国内企业违法犯罪数量不断增加,法治营商环境亟须优化。司法实践中普遍存在一旦企业涉案,则办一个案子、垮一个企业、下岗一批职工现象,特别不利于企业可持续健康发展,也不利于国家"六稳六保"政策的实现。另一方面,在国际层面以及域外国家,企业合规正在如火如荼地进行之中。我国企业在走出去的过程中遇到了问题,还有部分企业在海外经营与贸易中遇到了问题,如,中兴通讯在美国因合规问题遭受重罚、抖音海外版因合规问题遭遇美国禁令,以及其他中国公司因海外经营不合规所引发的合规风险。这些例子使我国逐渐认识到规范企业合规经营行为、补齐企业治理合规短板的紧迫性。在这样的背景下,我国检察机关作为政治机关、法律监督机关、司法机关,积极能动履职,主动引导开展涉案企业合规改革,对于办理的涉企刑事案件,在依法作出不批捕、不起诉决定或者根据认罪认罚从宽制度提出轻缓量刑建议等的同时,针对企业涉嫌具体犯罪,结合办案实际,督促涉案企业作出合规承诺并积极整改落实,促进企业守法合规经营,减少和预防企业犯罪,实现司法办案政治效果、法律效果、社会效果的有机统一,最终实现助推我国企业依法合规经营、优化营商环境、服务保障经济社会高质量发展的目的。

(撰稿人：彭玉)

149 "合规不起诉"的法律依据是什么？

"合规不起诉"的法律依据主要包括以下3个：

一是《刑事诉讼法》第175条第4款："对于二次补充侦查的案件，人民检察院仍然认为证据不足，不符合起诉条件的，应当作出不起诉的决定。"这一法律规定主要适用于证据不足，企业单位犯罪不成立的情形。

二是《刑事诉讼法》第177条第1款、第2款："犯罪嫌疑人没有犯罪事实，或者有本法第十六条规定的情形之一的，人民检察院应当作出不起诉决定。对于犯罪情节轻微，依照刑法规定不需要判处刑罚或者免除刑罚的，人民检察院可以作出不起诉决定。"《刑事诉讼法》第16条："有下列情形之一的，不追究刑事责任，已经追究的，应当撤销案件，或者不起诉，或者终止审理，或者宣告无罪：（一）情节显著轻微、危害不大，不认为是犯罪的；（二）犯罪已过追诉时效期限的；（三）经特赦令免除刑罚的；（四）依照刑法告诉才处理的犯罪，没有告诉或者撤回告诉的；（五）犯罪嫌疑人、被告人死亡的；（六）其他法律规定免予追究刑事责任的。"这一法律规定主要适用于无犯罪事实，单位犯罪不成立的情形，或者涉案企业情节显著轻微、危害不大，不被认为是犯罪的情形。

三是《刑事诉讼法》第182条第1款："犯罪嫌疑人自愿如实供述涉嫌犯罪的事实，有重大立功或者案件涉及国家重大利益的，经最高人民检察院核准，公安机关可以撤销案件，人民检察院可以作出不起诉决定,也可以对涉嫌数罪中的一项或者多项不起诉。"这一规定主要适用于涉案企业有如实供述涉嫌犯罪事实,有重大立功或者案件涉及国家重大利益的,经最高人民检察院核准后,检察机关可作出不起诉决定的情形。

(撰稿人:彭玉)

150 检察机关在推进全国"合规不起诉"试点工作中已取得哪些成效?

2020年3月,最高人民检察院(以下简称最高检)部署在全国4个省份的上海浦东、金山,江苏张家港,山东郯城,广东深圳南山、宝安6个基层检察院开展初步试点;2021年3月以来,又在北京、上海等10个省份部署开展第二期改革试点,试点范围扩展到62个市级院、387个基层院;2022年4月,在全国检察机关全面推开涉案企业合规改革试点工作部署会上,决定将在全国范围内全面推开涉案企业合规改革试点工作。两年多来,在中央有关部门和试点地区党委政府的关心支持下,试点工作扎实推进,达到了预期目的,为全面推开奠定了坚实基础。经梳理,检察机关在推进全国涉案企业合规改革试点工作中取得的成效主要包括以下几个方面:

一是加强顶层设计、强化对下指导,探索建立了一套涉案企业合规运行机制。2020年11月,最高检成立企业合规问题研究指导工作组,统筹推进理论研究与实务指导。组织制定涉案企业合规管理体系建设基本标准和有效性评估标准,编发改革试点参考文件。创刊《企业合规改革动态》,累计已编发42期。高度重视案例培育工作,已发布企业合规典型案例三批15件。各试点院积极探索，有的创新合规模式，有的建立异地合规协作机制等，形成一批有益的经验做法。

二是突出改革重点、引入专业力量，初步形成了企业合规第三方监管合力。2021年6月，最高检会同全国工商联等8部门制定发布《关于建立涉案企业合规第三方监督评估机制的指导意见(试行)》，此后又接续印发实施细则和专业人员选任管理办法两个配套文件。2021年9月，第三方监督评估机制管委会正式成立。全国工商联会同第三方机制成员单位高质量遴选确定国家层面第三方机制专业人员库第一批入库人员。10个试点地区全部会签印发省级第三方机制规范性文件，成立第三方机制管委会，7个试点地区已建成省级专业人员库，第三方机制已开始实质化、专业化运行。

三是坚持规范有序、注重办案效果，依法办理了一批合规案件。截至2022年4月，10个试点省份共办理涉企业合规案件766件，其中适用第三方机制案件503件；部分非试点省份检察机关主动根据本地情况在试点文件框架内探索推进相关工作，办理合规案件223件，其中适用第三方机制案件98件，案件类型不断丰富、拓展。在办案过程中，各地准确把握改革内涵，将涉案企业合规改革与贯彻少捕慎诉慎押刑事司法政策、落实认罪认罚从宽制度有机结合，同步衔接推进涉企"挂案"清理，加强行刑衔接，确保了办案政治效果、社会效果、法律效果的有机统一。

(撰稿人：彭玉)

151 检察机关推进"合规不起诉"是否超越自己的职责范围?

不超越。检察机关推进"合规不起诉"完全在其职责范围之内,不存在超越职权范围的情况。检察机关推进"合规不起诉"是检察机关对于办理的涉企刑事案件,在依法作出不批准逮捕、不起诉决定或者根据认罪认罚从宽制度提出轻缓量刑建议等的同时,针对企业涉嫌具体犯罪,结合办案实际,督促涉案企业作出合规承诺并积极整改落实,促进企业合规守法经营,减少和预防企业犯罪,实现司法办案政治效果、法律效果、社会效果的有机统一。

检察机关开展企业合规改革,旨在充分发挥检察职能,加强对民营经济平等保护,更好落实依法不捕不诉不提出判实刑量刑建议等司法政策,既给涉案企业以深刻警醒和教育,防范今后可能再发生违法犯罪,也给相关行业企业合规经营提供样板和借鉴,为服务"六稳""六保",促进市场主体健康发展,营造良好法治化营商环境,推动形成新发展格局,促进经济社会高质量发展,助推国家治理体系和治理能力现代化提供新的检察产品,贡献更大检察力量。整个过程检察机关都是依法履职,并未超越现行法律的规定。因此可以说,检察机关推进"合规不起诉"完全在其职责范围之内,不存在超越职权范围的情况。

(撰稿人:彭玉)

152 哪些案件适合申请适用"合规不起诉"？

同时满足以下条件的案件适合申请适用"合规不起诉"：首先，涉案企业范围包括各类市场主体，主要是指涉案企业以及与涉案企业相关联企业。国企民企、内资外资、中大小微企业均可被纳入适用范围。其次，案件类型包括企业经济活动涉及的各种经济犯罪、职务犯罪。再次，涉案企业应不是以犯罪为目的而构建，并且涉案企业认罪认罚、停止犯罪活动、积极配合调查与其他执法活动、采取补救挽损措施、能够正常经营、具有重大的社会贡献。

（撰稿人：彭玉）

153 "合规不起诉"制度建立的目标是防止犯罪还是全面建设？

"合规不起诉"制度建立的目标同时涵盖防止犯罪与全面建设。首先，"全面建设"是企业合规不起诉制度建立的直接目标。"合规不起诉"制度使涉案企业通过合规换取不起诉处理，会直接实现涉案企业进行全面建设的目标。此外，合规不起诉制度也会引导一般企业进行积极合规建设。"全面建设"的目标得以实现。其次，"防止犯罪"是合规不起诉制度建立的根本目标。"合规不起诉"制度将不起诉决定作为涉案企业进行合规的刑事激励，这一刑事激励所带来的无犯罪记录等重大积极影响使企业具有极高的合规意愿。因此,"合规不起诉"制度可带来涉案企业积极开展合规,以及一般企业注重合规并积极进行合规建设的正向引导。涉案企业积极开展合规,可有利于其回到合规经营的道路上,并可避免后续再次犯罪,同时有利于涉案企业以后的健康可持续发展;一般企业积极进行合规建设,有利于提高企业合规运行程度,可起到预防与防止犯罪的重要作用。整体而言,"合规不起诉"制度建立的目标同时涵盖防止犯罪与全面建设,其中"全面建设"是企业合规不起诉制度建立的直接目标,"防止犯罪"是企业合规不起诉制度建立的根本目标。

(撰稿人:彭玉)

154 企业申请适用"合规不起诉",需要具备哪些法定条件?

企业申请适用"合规不起诉",需要具备以下法定条件:

一是涉案企业与责任人均认罪认罚,合规的逻辑前提是认罪认罚,企业和责任人都必须认罪。

二是停止相关犯罪活动,即停止与生产经营有关的犯罪活动,如给产品、业务、污染物排放提供一条合法的替代途径、消除掉经营模式与商业模式中的犯罪基因、犯罪因素。

三是配合调查与其他执法活动,企业要采取补救挽损措施:缴纳罚款、补缴税款、赔偿被害人被害单位,达成赔偿一致意见、修复被犯罪行为破坏的环境资源(或者提供修复补偿金)等。

四是企业能够进行正常的生产经营。

五是涉案企业具有重大的社会贡献,须经过社会公共利益检验,企业的社会贡献需评估社会公共利益受到的影响,如进出口企业、高科技产业、品牌企业、影响民生的国有企业及其子公司、企业家个人贡献、交易所大额黄金交易资格等因素。

六是提交自查报告,揭示犯罪发生的原因。合规自查报告指合规内部调查报告,是涉案企业对犯罪原因所做的专门性报告,主要揭露犯罪原因。犯罪原因可分为两种:外部诱因和内部结构性原因。外部诱因是犯罪的主要原因之一,如大环境、监管不力、野蛮生长、国家工作人员受贿问题等;内部结构性原因,不是指某个人的问题,而是指公司内部导致犯罪的结构性问题,如治理结构有缺陷(三年不开董事会、法务总地位不高没有一票否决权)、公司管理模式与管理方式(有的企业直接交给职业经理人,如北大方正)、商业模式有漏洞,公司关键业务环节失控(没有合规性审查)、第三方监管失控,客户监管失控,并购企业出现违规行为、对关键业务关键产品高风险经营环节没有法务审查等。

七是提交有针对性的合规整改计划。

(撰稿人:彭玉)

155 企业申请适用"合规不起诉",需要遵循怎样的程序?

针对企业申请适用"合规不起诉"的案件,目前存在两种模式:第三方监督考察模式与检察院考察模式。

第三方监督考察模式主要适用于涉案企业同意或自愿采取第三方监督考察评估机制的案件,一般适用于大中型涉案企业。在第三方监督考察模式中，一是涉案企业要认罪认罚，自愿适用第三方机制；二是检察机关决定启动第三方机制；三是第三方机制管委会选任第三方组织，报送检察机关审查备案；四是第三方组织督导企业制定《合规计划》，报送检察机关审查；五是考察期内，企业按照《合规计划》开展整改工作，第三方组织检查、评估《合规计划》执行情况，并向检察院汇报；六是考察期满后，第三方组织提交《合规考察报告》；七是检察机关视整改情况决定是否听证，并作出不起诉处理或者提起公诉。

检察院考察模式主要适用于小微企业合规。程序相较第三方监督考察机制要简单一些。首先，涉案企业申请或者检察机关引导下，涉案企业同意适用合规考察的，由检察机关结合案件具体情形，对符合合规考察的涉案企业做出启动合规考察决定；其次，涉案企业向检察机关提交自查报告、合规计划；再次，检察机关审查通过自查报告与合规计划；此后，涉案企业按照合规计划进行合规整改，整改结束后向检察机关起草整改报告；再次，检察机关召开听证会审查整改报告；最后，检察机关结合听证意见根据涉案企业合规整改情况作出不起诉处理或者提起公诉。

（撰稿人：彭玉）

156 哪些人和机构有权提起涉案企业合规建设申请？

以下主体有权提起涉案企业合规建设申请：

一是涉案企业，涉案企业是主要的涉案企业合规建设申请人，对于涉企案件，如果涉案企业主动申请进行合规整改，只要符合法定合规建设条件，检察机关应当批准。

二是涉案企业的关联企业,如与案件密切相关的涉案企业的母公司、子公司、代理公司等。

三是涉案企业的实际控制人或负责人,也可以有权向办案的检察机关提起涉案企业合规建设申请。对于符合法定合规建设条件的,检察机关应当作出批准决定。

四是检察机关针对所办涉企案件,对于符合企业合规建设条件的,可以主动引导涉案企业进行合规建设。

(撰稿人:彭玉)

157 多罪涉案企业是否需要全部认罪才能进行合规建设?

这个问题涉及对涉案企业合规整改启动条件的规范把握。2021年6月,最高人民检察院、司法部、财政部等九部门联合印发了《关于建立涉案企业合规第三方监督评估机制的指导意见(试行)》,该指导意见第4条明确列举了适用涉案企业合规整改的3个前提条件,其中"涉案企业、个人认罪认罚"是居于首位的判断依据,直接决定了涉案企业能否进行合规建设。启动涉案企业合规整改工作的要求是对案件事实在总体上已经查清,或者对案件基本事实已经查清,达到法定的证明标准。只有这样才能全面、准确地把脉涉案企业存在的各项问题或者管理漏洞,形成相对完整、针对性强、比较有效的合规整改方案,充分体现企业的认罪认罚态度,或者说这样涉案企业提交的合规计划才具有可行性、有效性与全面性,合规工作也得以顺利开展和推进。并且,不是所有类型的企业犯罪都适合进行合规建设。

又根据2019年10月最高人民法院、最高人民检察院、公安部、国家安全部、司法部制定的《关于适用认罪认罚从宽制度的指导意见》第6条规定,将认罪认罚中的"认罪"界定为"犯罪嫌疑人、被告人自愿如实供述自己的罪行,对指控的犯罪事实没有异议",且在犯数罪的情况下,仅如实供述其中一罪或部分罪名事实的,全案不能认定为"认罪"。合规建设旨在重构涉案企业的内部治理机制,预防未然之罪,降低再犯可能性,否则就无法实现制度价值,浪费司法资源,没有合规整改必要性。如果涉案企业或其人员对指控的犯罪事实和罪名等不予认可,或者部分认可,不全面停止涉罪违规违法行为,便不能判断其真实的合规意愿,难以针对性地为其建构合规风险防控机制并如期收获整改实效,亦很难帮助其形成正确的违法性认识,完整消除其内在的犯罪基因。再结合《关于建立涉案企业合规第三方监督评估机制的指导意见(试行)》第12条第2款,即使开始合规建设后,在合规考察期内,第三方组织发现涉案企业或其人员尚未被办案机关掌握的犯罪事实或者新实施的犯罪行为,也应当中止第三方监督评估程序。因此,综合来看,涉案企业在同时触犯多个罪名的情况下,只有全部认罪,对案件事实查清后,才能对其进行合规建设。

(撰稿人:李淮)

158 追缴违法所得、补缴税款和滞纳金是否为适用"合规不起诉"之必须前提?

追缴违法所得是行政机关的法定职责,同时,积极退还违法所得表明犯罪嫌疑人或被告人的主观恶意不大,是刑事执法司法机关对涉案企业或其人员作出司法处理时的重要考量因素。补缴税款和滞纳金是违法犯罪行为主体的法定义务，也是其能否取得"合规不起诉"这一政策红利的基础条件。可以说，追缴或者退出违法所得、补缴税款和滞纳金应该作为适用"合规不起诉"的必须前提。检察机关在决定启动涉案企业合规之前需要完成大量的工作，对涉案企业能否开展合规建设的必要性、可行性作出全面审查和科学判断。首先，按照《关于建立涉案企业合规第三方监督评估机制的指导意见（试行）》的要求，涉案企业适用企业合规试点以及第三方机制的要件之一就是能够正常生产经营，承诺建立或者完善企业合规制度，具备启动第三方机制的基本条件。其次，根据2022年4月全国工商联、最高人民检察院、司法部等九部委联合制发的《涉案企业合规建设、评估和审查办法（试行）》在"涉案企业合规建设"篇章部分的第3条，明确提出涉案企业不仅要全面停止涉罪违规违法行为，还要退缴违规违法所得、补缴税款和滞纳金并缴纳相关罚款。如果涉案企业未上缴违法所得或补缴税款和滞纳金并缴纳相关罚款，不仅难以充分把握其认罪认罚的决心与合规承诺的真实性，也表明涉案企业生产经营活动出现难以克服的异常情况，对其施以补救成功的可能性不大，不符合涉案企业合规整改的目的要求。而且，事前若不提出履行义务的要求，事后可能会发生没收违法所得等"不了了之"的现象。

并且，从2021年6月3日最高人民检察院发布的第一批企业合规改革试点典型案例之"上海市A公司、B公司、关某某虚开增值税专用发票案"来看，犯罪嫌疑人也是如实供述犯罪事实并补缴涉案税款，在没有给国家造成税款损失的前提下，才开展合规建设，获得从宽处理的结果。此外，基于"行刑衔接"的制度逻辑，纵然是检察机关决定不起诉的案件，根据《刑事诉讼法》第177条第3款的规定，需要没收被不起诉人违法所得的,应当依法向有关主管机关移送并提出处理的检察意见。综上,只有适格的涉案企业才能获准进行合规建设,而在未追缴违法所得、不补缴应纳税款、不缴纳滞纳金的情况下,对涉案企业不宜适用"合规不起诉"。

(撰稿人:李淮)

159 企业缴纳行政罚款是否为适用"合规不起诉"之必须前提?

企业缴纳行政罚款是履行行政机关依法作出的行政处罚决定,原则上说,只有企业案发后及时全额补缴所欠所有税款、滞纳金,接受并缴纳行政罚款,使得国家挽回损失,行政法律义务得以实现,加上犯罪情节轻微、社会危害性较小或者被消除之后,才能适用合规不起诉。亦即,企业缴纳行政罚款应该作为适用合规不起诉的必要条件。从目的解释来看,基本上符合《涉案企业合规建设、评估和审查办法(试行)》第3条关于"缴纳相关罚款"的规范旨趣。从企业合规原理分析,涉案企业要想真正实施合规整改、进行制度重塑,首先就必须采取积极的补救措施,有效修复受损的法益,而缴纳行政罚款则是采取补救措施的一类重要表现。从执法司法实践审视,由于行政罚款的作出权在于行政机关,检察机关在实施合规不起诉之时,如果事前不责令涉案企业采取相应的补救措施,后期只能提出进行行政处罚的检察意见,容易留下涉案企业逃脱应有的行政处罚等"后遗症",增加额外的成本,还可能会对合规改革试点工作产生一定消极影响。

但是,相关机关部门也不能搞一刀切、绝对化处理,仍然需要具体情况具体分析,从而避免出现企业一方面享受到合规不起诉的制度激励,却逃脱了行政法律责任的承担,另一方面愿意履行行政法律责任,只是需要给予一定的时间或其他支持,却失去了进行合规建设的机会,伤及合规制度的运作初衷。通常,企业不能缴纳行政罚款,主要有几种原因:一是企业有能力缴纳却不缴纳行政罚款,二是企业目前受制于经营状况而无力缴纳行政罚款,三是行政罚款的数额较大,企业的现有资金不足以全额缴纳。至于第一种情形,属于主观恶意,自然不得适用;而对于第二、第三种情形需要进行综合考察,平衡利弊之后作出决定。如果企业已不能维持正常的经营活动,通过合规整改也无法挽救,自然不予适用;如果在合规整改的策应下,确有困难、无法一次性缴纳罚款的企业能够恢复生机、重新发展起来,就应该视情允许其开展合规,这也是支持行政罚款收缴成功。但是检察机关在对涉案企业适用合规不起诉之前,应当推动涉案企业与行政机关达成和解协议,就缴纳罚款的次数、额度、时间以及相应的从轻或减轻条件进行约定,并将其纳入合规监管协议中的条款,或者责令涉案企业写入合规承诺书,以便有效地施加压力,切实督促企业履行义务。为确保这一方案妥善执行,需要先由检察机关会同其他部门研究制定操作规范,统一认识和标准,探索成熟后再由立法机关在法律层面予以吸收,逐渐优化、充实制度支撑。

(撰稿人:李淮)

160 申请适用"合规不起诉"时,企业合规建设有效性评价标准?

企业合规建设的有效性评价标准囊括涉案企业合规整改标准、合规监管人监督评估标准、检察机关审查验收标准,为合规建设成效是否符合要求提供了客观的判定依据。并且,只有经过实践充分检验和多元指标评判为有效的合规计划,催生出预防、阻止企业内部违法犯罪的功效,才能符合《涉案企业合规建设、评估和审查办法(试行)》第 2 条规定,成为适用"合规不起诉"、获得各种宽缓处理的正当事由。首先,从 2022 年 5 月中国中小企业协会发布的 T/CASMES 19—2022《中小企业合规管理体系有效性评价》团体标准来看,将合规管理体系有效性界定为"识别、监控和处置合规风险,形成合规文化的实效及其程度,包括合规计划制定、合规计划执行和合规计划实施结果的有效性";将合规管理体系有效性评价确立为对合规管理机构设置和职责配置、合规风险识别、合规风险应对和持续改进、合规文化建设等四个方面的评价,同时依序设定了各自的评价指标体系,具有较强的实操性。其次,按照 2022 年 7 月中国企业评价协会发布的 T/CEEAS 002—2022《企业合规管理体系有效性评价》团体标准,合规管理体系有效性是指"组织所建立的合规管理体系运行过程和结果实现预期目标的程度,包括合规管理体系文件有关的规范性文件与 ISO 37301 要求的符合性、实施过程与规范性文件的符合性、实施结果实现企业合规目标的程度和持续改进的成果",并从企业环境、领导作用、体系策划、体系支持、体系运行、绩效评价、体系改进等七个方面建构了具体的评价指标体系。此外,上述两份文件都强调适用最新的国际标准 ISO 37301 国际标准中界定的术语和定义,这对于有效性标准制定具有一定的借鉴意义。需要注意的是,大中小微企业的合规建设有效性标准有所区别,适用不同类型的专项合规建设有效性标准也要体现独特性,不仅应有合规政策体系、组织体系、流程体系等共通的合规要素,将合规文化是否养成并成功融入企业文化作为合规建设有效性的核心或者根本标准,还应与犯罪治理或风险防范的个性化要求相吻合。

（撰稿人：李淮）

161 申请适用"合规不起诉"时，是否要依据 GB/T 35770—2022 标准或者 ISO 37301—2021 标准？

　　GB/T 35770 国家标准是推荐性国家标准，是国际标准 ISO 37301 国际标准的等同转换版本，汇集了获得广泛认可的合规管理理论和最佳实践，经国家质量监督检验检疫总局、国家标准化管理委员会批准、发布，属于我国现行合规管理体系标准。ISO 37301 国际标准是国际标准化组织制定的现行国际标准，也是一个最低限度的国际标准，属于对 ISO 19600 标准的修订和替代。我国相关组织同步启动了 GB/T 35770—2017 的修订工作，已于 2022 年 10 月完成。根据《标准化法》第 2 条规定，推荐性标准处于"国家鼓励采用"的制度定位。这与 2022 年 8 月国务院国资委公布的《中央企业合规管理办法》不同，该办法是部门规章，明确要求"中央企业应当根据本办法，结合实际制定完善合规管理制度，推动所属单位建立健全合规管理体系。"因此，在适用"合规不起诉"时，GB/T 35770 国家标准或者 ISO 37301 国际标准并非依据性文件，不是法定的前置条件，不能产生强制拘束力，而是具有重要的参照价值，有利于科学设计企业的合规管理体系，提升企业的合规管理能力，全面做实合规风险防控机制。虽然 GB/T 35770 国家标准或者 ISO 37301 国际标准没有必须依据的硬性要求，但是纵观现实情况，通过适用前述标准形成的有效性合规建设，取得较好的合规成效，在结果上就能够受到检察机关决定是否不起诉时的倾向性支持或者潜在帮助、加分项,从而具备"软法"性质,同样达到预期的目的,实现成本效益的最佳化状态。

(撰稿人:李淮)

162 申请适用"合规不起诉"时,企业合规建设包括哪些主要内容?

综合考虑涉案企业情况和实际工作需要,涉案企业应当提交单项或者多项合规计划,小微企业则可以视情作出简化,同时均要对合规计划的承诺完成时限予以明确。比如,在最高人民检察院《涉案企业合规典型案例(第三批)》(2022年8月10日发布)之"江苏F公司、严某某、王某某提供虚假证明文件案"中,针对涉案的小微企业,检察机关就该企业涉案的房地产估价业务开展简式合规,指导企业修订合规计划,直接进行合规监管、评估。根据《关于建立涉案企业合规第三方监督评估机制的指导意见(试行)》第11条第2款,涉案企业提交的合规计划,主要围绕与企业涉嫌犯罪有密切联系的企业内部治理结构、规章制度、人员管理等方面存在的问题,制定可行的合规管理规范,构建有效的合规组织体系,健全合规风险防范报告机制,弥补企业制度建设和监督管理漏洞,防止再次发生相同或者类似的违法犯罪。并且,在内容上应该至少包括合规管理规章制度、合规审查监督体系、合规风险预警和应对机制、合规审查评估机制、违规行为上报机制、合规奖惩和纪律处分程序、合规文化培养体系、其他合规事项等。至于涉案企业提交的专项合规计划,则主要包括金融监管、知识产权、市场交易、财务税收、安全生产、环境保护、劳动用工以及其他与企业生产经营活动相关的领域。值得注意的是,《涉案企业合规建设、评估和审查办法(试行)》在第 2 章专章 10 个条文对涉案企业合规建设作出规定,覆盖合规管理体系制定的全部流程事项,比如作出合规承诺并明确宣示,成立合规建设领导小组,设置合规管理机构或者管理人员,提供人力物力保障,建立健全合规管理的制度机制,建立监测、举报、调查、处理机制,建立合规绩效评价机制,建立持续整改、定期报告等机制,等等,为企业合规建设的开展提供了具体的工作要求和有效的操作指引。

(撰稿人:李淮)

163 "合规不起诉"中,企业合规评估包括哪些主要内容?

在涉案企业合规建设过程中,为切实预防和杜绝"纸面合规""假合规"或者虚假整改等不良情形的出现,最高人民检察院协同国务院国资委、全国工商联等多个部门建立第三方监督评估机制,成立第三方机制管理委员会,对涉案企业合规承诺、整改进行客观、公正、有效的监督评估。并且,评估报告将作为检察机关决定是否不起诉的重要参考。一般来说,在开展企业合规评估之时,第三方组织应当遵循适当性、有效性和充分性标准,对合规管理制度情况、合规体系运行情况、合规运行保障情况、合规环境建设情况以及其他与合规整改密切相关的情况等内容予以重点检查评估。《涉案企业合规建设、评估和审查办法(试行)》第 14 条作出进一步细化规定,强调对涉案企业合规整改计划和相关合规管理体系进行有效性评估之时,应该重点关注六个方面的内容,即一是对涉案合规风险的有效识别、控制,二是对违规违法行为的及时处置,三是合规管理机构或者管理人员的合理配置,四是合规管理制度机制建立以及人力物力的充分保障,五是监测、举报、调查、处理机制及合规绩效评价机制的正常运行,六是持续整改机制和合规文化已经基本形成。为了保证检查评估的顺利实施,可以结合涉案企业涉嫌犯罪有关情况,采取多种方式方法,比如实地观察、个人访谈、文本审查、问卷调查、知识测试;对涉案企业的相关业务与管理事项,按照业务发生频率、重要性及合规风险的高低进行抽样检查,从确定的抽样总体中抽取足额样本,对样本的符合性作出判断;对涉案企业的相关业务处理流程开展穿透式检查,检查与其相关的原始文件,并根据文件上的业务处理踪迹,对流程予以追踪,对相关管理制度与操作流程的实际运行情况进行验证;对涉案企业开展相关系统及数据检查,重点检查业务系统中权限、参数设置的合规性,并调取相关交易数据,将其与相应的业务凭证或其他工作记录相比对,以验证相关业务是否按规则进行。

(撰稿人:李淮)

164 "合规不起诉"中,企业合规建设审查包括哪些内容?

首先,《关于建立涉案企业合规第三方监督评估机制的指导意见(试行)》第12条明确提出,第三方组织要对涉案企业合规计划的可行性、有效性与全面性进行审查。其次,根据2021年11月最高人民检察院、司法部、财政部等九部门联合印发的《〈关于建立涉案企业合规第三方监督评估机制的指导意见(试行)〉实施细则》第29条,第三方组织重点审查四个方面的内容,具体有:一是涉案企业完成合规计划的可能性以及合规计划本身的可操作性,二是合规计划对涉案企业预防治理涉嫌的犯罪行为或者类似违法犯罪行为的实效性,三是合规计划是否覆盖涉案企业在合规领域的薄弱环节和明显漏洞,四是其他根据涉案企业实际情况需要重点审查的内容。最后,按照《涉案企业合规建设、评估和审查办法(试行)》第16条与第17条规定,第三方机制管委会和检察机关收到第三方组织报送的合规考察书面报告后,重点审查三个方面的内容:一是第三方组织制定和执行的评估方案是否适当,二是评估材料是否全面、客观、专业,足以支持考察报告的结论,三是第三方组织或其组成人员是否存在可能影响公正履职的不当行为或者涉嫌违法犯罪行为。如果审查中发现疑点和重点问题,检察机关可以要求第三方组织或其组成人员说明情况,也可以直接进行调查核实。就小微企业提交的合规计划和整改报告而言,在审查方面可以适当简化,检察机关重点审查合规承诺的履行、合规计划的执行、合规整改的实效等内容。

(撰稿人:李淮)

165 如何在申请适用"合规不起诉"的企业合规建设中,处理全面合规和专项合规的关系?

首先,从概念上看,所谓专项合规,是指面向企业经营活动中涉及某个特定领域或者事项的合规风险建设并实行的合规管理体系,如反商业贿赂、反垄断和反不正当竞争、数据保护、知识产权、税收、劳动雇佣等,亦称"小合规"。行业、业务、规模等的差别可能需要建立不同的专项合规,而每一个专项合规管理体系都应当同时包含合规的组织环境、领导作用、体系策划、体系支持、体系运行、绩效评价、持续改进"七要素",而不能省略某个要素或者只具备某些要素;所谓全面合规,则是围绕企业经营活动主要领域合规风险建设并实行的多个专项合规管理体系，一般是由两个以上的、必要的专项合规组成的复合型合规管理体系，但不必然会覆盖全部的专项合规，也称"大合规"。其次，从制度定位看，坚持以全面合规为目标、专项合规为重点是从《关于建立涉案企业合规第三方监督评估机制的指导意见（试行）》到《涉案企业合规建设、评估和审查办法（试行）》形成的制度共识，这一项规定非常清晰地指出了全面合规和专项合规两者之间的总体关系，也说明涉案企业合规既不能只是"头痛医头、脚痛医脚"，也不能总是"头部生病，治疗全身"，背离合规整改的基本规律。并且，《涉案企业合规建设、评估和审查办法（试行）》进一步强调，根据规模、业务范围、行业特点等因素变化，逐步增设必要的专项合规计划，推动实现全面合规。由此表明，从专项合规到全面合规，是企业合规管理体系发展和完善的必然选择和未来目标。最后，从演进路径看，专项合规走向全面合规，主要有三条进阶步骤：其一，扎实办好专项合规，强化合规基础建设。"一次小专项，是一回大实验"坚持问题导向，针对案涉事项或者可能的合规风险点，着重采取针对性的制度纠错措施，完善合规制度，健全合规评估、审查等机制，凝聚合规共识，提升合规能力，更新合规理念，普及合规文化，建立有效的专项合规体系。但是，一个企业不可能只做一个单项合规。其二，适时开展全面合规，系统建构合规管理体系。全面合规不是专项合规数量上的简单相加或者拼凑汇总，应该充分考虑必要性与可行性，以专项合规为起点或地基，准确把握企业的运作情况，不断增设专项合规，逐步形成全面的、系统的、妥当的合规管理体系。当然，也不存在一个完全适用于所有企业的全面合规模式。其三，追求企业自我良好治理，实现企业治理体系和治理能力现代化。

（撰稿人：李淮）

166 涉案企业合规建设中对于银行账户查封、电脑、账册如何处理？

企业合规建设的基础是案件事实清楚，证据确实充分，认定的罪名无争议，犯罪嫌疑人、犯罪嫌疑单位自愿认罪认罚。因此，对于银行账户查封，以及扣押的电脑、账册等，应根据刑事案件证据的有关规定依法处理，同时要考虑案件性质和物品性质。如果相关物品与案件无关，或者案件本身没有罚金、补缴款项或没有赔偿被害人/投资人需求的，检察机关应当督促公安机关及时归还，对于公安机关错误扣押、冻结、查封的，应及时纠正。如果存在罚金、补缴款项或有赔偿被害人/投资人需求的，应当考虑是结案后处理还是民刑同步处理。如果是民刑同步的，可以直接予以缴纳、支付；如果不同步的，应当继续扣押至案件最终处理结束。检察机关在审查起诉时，会认真审查涉企案件的扣押、冻结、查封事项，确保跟案件无关的涉案财物能够及时归还、相关账户能够及时解冻或者解除查封。

银行账户、电脑、账册跟案件有关的，既不适宜及时归还，又跟企业经营密切相关，继续查封、冻结或扣押会影响企业正常经营发展的，检察机关应做如下处理。一是改变固定证据的方式，选择不需要保存原物的方式固定证据。比如，对于电脑，可以优先选择提取电子数据的方式来固定；对于账册等，可以依法复印（也可以考虑复印件暂时归还）；对于银行账户的查封，可以要求以等额资金的"拟担保"方式来替代账户查封。二是及时对涉案财物进行"扣押必要性"审查，如果确实已经没有必要再行扣押、冻结、查封的应及时解除。三是对于在企业合规建设中需要了解的账户信息、电脑数据及账目信息,则应当提高办案人员的保密意识,确保不因企业合规建设而泄露涉案企业的经营秘密。

(撰稿人:季美君)

167 如果因经营需要对涉案企业责任人员改变强制措施,怎样做才能不致因此泄漏办案秘密?

  检察机关在办理涉案企业案件时,通常会分涉案企业和涉案企业责任人员两个方面来考虑。涉案企业有责任的,就承担其该承担的责任,涉案企业可以通过合规程序来解决。而涉案企业人员,若需要承担责任并被采取强制措施的,因经营需要改变强制措施时,其实不存在泄露办案秘密问题。因目前全国各级检察机关都在加大力度贯彻落实少捕慎诉慎押这一司法政策,各地的羁押率越来越低,不捕率、不起诉率越来越高,取保候审已成为一种常态。如浙江某基层检察院,当前的羁押率只有25.5%,而不起诉率却高达32%。因此,要是涉案企业自愿认罪认罚,同时涉案企业的责任人员也愿意认罪认罚,又因经营需要,其被取保候审的可能性就很大。"取保是常态,羁押是例外"将成为办理刑事案件的一条原则。事实上,这跟普通刑事案件中的犯罪嫌疑人的"待遇"没什么本质区别。

  因此,就一个普通刑事案件而言,需要对涉案企业责任人员改变强制措施时,则其本人也应遵守取保候审或者监视居住的有关规定,在强制措施期间违反规定的,应当及时予以变更。事实上,不导致案件泄密是变更强制措施的重要前提。如果存在泄密风险的,证明嫌疑人并不适合取保候审。只有确定嫌疑人不知晓秘密或者相信不会泄密的前提下,才能变更强制措施。对于可能"泄密"的,检察机关可采取下列措施:一是加强管理,即对处于强制措施期间的涉案人员加强管理,并明确提醒执行机关,要对该人员加强监控管理;二要加强科技手段的运用。目前,不少基层检察院,对取保候审人员的管理已十分科学,可以采用手机APP予以控制,一打开相关的APP,犯罪嫌疑人的行踪就一目了然。这是大数据智慧化时代,科技手段在强制措施执行过程中的运用。比如,"非羁码"的推广使用等;三要加快案件办理速度,提高办案效率。

(撰稿人:季美君)

168 何为"合规不起诉"第三方监督机制?

"合规不起诉"第三方监督机制又称为涉案企业合规第三方监督评估机制,是指人民检察院在办理涉企犯罪案件时,对符合企业合规改革试点适用条件的,交由第三方监督评估机制管理委员会选任组成的第三方监督评估组织,对涉案企业的合规承诺进行调查、评估、监督和考察。考察结果将作为人民检察院依法处理案件的重要参考。

2021年,在第三届民营经济法治建设峰会上,最高人民检察院会同全国工商联等八部门,正式成立涉案企业合规第三方监督评估机制管理委员会,司法、执法、行业监管等各方面多领域协同开展第三方监督评估,担起了市场主体"老娘舅""娘家人"的共同责任。2021年6月,最高人民检察院、司法部、财政部、生态环境部、国务院国有资产监督管理委员会、国家税务总局、国家市场监督管理总局、全国工商联、中国国际贸易促进委员会联合印发《关于建立涉案企业合规第三方监督评估机制的指导意见（试行）》，从国家层面部署建立涉案企业合规第三方监督评估机制。2022年，全国层面由九部门组成的第三方监督评估委员会再次扩员，人力资源和社会保障部、应急管理部海关总署、证监会申请加入，对处理劳动用工类、进出口类、金融类犯罪起到积极作用。

在地方层面，各部门可以结合本地实际，组建本地区的第三方机制管委会。例如，2021年，江苏省张家港市成立了由32家部门、镇（区）为成员单位的合规监管委员会，负责制定企业合规建设工作指引、组建专门的合规监管人队伍等事宜。

第三方监督评估机制相关工作是各成员单位深入贯彻落实习近平总书记重要指示精神和党中央重大决策部署，充分发挥各部门职能作用，助力推进国家治理体系和治理能力现代化的重大改革创新举措，对于依法平等保护各类市场主体、营造法治化营商环境、加快构建国内国际双循环新发展格局具有十分重要的作用。

（撰稿人：任肖容）

169 检察机关为什么要在"合规不起诉"中推进第三方监督评估机制？

涉案企业合规整改并不是突破罪刑法定，对企业家或企业进行"放水"。涉案企业需要针对涉案合规风险建立健全专项合规体系，切实起到防范同类犯罪发生的作用。为此，需要建立专业机制对企业合规进行监管。检察机关推进第三方监督评估机制主要出于以下几方面的考虑：

一是保持客观中立。检察机关作为办案机关，若同时作为涉案企业特别是案情疑难复杂案件的合规考察评估机关和最终确定是否合规的决定机关,难免有"既做运动员又当裁判员"之嫌。因此,为了恪守客观公正原则、保持中立,检察机关有必要建立第三方评估机制,保证检察主导而非检察主办。

二是提升办案水平。检察机关办案人员是法律方面的专家,但涉案企业合规案件却涉及其他专业领域知识。若在合规改革中"检察一家独大"会受限于专业知识不足。因此,需要建立第三方评估机制"万花齐放",提升合规专业权威标准。当前涉案企业合规人员库由各行业、各领域的专业人才组成,在确保"真合规、真整改",避免合规走过场方面贡献了专业智慧,扩展了企业合规"工具箱"。

三是凝聚多方合力。检察机关以涉企案件为切口,可以带动企业合规经营,有助于提高企业对合规经营重要性的认识。但由于案件范围等条件限制,涉案企业合规案件整改只能涵括一小部分企业。为了促进前端预防、落实诉源治理、提升行业规范、保证行刑衔接,检察机关有必要通过建立第三方监督评估机制带动更多主体参与到企业合规改革之中。实践中,地方通过第三方监督评估机制的运用,多方共同促进、协力规范,或达成涉案企业合规评估结论互认共识,或对完成合规评估的企业给予相关行政激励,或在涉案企业合规整改完成后接棒检察机关协助推进企业常态监管。第三方监督评估机制的建立切实提升了办案质效,扩大了企业合规的"朋友圈"。

(撰稿人:任肖容)

170 第三方监督评估机制的人才库如何组成?

根据《涉案企业合规第三方监督评估机制专业人员选任管理办法

(试行)》规定,第三方监督评估工作的相关领域专业人员,主要包括律师、注册会计师、税务师(注册税务师)、企业合规师、相关领域专家学者以及有关行业协会、商会、机构、社会团体的专业人员。生态环境、税务、市场监督管理等政府工作部门中具有专业知识的人员可以被选任确定为第三方机制专业人员,或者可以受第三方机制管委会邀请或者受所在单位委派参加第三方组织及其相关工作,其选任管理具体事宜由第三方机制管委会与其所在单位协商确定。有关政府工作部门所属企事业单位中的专业人员可以被选任确定为第三方机制专业人员,参加第三方组织及其相关工作。

第三方监督评估机制人才库根据范围的不同,分为国家层面的第三方监督评估机制人才库和地方层面的第三方监督评估机制人才库。地方层面的人才库一般至地市级,经省级第三方机制管委会审核同意,有条件的县级第三方机制管委会可以组建名录库。省级以下名录库的入库人员限定为本省(自治区、直辖市)区域内的专业人员。因专业人员数量不足未达到组建条件的,可以由省级第三方机制管委会统筹协调相邻地市联合组建名录库。

人才库以个人作为入库主体,不得以单位、团体作为入库主体。多地已对第三方机制人才库的组成进行了有益探索,结合本地实际制定了相关规范性文件,例如《山东省涉案企业合规第三方监督评估机制专业人员选任管理办法(试行)》《甘肃省涉案企业合规第三方监督评估机制专业人员选任管理办法(试行)》《四川省涉案企业合规第三方监督评估机制专业人员选任管理实施细则(试行)》等。

(撰稿人:任肖容)

171 进入第三方监督评估机制人才库人员要注意的"回避问题"有哪些?

2021年6月颁行的《关于建立涉案企业合规第三方监督评估机制的指导意见(试行)》规定了第三方组织及其组成人员应当履行的义务,其中就包括利益回避问题。其第17条第2款规定:"第三方组织组成人员系律师、注册会计师、税务师(注册税务师)等中介组织人员的,在履行第三方监督评估职责期间不得违反规定接受可能有利益关系的业务;在履行第三方监督评估职责结束后一年以内,上述人员及其所在中介组织不得接受涉案企业、个人或者其他有利益关系的单位、人员的业务。"

2021年11月《〈关于建立涉案企业合规第三方监督评估机制的指导意见(试行)〉实施细则》颁行,其第38条规定:"第三方组织组成人员系律师、注册会计师、税务师(注册税务师)等中介组织人员的,在履行第三方监督评估职责期间不得违反规定接受可能有利益关系的业务;在履行第三方监督评估职责结束后二年以内,上述人员及其所在中介组织不得接受涉案企业、人员或者其他有利益关系的单位、人员的业务。"该条对指导意见的利益回避条款进行了调整,将回避时间由原来的"一年"增加至"二年"。考虑到实施细则颁布晚于指导意见,按照"新法优于旧法"原则,利益回避时间应以两年为准。因此,进入第三方机制人才库人员与其所在单位在履行第三方监督评估职责后两年内不能接受利益冲突方的法律咨询或其他专业服务,与涉案企业无关的服务不受此条所限。

第三方机制人才库人员若违反利益回避义务,第三方机制管委会应当及时将其调整出库。第三方机制管委会发现第三方机制专业人员的行为涉嫌违规的,应当及时向有关主管机关,或其所在单位或者所属有关组织反映情况、提出惩戒或者处理建议;涉嫌违法犯罪的,应当及时向有关机关报案或者举报。

(撰稿人:任肖容)

172 第三方监督评估机制的组织架构、人员数量、议事规则是什么?

1. 组织架构

第三方评估机制的议事协调机构为第三方机制管委会,承担对第三方机制的宏观指导、具体管理、日常监督、统筹协调等职责,确保第三方机制依法、有序、规范运行,以及第三方监督评估组织及其组成人员依法依规履行职责。

第三方机制管委会下设办公室作为常设机构,负责承担第三方机制管委会的日常工作。办公室设在全国工商联,由全国工商联有关部门负责同志担任办公室主任,最高人民检察院、国务院国资委、财政部有关部门负责同志担任办公室副主任。

第三方组织是试点地方第三方机制管委会选任组成的负责对涉案企业的合规承诺及其完成情况进行调查、评估、监督和考察的临时性组织。

第三方机制管委会办公室牵头组建巡回检查小组,邀请人大代表、政协委员、人民监督员、退休法官、退休检察官以及会计、审计、法律、合规等相关领域的专家学者担任巡回检查小组成员,对试点地方第三方机制管委会和相关第三方组织及其组成人员的履职情况开展不预先告知的现场抽查和跟踪监督。

2. 人员数量

名录库应当分类组建,总人数不少于五十人。人员数量、组成结构和各专业领域名额分配可以由负责组建名录库的第三方机制管委会根据工作需要自行确定,并可以结合实际进行调整。

3. 议事规则

一是联席会议制度。第三方机制管委会建立联席会议机制,以联席会议形式研究制定重大规范性文件,研究论证重大法律政策问题,研究确定阶段性工作重点和措施,协调议定重大事项,推动管委会有效履职尽责。

二是召集人制度。第三方监督评估机制各成员单位建立联席会议机制,由最高人民检察院、国务院国有资产监督管理委员会、财政部、全国工商联负责同志担任召集人,根据工作需要定期或者不定期召开会议,研究有关重大事项和规范性文件,确定阶段性工作重点和措施。

三是联系人制度。联席会议设联系人,由第三方机制管委会各成员单位有关处级负责同志担任,负责日常联系沟通工作,承办联席会议成员及联络员的交办事项。

四是联络员制度。联席会议设联络员,由第三方机制管委会各成员单位有关司局负责同志担任。在联席会议召开之前,应当召开联络员会议,研究讨论联席会议议题和需提交联席会议议定的事项及其他有关工作。联络员应当根据所在单位职能,履行下列职责:(1)协调本单位与其他成员单位的工作联系;(2)组织研究起草有关规范性文件,研究论证有关法律政策问题,对有关事项或者议题提出意见建议;(3)组织研究提出本单位需提交联席会议讨论的议题;(4)在联席会议成员因故不能参加会议时,受委托参加会议并发表意见;(5)组织落实联席会议确定的工作任务和议定事项。

(撰稿人:任肖容)

173 第三方监督评估机制的经费来源?

第三方监督评估成本费用谁支付、给多少、怎么管,是关系监督评估科学合理、公平公正的关键因素,也是企业合规改革试点需要重点解决的关键问题。《涉案企业合规第三方监督评估机制专业人员选任管理办法(试行)》第27条对经费保障予以了概括规定,即"第三方机制专业人员选任管理工作所需业务经费和第三方机制专业人员履职所需费用,试点地方可以结合本地实际,探索多种经费保障模式"。

经费来源可以是第三方机制管委会各成员单位、第三方机制专业人员所在单位或者所属有关组织以及涉案企业。在地方试点过程中,基本形成了两种经费模式,分别是涉案企业自负模式和财政负担模式。采用第一种费用承担方式主要基于以下考虑:(1)从比较研究来看,由被监管企业全额承担合规费用是英美国家的普遍做法;(2)由企业全额承担监管费用可以在薪酬方面调动参与人员的积极性,保证有高质量的合规监管人员;(3)企业被要求合规建设是该企业实施危害行为所致,按要求完成合规整改义务是企业获得出罪的必要条件,因此出罪成本要由企业负担;(4)企业享受了合规整改的远期经济效益。但有学者认为该种支付方式可能会损害合规监管人的独立性,且对于中小型企业来说可能面临难以承担高昂费用的困局。例如,《宝安区促进企业合规建设委员会企业合规第三方监督评估工作办法(试行)》第 20 条规定"涉案企业聘请企业合规专业机构协助进行合规整改的,一般由企业承担咨询费用。涉案企业属于区重点扶持的企业等情况,无力承担咨询费用的,也可以申请政府扶持资金支付咨询费用。第三方监督评估工作组的考察费用由区财政承担"。

采用第二种费用承担方式主要基于以下考虑:(1)由财政支付报酬有助于保障公正性;(2)行政主管部门对犯罪嫌疑企业的监督考察属于其职权范围内的工作,相关费用理应由政府承担,不应由企业承担其履行职权的费用;(3)有学者考虑我国中小微企业的实际情况,认为在合规推进初期由执法机关分担部分合规费用具有合理性。但该种费用承担方式难以以较高的标准支付,易影响合规工作人员积极性和合规效果。该种模式较为典型的试点单位为张家港市检察院。在试点过程中,张家港市检察院对第三方监督评估成本费用进行测算后,向市委市政府争取专项经费,申请每年 170 万元纳入财政预算,并由市工商联负责账户管理、薪酬发放、日常支出等具体工作。张家港市检察院专门制定了第三方监督评估经费管理暂行办法,明确第三方组织合规监督考察、企业事前合规进行分级评定、聘请合规顾问、举办专家论坛、基础性研究探索等费用列支项目。关于第三方组织专业人员的履职报酬,采取分类激励模式。对于选任的行政机关的业务骨干,严格遵守公职人员廉洁纪律要求,采取合规履职与公务员考核、评先评优等工作相结合模式。对于选任的社会中介机构专业人员,由企业合规监管委员会确定报酬总额,按照规定流程确定报酬方案、报酬比例和收取时间。

(撰稿人:任肖容)

174 第三方监督评估机制的工作流程是什么？

第三方监督评估机制的工作大致分为三个阶段,分别为第三方组织确定阶段、监督整改阶段、解散第三方组织阶段,三个阶段的工作流程如下:

1. 第三方组织确定阶段

(1)检察院依职权审查案卷材料(企业等相关方主动申请适用涉案企业合规);(2)听取企业人员意见;(3)认为符合适用条件,将案卷材料转至管委会,商请启动第三方监督评估机制;(4)管委会办公室人员在人员库中随机抽取第三方组织并公示;(5)检察机关同意的,第三方组织成立;(6)第三方组织成员在线填报"三个规定"。

2. 监督整改阶段

(1)管委会将案件材料流转至第三方组织成员;(2)第三方组织可要求企业提供相关材料,深入了解企业情况;(3)第三方组织确定合规计划类型,要求企业提交合规计划。企业可自行或委托律所等形成并上传合规计划;(4)第三方组织对涉案企业合规计划进行审查;(5)向办案检察机关征求意见;(6)向涉案企业提出修改意见;(7)确定合规整改计划和考察期限;(8)企业定期上传合规计划执行情况,同步转办案检察机关;(9)第三方组织随时指导企业整改,并同步将意见转办案检察机关;(10)如第三方组织发现企业尚未发现的犯罪问题,终止监督评估程序,同步报办案检察机关;(11)如未有异常,期限届满第三方组织制作合规考察报告,载明不同意见(成员签名或盖章);(12)报管委会、办案检察机关。

3.解散第三方组织阶段

(1)管委会审查合规考察报告;(2)和办案检察机关确认是否认同第三方组织完成监督评估工作;(3)如管委会或办案机关不认同,管委会将合规考察报告驳回第三方组织或更换第三方组织,要求继续监督企业整改;(4)管委会和办案机关均认同合规考察报告,管委会将全部材料转办案检察机关,案件流转形成闭环;(5)管委会宣布解散第三方组织,流程结束,开始计算利益关联禁止期限。

(撰稿人:任肖容)

175 进入第三方监督评估机制专家库应具备哪些条件?

参加第三方机制的专家库人员所需条件可概括为三项。(1)专业过硬。一般第三方组织专业人员为律师、税务师、注册会计师、政府机构的专业人员,需要具备相关从业经历和相关资质。(2)品性良好。第三方机制专家申请需历经本人申请、单位推荐、材料审核、考察了解、初定人选、公示监督等程序,相关专业人员需要品行良好、高度负责参与涉案企业合规建设,经受得起社会监督。(3)其他条件:包括相关人员应有充足的履职时间,获得单位充分支持,且身体等状况适宜履职。

《涉案企业合规第三方监督评估机制专业人员选任管理办法(试行)》第6条对进入第三方监督评估机制专家库应的条件进行了规定:"第三方机制专业人员应当拥有较好的政治素质和道德品质,具备履行第三方监督评估工作的专业知识、业务能力和时间精力,其所在单位或者所属有关组织同意其参与第三方监督评估工作。第三方机制专业人员一般应当具备下列条件:(一)拥护中国共产党领导,拥护我国社会主义法治;(二)具有良好道德品行和职业操守;(三)持有本行业执业资格证书,从事本行业工作满三年;(四)工作业绩突出,近三年考核等次为称职以上;(五)熟悉企业运行管理或者具备相应专业知识;(六)近三年未受过与执业行为有关的行政处罚或者行业惩戒;(七)无受过刑事处罚、被开除公职或者开除党籍等情形;(八)无其他不适宜履职的情形。"

（撰稿人：任肖容）

176 如何启动第三方监督评估机制?

启动第三方监督评估机制有两种途径,分别为审查启动和申请启动,二者均需符合涉案企业合规案件的适用条件,均需企业自愿接受合规整改。符合审查条件后,办案检察院会商请第三方监督机制管委会根据案件情况和涉案企业特点组成第三方组织,负责对涉案企业合规整改程序的监督评估等工作。

审查启动。人民检察院在办理涉企犯罪案件时,应当注意审查是否符合企业合规试点以及第三方机制的适用条件,并及时听取涉案企业、人员的意见。经审查认为符合适用条件的,应当商请本地区第三方机制管委会启动第三方机制。

申请启动。涉案企业、人员及其辩护人、诉讼代理人以及其他相关单位、人员提出适用企业合规试点以及第三方机制申请的,人民检察院应当依法受理并进行审查。经审查认为符合适用条件的,应当商请本地区第三方机制管委会启动第三方机制。

组成第三方组织。第三方机制管委会收到人民检察院商请后,应当综合考虑案件涉嫌罪名、复杂程度以及涉案企业类型、规模、经营范围、主营业务等因素,从专业人员名录库中分类随机抽取人员组成第三方组织。专业人员名录库中没有相关领域专业人员的,第三方机制管委会可以采取协商邀请的方式,商请有关专业人员参加第三方组织。

(撰稿人:任肖容)

177 如何对第三方监督评估机制人员进行日常管理?

涉案企业合规第三方监督评估机制人员的日常管理是第三方机制有效运行的重要保障。根据《关于建立涉案企业合规第三方监督评估机制的指导意见(试行)》《关于建立涉案企业合规第三方监督评估机制的指导意见(试行)实施细则》《涉案企业合规第三方监督评估机制专业人员选任管理办法(试行)》的相关规定,第三方机制人员的日常管理分为涉案企业合规第三方监督评估机制管理委员会、第三方监督评估组织、涉案企业合规第三方监督评估机制专业人员的管理。

(1)第三方机制管委会下设办公室作为常设机构,负责承担第三方机制管委会的日常工作。办公室设在全国工商联,由全国工商联有关部门负责同志担任办公室主任,最高人民检察院、国务院国资委、财政部有关部门负责同志担任办公室副主任。

(2)试点地方第三方机制管委会负责对其选任组成的第三方组织及其组成人员履职期间的监督、检查、考核等工作,确保其依法依规履行职责。

(3)各级第三方机制管委会统筹协调本级第三方机制专业人员的选任、培训、考核、奖惩、监督等工作。

第三方机制专业人员根据履职需要,可以查阅相关文件资料,参加有关会议和考察活动,接受业务培训。第三方机制管委会可以通过定期考核、一案一评、随机抽查、巡回检查等方式,对第三方机制专业人员进行考核评价。考核结果作为对第三方机制专业人员奖励激励、续任或者调整出库的重要依据。第三方机制管委会对违反有关义务的第三方机制专业人员,可以谈话提醒、批评教育,或视情通报其所在单位或者所属有关组织,情节严重或者造成严重后果的可以将其调整出库,被调整出库的第三方机制专业人员应当列入名录库禁入名单。第三方机制管委会应当根据工作需要,结合履职台账、考核情况以及本人意愿、所在单位或者所属有关组织意见等,定期或者不定期对名录库人员进行动态调整。名录库人员名单调整更新后,应当及时向社会公布。

(撰稿人:高磊)

178 第三方监督评估专家库人员应如何审查、评估和考核涉案企业的合规整改?

涉案企业合规评估,是第三方组织的主要职责,也是企业合规试点工作的关键环节。根据《关于建立涉案企业合规第三方监督评估机制的指导意见(试行)》《关于建立涉案企业合规第三方监督评估机制的指导意见(试行)实施细则》《涉案企业合规建设、评估和审查办法(试行)》的相关规定。

其一,第三方组织可以根据涉案企业情况和工作需要,制定具体细化、可操作的合规评估工作方案。

其二,第三方组织对涉案企业专项合规整改计划和相关合规管理体系有效性的评估,重点包括以下内容:(1)对涉案合规风险的有效识别、控制;(2)对违规违法行为的及时处置;(3)合规管理机构或者管理人员的合理配置;(4)合规管理制度机制建立以及人力物力的充分保障;(5)监测、举报、调查、处理机制及合规绩效评价机制的正常运行;(6)持续整改机制和合规文化已经基本形成。

其三,第三方组织应当以涉案合规风险整改防控为重点,结合特定行业合规评估指标,制定符合涉案企业实际的评估指标体系。评估指标的权重可以根据涉案企业类型、规模、业务范围、行业特点以及涉罪行为等因素设置,并适当提高合规管理的重点领域、薄弱环节和重要岗位等方面指标的权重。

(撰稿人:高磊)

179 检察机关应如何处理第三方机制对涉案企业合规整改的评审结果?

涉案企业合规审查,是指负责办理案件的人民检察院对第三方组织的评估过程和结论进行审核。针对未启动第三方机制的小微企业合规,可以由人民检察院对其提交的合规计划和整改报告进行审查。人民检察院在办理涉企犯罪案件过程中,应当将第三方组织合规考察书面报告、涉案企业合规计划、定期书面报告等合规材料,作为依法做出批准或者不批准逮捕、起诉或者不起诉以及是否变更强制措施等决定,提出量刑建议或者检察建议、检察意见的重要参考。根据《关于建立涉案企业合规第三方监督评估机制的指导意见(试行)》《关于建立涉案企业合规第三方监督评估机制的指导意见(试行)实施细则》《涉案企业合规建设、评估和审查办法(试行)》的相关规定,第三方机制管委会和人民检察院收到第三方组织报送的合规考察书面报告后,应当及时进行审查,重点审查以下内容:(1)第三方组织制定和执行的评估方案是否适当;(2)评估材料是否全面、客观、专业,足以支持考察报告的结论;(3)第三方组织或其组成人员是否存在可能影响公正履职的不当行为或者涉嫌违法犯罪行为。

人民检察院对小微企业提交合规计划和整改报告的审查,重点包括合规承诺的履行、合规计划的执行、合规整改的实效等内容。

第一,对于审查中发现的疑点和重点问题,人民检察院可以要求第三方组织或其组成人员说明情况,也可以直接进行调查核实。第三方机制管委会或者人民检察院经审查合规考察书面报告等材料发现,或者经对收到的反映、异议或者申诉、控告调查核实确认,第三方组织或其组成人员存在违反《关于建立涉案企业合规第三方监督评估机制的指导意见(试行)》《关于建立涉案企业合规第三方监督评估机制的指导意见(试行)实施细则》规定的禁止性行为,足以影响评估结论真实性、有效性的,第三方机制管委会应当重新组建第三方组织进行评估。

第二,对于涉案企业合规建设经评估符合有效性标准的,人民检察院可以参考评估结论依法作出不批准逮捕、变更强制措施、不起诉的决定,提出从宽处罚的量刑建议,或者向有关主管机关提出从宽处罚、处分的检察意见。相反,对于涉案企业合规建设经评估未达到有效性标准或者采用弄虚作假手段骗取评估结论的,人民检察院可以依法作出批准逮捕、起诉的决定,提出从严处罚的量刑建议,或者向有关主管机关提出从严处罚、处分的检察意见。

第三,人民检察院发现涉案企业在预防违法犯罪方面制度不健全、不落实,管理不完善,存在违法犯罪隐患,需要及时消除的,可以结合合规材料,向涉案企业提出检察建议。人民检察院对涉案企业作出不起诉决定,认为需要给予行政处罚、处分或者没收其违法所得的,应当结合合规材料,依法向有关主管机关提出检察意见。人民检察院通过第三方机制,发现涉案企业或其人员存在其他违法违规情形的,应当依法将案件线索移送有关主管机关、公安机关或者纪检监察机关处理。

(撰稿人:高磊)

180 如何对涉案企业适用合规不批捕?

合规不批捕应当符合两大条件,一是合规有效性条件,二是不批捕条件。

第一,关于合规有效性条件。根据《关于建立涉案企业合规第三方监督评估机制的指导意见(试行)》《关于建立涉案企业合规第三方监督评估机制的指导意见(试行)实施细则》《涉案企业合规建设、评估和审查办法(试行)》的相关规定,人民检察院在办理涉企犯罪案件过程中,应当将第三方组织合规考察书面报告、涉案企业合规计划、定期书面报告等合规材料,作为依法作出批准或者不批准逮捕、起诉或者不起诉以及是否变更强制措施等决定,提出量刑建议或者检察建议、检察意见的重要参考;对于涉案企业合规建设经评估符合有效性标准的,人民检察院可以参考评估结论依法作出不批准逮捕、变更强制措施、不起诉的决定,提出从宽处罚的量刑建议,或者向有关主管机关提出从宽处罚、处分的检察意见。合规有效性应当以《涉案企业合规建设、评估和审查办法(试行)》所规定的涉案企业合规建设制度为标准。

第二,关于不批捕条件。逮捕需要具备三个条件:一是证据条件;

二是罪责条件;三是社会危险性条件。根据《刑事诉讼法》第81条规定,对有证据证明有犯罪事实,可能判处徒刑以上刑罚的犯罪嫌疑人、被告人,采取取保候审尚不足以防止发生下列社会危险性的,应当予以逮捕:(1)可能实施新的犯罪的;(2)有危害国家安全、公共安全或者社会秩序的现实危险的;(3)可能毁灭、伪造证据,干扰证人作证或者串供的;(4)可能对被害人、举报人、控告人实施打击报复的;(5)企图自杀或者逃跑的。根据《人民检察院刑事诉讼规则》第137条第2款的规定,对于被取保候审、监视居住的可能判处徒刑以下刑罚的犯罪嫌疑人,违反取保候审、监视居住规定,严重影响诉讼活动正常进行的,可以予以逮捕。

(撰稿人:高磊)

181 如何对涉案企业适用合规不起诉?

合规不起诉应当符合两大条件,一是合规有效性条件,二是不起诉条件。

(1)关于合规有效性条件。根据《关于建立涉案企业合规第三方监督评估机制的指导意见(试行)》《关于建立涉案企业合规第三方监督评估机制的指导意见(试行)实施细则》《涉案企业合规建设、评估和审查办法(试行)》的相关规定,人民检察院在办理涉企犯罪案件过程中,应当将第三方组织合规考察书面报告、涉案企业合规计划、定期书面报告等合规材料,作为依法作出批准或者不批准逮捕、起诉或者不起诉以及是否变更强制措施等决定,提出量刑建议或者检察建议、检察意见的重要参考;对于涉案企业合规建设经评估符合有效性标准的,人民检察院可以参考评估结论依法作出不批准逮捕、变更强制措施、不起诉的决定,提出从宽处罚的量刑建议,或者向有关主管机关提出从宽处罚、处分的检察意见。合规有效性应当以《涉案企业合规建设、评估和审查办法(试行)》所规定的涉案企业合规建设制度为标准。

(2)关于不起诉条件。根据《最高人民检察院关于开展企业合规改革试点工作方案》的相关要求,企业合规改革试点应与依法适用认罪认罚从宽制度和检察建议结合起来,通过适用认罪认罚从宽制度等,对涉企案件,做到依法能不捕的不捕、能不诉的不诉、能不判实刑的要提出判缓刑的量刑建议,督促企业建立合规制度,履行合规承诺;企业合规改革试点与依法适用不起诉结合起来。不起诉类型既包括《刑事诉讼法》第175条第4款规定的不起诉,也包括《刑事诉讼法》第177条第1款、第2款规定的不起诉,以及《刑事诉讼法》第182条规定的不起诉。对不起诉案件,做到应听证尽听证。

(撰稿人:高磊)

182 如何对涉案企业适用合规减轻、从轻量刑建议?

根据《关于建立涉案企业合规第三方监督评估机制的指导意见(试行)》《关于建立涉案企业合规第三方监督评估机制的指导意见(试行)实施细则》《涉案企业合规建设、评估和审查办法(试行)》的相关规定,人民检察院在办理涉企犯罪案件过程中,应当将第三方组织合规考察书面报告、涉案企业合规计划、定期书面报告等合规材料,作为依法作出批准或者不批准逮捕、起诉或者不起诉以及是否变更强制措施等决定,提出量刑建议或者检察建议、检察意见的重要参考;对于涉案企业合规建设经评估符合有效性标准的,人民检察院可以参考评估结论依法作出不批准逮捕、变更强制措施、不起诉的决定,提出从宽处罚的量刑建议,或者向有关主管机关提出从宽处罚、处分的检察意见。合规有效性应当以《涉案企业合规建设、评估和审查办法(试行)》所规定的涉案企业合规建设制度为标准。

(撰稿人:高磊)

183 涉案企业如何进行合规整改?

根据《关于建立涉案企业合规第三方监督评估机制的指导意见(试行)》《关于建立涉案企业合规第三方监督评估机制的指导意见(试行)实施细则》《涉案企业合规建设、评估和审查办法(试行)》的相关规定,涉案企业合规建设/整改包括十个方面。

(1)涉案企业应当全面停止涉罪违规违法行为,退缴违规违法所得,补缴税款和滞纳金并缴纳相关罚款,全力配合有关主管机关、公安机关、检察机关及第三方组织的相关工作。

(2)涉案企业一般应当成立合规建设领导小组,由其实际控制人、主要负责人和直接负责的主管人员等组成,必要时可以聘请外部专业机构或者专业人员参与或者协助。合规建设领导小组应当在全面分析研判企业合规风险的基础上,结合本行业合规建设指引,研究制定专项合规计划和内部规章制度。

(3)涉案企业制定的专项合规计划,应当能够有效防止再次发生相同或者类似的违法犯罪行为。

(4)涉案企业实际控制人、主要负责人应当在专项合规计划中作出合规承诺并明确宣示,合规是企业的优先价值,对违规违法行为采取零容忍的态度,确保合规融入企业的发展目标、发展战略和管理体系。

(5)涉案企业应当设置与企业类型、规模、业务范围、行业特点等相适应的合规管理机构或者管理人员。合规管理机构或者管理人员可以专设或者兼理,合规管理的职责必须明确、具体、可考核。

(6)涉案企业应当针对合规风险防控和合规管理机构履职的需要,通过制定合规管理规范、弥补监督管理漏洞等方式,建立健全合规管理的制度机制。涉案企业的合规管理机构和各层级管理经营组织均应当根据其职能特点设立合规目标,细化合规措施。合规管理制度机制应当确保合规管理机构或者管理人员独立履行职责,对于涉及重大合规风险的决策具有充分发表意见并参与决策的权利。

(7)涉案企业应当为合规管理制度机制的有效运行提供必要的人员、培训、宣传、场所、设备和经费等人力物力保障。

(8)涉案企业应当建立监测、举报、调查、处理机制,保证及时发现和监控合规风险,纠正和处理违规行为。

(9)涉案企业应当建立合规绩效评价机制,引入合规指标对企业主要负责人、经营管理人员、关键技术人员等进行考核。

(10)涉案企业应当建立持续整改、定期报告等机制,保证合规管理制度机制根据企业经营发展实际不断调整和完善。

(撰稿人:高磊)

184 合规整改通过第三方评估后,是否可以减免行政处罚?

根据《关于建立涉案企业合规第三方监督评估机制的指导意见(试行)》第14条第3款的规定,人民检察院对涉案企业作出不起诉决定,认为需要给予行政处罚、处分或者没收其违法所得的,应当结合合规材料,依法向有关主管机关提出检察意见。那么,行政机关是否可以合规整改为由减免行政处罚?对此,行政机关应当作出独立判断。在理论上,就同一项处罚事由进行两次处罚违反一事不再罚的法治原则,因此判处犯罪后往往不再进行行政处罚,行政处罚也往往可以折抵刑罚。但是,就同一项从宽事由进行两次从宽处理(滥用职权、徇私枉法等除外)是不违反法治原则的。而且,违法具有相对性。行政法和刑法的目的、功能、规制方式各不相同。在刑法学中,通说认为刑事司法应当作出独立于行政执法的判断。反之,在行政法中,行政执法也应具有自身的独立性。因此,人民检察院对涉案企业作出不起诉决定,认为需要给予行政处罚,依法向有关主管机关提出检察意见的,行政机关应当根据相关行政法律法规的规定和具体案件事实作出自己的判断。

(撰稿人:高磊)

185 涉案企业合规建设制度是否适用行政违法？

涉案企业合规建设制度具有广义和狭义两种含义。狭义的涉案企业合规建设制度，是指《涉案企业合规建设、评估和审查办法（试行）》第2章规定的涉案企业合规建设制度。根据《涉案企业合规建设、评估和审查办法（试行）》第1条第1款的规定，涉案企业合规建设，是指涉案企业针对与涉嫌犯罪有密切联系的合规风险，制定专项合规整改计划，完善企业治理结构，健全内部规章制度，形成有效合规管理体系的活动。根据《涉案企业合规建设、评估和审查办法（试行）》第20条第1款的规定，本办法所称涉案企业，是指涉嫌单位犯罪的企业，或者实际控制人、经营管理人员、关键技术人员等涉嫌实施与生产经营活动密切相关犯罪的企业。由此，不难得出结论，《涉案企业合规建设、评估和审查办法（试行）》的制定主体虽然包括了司法部、财政部、生态环境部、国务院国有资产监督管理委员会、国家税务总局、国家市场监督管理总局等行政机关，但是，《涉案企业合规建设、评估和审查办法（试行）》所规定的涉案企业合规建设制度仅适用于刑事犯罪而不能适用于行政违法。

《中央企业合规管理办法》《中小企业合规管理体系有效性评价》《企业境外反垄断合规指引》《企业境外经营合规管理指引》等广义的涉案企业合规建设制度是否能够适用于行政违法，主要应看相关行政机关有无法定职权。（1）《反不正当竞争法》《食品安全法》《中央企业合规管理办法》等"硬法"能够成为相关行政机关适用其所规定的涉案企业合规建设制度的直接根据。（2）《中小企业合规管理体系有效性评价》等"软法"要适用于行政违法,须在其他法律规范中寻找相关行政机关的执法根据。例如,其他法律法规规定了某行政机关的监管责任,行政机关在作出行政处罚的同时发出行政指导书,要求行政相对人加强合规管理、依法合规经营。行政机关和行政相对人在严格遵守法律法规等"硬法"规定的同时,可以参考《中小企业合规管理体系有效性评价》等"软法"。(3)根据《涉案企业合规建设、评估和审查办法(试行)》第20条第2款的规定,对与涉案企业存在关联合规风险或者由类案暴露出合规风险的企业,负责办理案件的人民检察院可以对其提出合规整改的检察建议。由此,行政违法等其他非犯罪案件也可作为"软法"参照《涉案企业合规建设、评估和审查办法(试行)》所规定的涉案企业合规建设制度。

(撰稿人:高磊)

186 涉案企业合规建设是否影响企业的商业信誉和从业资质?

是否影响商业信誉问题。第一,对企业商业信誉产生影响的是企业的犯罪行为,而不是涉案企业的合规建设。司法实践中,一些涉案的上市公司通常不愿意企业合规,主要原因是处理时间较长,导致企业经营、管理、融资等出现困难,因此寻求的是直接不起诉。但相对于直接起诉,企业合规的信誉成本要低得多,因此与起诉相比,企业还是能够接受合规的。许多小微企业能够接受合规,一方面是害怕起诉后成本更高,另一方面是企业本身知名度不高,实在不行可以重新注册,对自身的信誉并不太在意。第二,对企业商业信誉影响的大小,跟涉嫌犯罪的罪名、处理的结果有关,跟是否开展企业合规建设没有直接关系。比如,相对来说,危害税收征管罪一节有关罪名对企业商业信誉的影响相对来说弱于生产、销售伪劣商品罪一节有关罪名。第三,企业合规建设有助于企业挽回商业信誉。如何重塑商业信誉,涉案企业合规建设提供了一条极好的出路。比如浙江玉环市检察院在办理一起商标授权供应商超授权将涉案产品卖给其他人的销售假冒注册商标商品案,在案件办理过程中,被侵权的企业就主动提出希望对涉案企业进行企业合规,来重塑两家单位之间的信任关系,以提高信誉度,便于日后合作。

是否会影响从业资质问题。关于从业资质,相关领域会有具体规定,尤其是大部分的从业资质都会规定将是否有刑事犯罪前科作为是否符合从业资质的条件之一,但尚未发现将开展过企业合规建设作为影响从业资质的因素。关于这一点,我们认为应该关注讨论的是,检察机关是否可以与相关行业主管部门形成共识,对于完成企业合规建设的企业,是否给予从业资质的延展期或者降低因犯罪对从业资质的影响,同时如何实现公平对待其他没有犯罪的企业等问题。

(撰稿人:季美君)

第五部分

外向型企业合规的理论与实务

187 涉外企业合规与经济全球化有什么关系？

经济全球化（Economic Globalization）是指世界经济活动超越国界，通过国际贸易、资本流动、技术转让、服务交换等形成全球范围的相互依存、相互联系的有机经济整体的过程。经济全球化是当代世界经济的重要特征之一，也是世界经济发展的基本趋势。涉外企业合规与经济全球化的关系表现为以下四个方面：

（1）经济全球化的内容包含了涉外企业、跨国企业合规管理体系及规则的趋同化。经济合作与发展组织（OECD）认为，"经济全球化可以被看作一种过程，在这个过程中，经济、市场、技术与通讯形式都越来越具有全球特征，民族性和地方性在减少"。据此，可从四个要素理解经济全球化：一是世界各国经济交往频度和相互依赖程度日益提高，任何一国都不能离开国际经济大家庭而独自生存；二是各国国内经济运行规则和国际经济运行规则逐渐趋于一致；三是各国的涉外企业和跨国企业受国际经济规则约束的力度更加明显；四是国际经济协调机制强化，即各种多边国际经济组织或区域经济组织对国际经济的协调和约束作用越来越强。这四个要素，尤其是后三个要素，无不反映着涉外企业和跨国企业合规管理体系及规则的趋同化。某种意义上说，经济全球化只能发生在全球市场经济大框架内，以先进科技和生产力为手段，以发达国家联合中等发达国家所制定的市场经济规则为主导，以最大利润和经济效益为目标，通过分工、贸易、投资、跨国企业和要素流动等，实现各国市场分工与协作、相互融合的过程。在这个过程中，必然伴随着企业运行模式、纠纷解决机制以及企业合规管理体系等一系列现象的趋同化。

（2）经济全球化促使涉外企业合规建设的重要性日益凸显。在当今这样一个经济全球化的新阶段,企业竞争进入到全球价值链竞争的时代,企业合规管理的重要性正日益突出。抗风险的能力滞后、企业合规管理体系存在漏洞正给涉外企业带来巨大的合规成本。这种不利状况不但导致企业竞争机会的丧失,而且会给整个产业链带来各种掣肘甚至是致命的伤害。

（3）经济全球化对涉外企业的合规管理提出了更高的要求。随着经济全球化的加速、我国企业走出去的步伐加快,越来越多的企业开始向海外拓展市场,但不少企业在发展过程中遭遇各种不合规带来的经营风险。同时,随着海内外相关政策的不断出台,各国政府纷纷加大了对涉外企业、跨国企业的监管力度,这使得我国企业在拓展海外市场时面临着越来越大的压力。这些情况,对我国涉外企业的合规建设提出了更高的要求。

（4）涉外企业合规管理水平的提升将不断增强该企业的国际竞争实力。合规管理能够帮助企业更好地识别和防范境外经营风险,对企业应对高标准境外监管、展现良好形象、提高自身国际竞争力等方面也有着至关重要的作用。面对市场变化、法律法规以及其他相关政策的变化,企业合规风险的发生概率较过去有所增加,需要重视多方面合规风险的发生。譬如税收合规、数据跨境转移合规、产品质量合规,以及安全审查、出口管制、知识产权保护、反腐败、反垄断、世界银行项目合规等。因此,合规建设是涉外企业面向国际市场行稳致远的前提,合规管理能力是企业国际竞争力的重要因素。

（撰稿人：王秀梅）

188 如何利用合规武器应对"长臂管辖"？

长臂管辖(Long Arm Jurisdiction)是美国民事诉讼中的一个概念。基本含义是，当被告的住所不在法院所在地的州但和该州有某种最低联系(Minimum Contacts)时，而且原告的诉讼请求与这种联系有关时，该州的法院对于该被告具有属人管辖权。行使长臂管辖权时，虽然被告住所不在该州，但该州法院可以在州外对被告发出传票。

美国法律上的"长臂条款"(Long Arm Statute)，通常是指美国《联邦诉讼程序法》第4条。该条规定，如要依据联邦法律起诉外国被告，必须在不违背宪法原则的前提下，才可以通过送达传票的方式令美国法院获得管辖权。各州在行使本州法律时，大多也效仿《联邦诉讼程序法》制定了类似的条文。至于怎样才算符合了美国宪法的原则，《联邦诉讼程序法》并没有详细规定，要靠判例予以解释。美国司法实践中通行的最低联系原则，是从国际鞋业公司诉华盛顿州案(International Shoe Co. v. Washington)等判例总结的一项基本原则。该原则意指，要想在某州起诉一家企业，至少需要证明该企业在本州有一定的商业活动，譬如设置展柜、派发宣传资料、派遣销售人员等。

自从美国《反海外腐败法》（又称《反海外贿赂法》,Foreign Corrupt Practices Act, FCPA）自1977年出台并实施以来，长臂管辖原则不仅仅限于民事诉讼，事实上它已经延伸到刑事诉讼领域。因而一般认为，美国的"长臂管辖权"是指美国法院对外国被告（非美国居民）所主张的特别管辖权的总称。随着经济全球化的发展，西方各国纷纷仿效美国实施长臂管辖，只不过任何国家的长臂管辖都不如美国的长臂管辖有力度、有效果。

改革开放以后,美国对我国滥用长臂管辖的理由或者借口主要有:一是单方面认定我国企业和个人不履行国际制裁决议,二是指责我国企业垄断市场,三是指责我国金融机构为恐怖分子提供金融服务,四是指责我国上市公司违法违规,五是指责我国相关企业和个人存在侵权行为,等等。这些指责为我国涉外企业的海外发展设置了重重障碍。我国涉外企业应当拿起合规武器去对抗长臂管辖。具体有以下途径:

(1)建立并完善自身的合规管理体系,并特别注意在拓展海外业务时严格落实合规管理的各项要求。与西方发达国家相比,我国涉外企业的合规建设尚处于起步阶段,远未臻于完美。在制定合规标准、建立合规管理体系等方面,美国等西方发达国家的企业是我们借鉴的对象。美国政府亦表示,鼓励企业建立合规体系,预防员工出现违法行为。在这个问题上,本来不应该存在歧视或排挤的问题,但鉴于国际宏观政治经济环境日趋复杂,特别是近年来中美两国贸易摩擦的不断升级,美国不断制定并出台宽泛的执法规则,以其国内法长臂管辖制裁他国,限制我国经济及科技的进步和发展,这进一步增加了我国涉外企业在跨境经贸活动中的合规风险。为此,我国涉外企业应尽早建立科学完整的与国际先进水平接轨的合规管理体系,以应对出口管制、经济制裁、反商业贿赂及海外反腐败等领域的制裁措施。我国涉外企业应当对境外经营风险进行全面排查,将员工筛选筛查机制、职责隔离机制、内部举报机制及内部审计机制植入合规体系,同时配以功能强大的软件进行实时异常监控,并根据风险排查所发生的漏洞有针对性地制订合规手册及整改方案。以风险防范为抓手,根据企业自身的实际情况,逐步建立起符合企业自身特点的合规体系。

(2)加强对涉外企业职工尤其是高管的合规知识培训。为进一步加强企业职工的合规意识,企业可加大员工内训,包括针对公司高管及所有员工进行相关领域的风控与合规内部培训;在公司日常经营中,加强政策及合同管理,例如出台并执行反贿赂政策、增设针对第三方反贿赂等条款。

(3)注重涉外企业高管和核心技术人员出境前的风险评估。在高管或者核心技术骨干等重要人员出境前,涉外企业应对其开展严格细致的风险评估。风险评估主要包括:一是出境人员是否曾经收到来自美国主管机构关于某项交易或合规事项的问询或调查。如存在该等情形,建议根据实际问询内容采取有针对性的方法予以解决。二是作为涉外企业交易伙伴的境外企业所提供的任何货物或者物品是否涉嫌违反美国出口限制的法律,以及境外商业伙伴是否存在被美国列入限制类清单的情形。三是是否存在其他违反美国海外反腐败法、出口管制法律、经济制裁相关法律法规或其他长臂管辖规则的情形。

(撰稿人:王秀梅)

189 我国外向型企业的合规建设有什么特殊之处?

外向型企业是一个广泛的概念,既包括直接与境外经贸和合作生产的企业,也包括间接的,即这些企业的上下游产业、贸易伙伴。我国外向型企业的合规建设,既包括这些外向型企业本身,也应包括其上下游企业和贸易伙伴。

外向型企业的合规建设,应参照 ISO:37301 国际标准进行,考虑到与国家社会的贸易体制接轨,也可能遇到所在国司法机制的障碍。西方一些贸易大国,本身有一些自身的合规机制,自认为高于国际社会公认的 ISO:37301 国际标准,因此通过了 ISO:37301 国际标准,仍不能满足这些国家的国内合规标准。加之受经济利益的驱使,当贸易冲突涉及本国的经济利益时,这些国家就会超越国际标准和规范,采用"长臂管辖",因而形成新的国际贸易纠纷。

应对长臂管辖,企业自身的合规质量是十分重要的。这也是外向型企业合规建设的特殊之处,即比国内企业更注重对标 ISO:37301 国际标准。(1)在合规文化建设方面,对标西方的合规理念,即环保、社会责任和合规全员意识等。(2)合规过程的留痕(存证),包括合规政策与程序、定期风险评估、独立监督、培训与指导、风险举报与调查、惩戒与补救等。合规留痕是应对西方国家合规调查的有力手段,应比国内合规留痕更为全面和完备,必要时引入区块链技术,区块链技术的真实性和不可更改性,可以使合规举证更有力可靠。(3)第三方(上下游企业、合作企业)的合规同步。国际合规评估与国内合规评估不同之处是:国内合规注重合规风险的结果,如存在违法、违规事实,或者有效预防、规避合规风险的结果;而国际合规更注重合规过程,合规程序的遵守、合规义务的履行,相比之下预防合规风险的关口更前移。

虽然我国的外向型合规企业有国家背书,比其他第三世界国家有更大的优势,但如果能在合规制度建设中更注重西方发达国家合规的特点,采取积极的适应措施,就会减少许多摩擦与麻烦,减少损失,也是对国家国际经贸政策的支持。

(撰稿人:王秀梅)

190 外向型企业如何有效应对长臂管辖？

西方国家在国际贸易中的长臂管辖,如果抛开政治因素,其根源主要是经济利益的驱动和其自认为的制度优势,其次就是我国的被管辖企业自身的过错或制度缺失。由于这些企业的某些过错或制度缺失,致使对方有机可乘,被制裁或者处罚,造成巨额经济损失。

阻止西方发达国家的长臂管辖,除了国家层面的外交和经贸政策的努力外,就企业而言,应在如下几个方面发力:(1)"打铁还需自身硬"。中国合规企业要想有效应对西方国家的长臂管辖,最根本的措施就是把合规建设做好、做精,在理论上做到无懈可击,在实践中不给对方抓住"把柄"。鉴于国外合规要求注重程序、文化观念和留痕,中国外向型企业合规在这些方面一定要比国内其他企业更为注重和认真。(2)要通过合规建设进一步激发企业的活力,增加创新能力和国际竞争力。做到既是商场上的强者,又是合规建设的模范。企业只有做大做强,增加在国际商务活动中的权重,才能给长臂管辖以警示,有望规避恶意制裁。(3)坚持合作共赢理念,考虑和适当照顾所在国企业的利益。合作共赢,构建人类命运共同体,是我们的国家对外交往的基本理念,作为企业来说,坚持商业利益是第一位的考虑,但如何立足于长远利益,把长远利益与眼前利益结合起来,也尤为重要。许多合作伙伴甚至竞争对手,其实也是在相互竞争状态下相互依存的,在外向型商务活动中,给对方以生存发展空间,通过良性竞争,以期走上合作共赢之路,在合作共赢理念下的商业行为本身不会与所在国企业产生利益冲突,或者在长远发展中对所在国有利。这样所在国就不会基于利益发难了。(4)通过加强多边贸易往来,企业在更多的国家发展合作和贸易伙伴,有了更多的选择性,俗话说"不在一棵树上吊死"。在贸易摩擦中,对手就会有所顾忌而不主动出击,或者害怕给竞争对手创造机遇而收手。(5)加强维权,法律服务国际化。国际商业维权一直是我国企业的弱项。在近年,我国商业维权取得一定成果,为此应加强,特别是要培养一些国内的律师事务所,在外向型企业合规方面发展专业维权律师团队,同时要加强境外律师团队的合作,建立稳定的合作关系。

(撰稿人:王秀梅)

191 如何进行外向型企业的合规认证?

外向型企业的合规认证,需要严格按照 ISO:37301 国际标准进行。(1)认证机构的选择。外向型企业的合规认证,在有条件和资金的情况下,最好请国际权威认证机构进行,或者请国际认证机构和国内认证机构两者结合进行。需要指出的是,经过认证相当于加入了国际合规企业的俱乐部,在国际商贸活动中合规企业之间更容易合作,相互信任。其信用等级更高,合规企业之间的商业风险降低,商业成本降低,效率提高。认证机构的权威性、知名度与企业的信誉成正比例关系。(2)认证记录与认证证据的保存。企业通过国际合规认证并不意味着在面对合规风险调查时可以得到优待或者赦免,而是这些认证记录和认证证据可以在调查中可以作为企业合规过程和程序的证据提交,以证明企业合规的真实性,可以作为免除责任的依据。(3)外向型企业合规认证的过程同时也是一个促进企业建设真实、有效合规制度体系的过程。通过认证,对企业合规进行全面检验,倒逼企业查漏补缺,解决之前合规制度建设中的问题,弥补缺漏和不足。

许多外向型企业在合规认证中存在误区,认为一旦通过了认证,企业就会在国际商贸中畅通无阻了,遇到合规风险调查也会被赦免,这是一种错误的观点。企业合规本身是一个动态过程,不会经过认证而一蹴而就,认证只是一个品牌的证明,并不是一个免死金牌,企业合规永远在路上,特别是对于外向型企业,通过了合规认证,只是进入了国际合规企业的俱乐部,在俱乐部中的所有商贸活动,都必须在合规的前提下进行。因此合规认证意义还在于:为企业和合规行为树立了标准和行为规范,为企业参与国际商贸活动提供了指南。

(撰稿人:王秀梅)

192 外向型企业如何进行合规存证?

外向型企业的合规存证与内贸企业的合规存证并不相同,这是因为二者证明的目的和要求不同。(1)就内贸企业而言,合规存证主要用于出现违法犯罪时企业自证清白,排除企业、法人以及责任人的刑事、行政责任。因此存证主要是合规过程中的一些影响责任的节点。(2)外向型企业的合规存证除了上述与内贸企业的相同之处外,还应包括合规的程序、过程的记录,一些主要方面如领导机制、行动计划、监督坚持、举报与整改以及合规文化建设等。存证的工程量庞大,技术性复杂。

外向型企业为了提高存证的公信力,通过司法渠道和区块链技术存证是必要的。(1)一些关键证据,如证明企业排除了刑事责任、行政责任以及经济纠纷中胜诉、商业信誉良好等,应该通过司法渠道存证,如法院系统的证据库,司法、行政系统的数据库等。(2)其他方面的证据,可以通过区块链技术存证,鉴于区块链技术的真实性和不可更改性,在国际商务调查中具有更高的公信力。

外向型企业的合规存证也是动态的,由于商贸活动的跨国、跨地域特征,存证相对更复杂一些,存证的要求也更高。

(撰稿人:王秀梅)

193 涉案企业的合规建设是否对企业的涉外商贸产生不良影响?

一个企业的商业信誉是其从事涉外商贸的重要因素,在与国外的企业、公司进行合作交易时,外国企业、公司自然会重点考虑该企业的商业信誉,而涉案企业的商业信誉是否会受到影响,不是因为其合规建设,而是其犯罪行为本身以及其所涉的罪名。若是生产、销售伪劣商品罪或偷税漏税罪等,前者对国外企业来说衡量的比重会更大,甚至可以说是关键条件;而偷税漏税罪,虽然违反的是国内法律法规,但一旦被定罪有了这方面的犯罪记录,自然表明该企业的诚信存在问题。因此,对于特别重视诚信原则的外国企业、公司来说,涉案企业的合规建设不但不会对其涉外商贸产生不良影响,相反,若其合规建设做得到位、整改措施有力、有效性评估良好,就会增强其可信度,重新树立其诚实可靠的形象,同时也会提高外国企业、公司与其合作的意愿。

因此,可以说涉案企业的合规建设对企业的涉外商贸不会产生不良影响,若合规建设做得出色,反而会加分。但企业本身所涉的罪名会对外贸产生一定影响,但不一定是直接的。当然,涉嫌犯罪本身对企业的影响是全方位的,比如人员流失、融资困难等,至少会间接对其外贸业务产生一定影响。

(撰稿人：季美君)

194 国外检察机关是如何推进合规整改的？

人类社会进入21世纪后，合规管理、业务管理和财务管理并称为现代企业管理的三大支柱。强化合规管理已成为企业管理发展的一个新潮流。但企业合规始终面临三大问题：一是合规计划能够有效预防和阻止企业的不道德和非法行为吗？二是有效的合规计划可以实现吗？三是司法机关和监管机构能够区分出有效、无效或虚假的合规计划吗？世界各国检察机关因形成的社会环境、传统基础和文化背景不同，其定位和职能也大不相同，可以说呈现一番五彩缤纷的景象。本问题的回答就以企业合规的发源地美国为例，简要说明美国检察官是如何推进合规整改的。

美国检察官推进企业合规整改的前提是认为：有效的合规计划是可以实现的。但实现的前提是要对合规计划的有效性作出评估，这就涉及评估标准问题。如何评估企业合规的有效性，可谓是世界性难题，但又是检察官必须要解决的一大难题，因涉案企业的合规计划只有被评估为有效的，才能作为从宽乃至不起诉的依据。所以，检察官必须对涉案企业的合规计划是否有效作出一个判断，即便是委托第三方进行评估，检察官依然要对第三方的评估意见进行审查判断，最终的决断仍然要由检察官作出。

美国检察机关分为联邦和州两个系统，互不隶属，而且各州的系统也并非完全相同。但总的说来，美国检察官的主要职权就是起诉权，检察权的本质是行政权的派生。美国联邦检察官从事企业合规业务分为:缓起诉协议(DPA)或不起诉协议(NPA)。二者的共性是案件在法官进行实质审理前,被告人表示愿意认罪而与检察官达成合意,双方约定被告人应履行的特定条件,而检察官则同意暂缓或不追究其刑事责任。

缓起诉协议(DPA)是指案件起诉进入法院后,被告人同意认罪,且接受检察官提出的罚金、赔偿金数额,并建立合规制度,而检察官同意暂时停止诉讼程序。在诉讼程序暂停期间,被告人必须完成赔偿金支付、建立相关合规制度或采取补救措施(当然法官需要书面裁定同意缓起诉);如果被告人未按照协议的规定予以履行,检察官有权请求法院继续诉讼程序,并追加起诉其他犯罪事实。如果被告人能履行协议,协议期满后,检察官则申请法院驳回起诉。

不起诉协议(NPA),则是案件尚未进入法院前,检察官综合裁量案件情节,与涉案企业(犯罪嫌疑企业)就赔偿金额、补救措施达成合意后,签订不起诉处分协议。

可以说,就涉案企业而言,美国联邦检察官拥有与其签订缓起诉协议与不起诉协议的处分权。美国司法部为了拥有更多打击犯罪的利器,对此自然采取积极与拥护的态度。美国司法部再三强调,不起诉与缓起诉协议,是检察官对抗企业(当然仅仅针对超大型企业,美国的合规建设不涉及中小微企业)犯罪的利器。当然,检察官在作出起诉或不起诉决定时,最为重要的就是对企业合规计划有效性的评估,而这一评估的核心问题是确立一个有效性评估标准。

(撰稿人:季美君)

195 美国推进企业合规的动因是什么？

合规的英文为 compliance，通常是指遵守法规，主动预防违规风险，如民事制裁、行政处罚以及信誉受损等。企业合规（Corporate Compliance）则主要是指企业基于立法引导与司法推动，为有效防范、识别、应对可能发生的风险而自主构建的一整套公司治理体系。也就是说，合规是企业用来确保员工"不违反适用的规则、条例或规范"所采用的一套流程。企业合规，起源于美国，并迅速扩展至法国、英国、意大利、澳大利亚等，尤其是随着 ISO 37301 国际标准的发布实施，企业合规已呈现出全球化趋势。

美国推进企业合规的动因可以概括为以下三个方面：一是美国企业腐败乱象陆续被揭露促成了企业反腐的法治模式。事实上，美国的企业腐败由来已久，尤其是当美国从原来的农业社会向工业化社会转变时（1865—1901），腐败就像一株毒草迅速生长蔓延至社会的角角落落，出现了美国历史上的一个腐败高峰期。其中最为腐败的领域：(1)西部拓荒开发过程中的土地买卖；(2)蓬勃发展的运输业、金融业和商业领域；(3)城市中的公共事务管理领域。1905年，美国《文摘杂志》刊载了法国人绘制的美国政治地图，美国45个州中只有6个"没有腐败，政治清明"，有25个"完全腐败"，13个"特别腐败"。在一些腐败特别严重的州，如密苏里州和新泽西州，州立法机构和政府的关键职位几乎都被铁路集团控制。二是企业管理的科学发展促进了企业腐败治理的开拓创新。第二次世界大战期间及之后，美国的科学飞速发展，出现了所有的社会问题都可以通过科学方法来解决的社会思潮，而科学发展促进企业治理的博弈论、平衡点理论等都有助于企业自身积极控制腐败问题。三是预防性反腐观念的兴起催生了企业合规的出现与完善。现代企业制度的诞生源于企业对法律法规的自觉遵守。合规,本质上就是对法律制度的遵守。事实上,美国20世纪50年代的反垄断领域首次出现了旨在打击违法行为的合规运动,60年代出现了重型电气设备公司违反《反托拉斯法》事件,通用电气公司(CE)作为被起诉的企业之一,从1946年开始就实施了关于《反托拉斯法》的合规管理制度。而70年代因水门事件引出的企业捐款丑闻,将企业中的合规管理制度扩展到《反托拉斯法》以外的领域。80年代商业道德运动的开展,违法犯罪的预防已成为公益和企业管理者担当的主题。1991年美国司法部出台的《美国组织量刑指南》要求公司建立具有预防功能的公司管理制度并在管理理念中切入合规理念。

可见,美国推进企业合规的根本动因是为了治理企业腐败,促进企业自觉遵守法律法规。企业合规的源起是对国家监管的回应,美国政府意图通过积极的政府干预来解决市场失灵问题,克服市场完全自我调节的缺陷,具体表现为以国家监管的方式迫使企业约束其行为,以合乎法律规范。而企业合规管理制度则从单纯的预防犯罪措施,渐渐发展成为一项企业必须履行的法律性义务。

(撰稿人:季美君)

196 美国商务部与司法部是如何在长臂管辖中联动的?

美国的"长臂管辖"(Long Arm Jurisdiction)是法律俗语中一种特别形象的说法,就像一只越过界的长长的手臂。"长臂管辖"起源于美国的司法实践。最初的"长臂管辖"主要适用于民事诉讼领域,主要解决美国各州之间以及各州和联邦之间在民事领域管辖问题上的冲突,将非本州居民纳入本州的司法管辖范围之内,但要确保非本州居民和法院地之间存在"最低限度联系",这是符合美国宪法规定的正当程序原则的。

但随着美国在经济、军事、外交、科技、金融等领域实力的全面提升,"长臂管辖"在适用领域和性质上都发生了根本性变化,其适用领域扩大到了行政领域和刑事领域,而且适用范围越出国界,开始向域外扩展,成为国家间经济竞争、全球治理、地缘政治博弈的重要手段,是美国国内法域外管辖或者域外适用的一种重要形式。

近年来,美国的"长臂管辖"以经济制裁、打击跨国商业贿赂、干涉人权、出口管制等形式出现,是美国在国际经贸领域压制竞争对手的重要工具。美国立法、司法与行政执法部门依靠本国综合实力,相互协作,建立了一整套完备的"长臂管辖"机制,"长臂管辖"遂成为美国霸权护持战略的重要组成部分。近年来,美国频频针对中国企业、相关机构及个人开展"长臂管辖",其中美国的商务部与司法部发挥着重要作用。

目前,"长臂管辖"已成为一个"霸权"的代名词,是一国在立法、司法、执法领域的国内法律与措施的不当域外适用。"长臂管辖"首先要有"长臂法律"作为司法和执法的依据,如美国 1977 年出台的《反海外腐败法》是为了打击跨国商业贿赂目的而制定的"长臂法律",其中的精髓就是允许跨国执法,然后通过司法和执法程序将"长臂法律"付诸实施,依靠司法机关和行政机关,"长臂法律"得以在域外产生实际效果。

为遏制国内企业的垄断行为,1890 年,美国出台历史上第一部全国范围的反垄断法《谢尔曼反托拉斯法》。但因美国国会默认《谢尔曼反托拉斯法》具有管辖国内外一切涉及垄断事务的天然权力,使该法成为一部具有典型"长臂管辖"特征的法律,其主要目的之一就是对非美国的跨国垄断经营活动行使域外管辖权。1933年和1934年,美国国会又先后颁布了《1933年证券法》和《1934年证券交易法》,将域外管辖长臂触及大量外国企业。此后数十年,美国国会与行政部门制定了大量类似的法律与政令,而且随着美国霸权的正式确立,美国政府便开始利用这些法令,向他国的机构与个人挥起"长臂管辖"大棒,以服务于护持美国霸权的国家战略。"长臂管辖"作为一种行之有效的手段,主要用于国际经贸领域。它在实践中的主要特点是有针对性地对外国企业、关联机构与个人进行制裁,通过封锁、罚款、强迫拆分、逮捕等手段迫使他国企业或政府屈服,最终实现削弱他国经济与科技竞争力,护持美国霸权的根本目的。美国的"长臂管辖"已成为美国经济霸权、法律霸权的代名词。

(撰稿人:季美君)

197 我国企业受美国处罚的状况和吸取的教训是什么?

数十年来,美国不断拓展"长臂管辖"的范围,涵盖了民事侵权、金融投资、反垄断、出口管制、网络安全等众多领域,并在国际事务中动辄要求其他国家的企业或个体必须服从美国国内法,否则有可能随时会遭到美国民事、刑事或贸易等方面的制裁。近几年来,美国利用"长臂管辖"对我国进行制裁的强度和频度都是很大的,对我国经济安全和法律安全的影响也是深远的。

事实上,除我国外,其他国家也有被美国"长臂管辖"制裁的,如法国的巴黎银行、英国的汇丰控股、德国的德国商业银行都因违反美国禁令,被美国的财政部、司法部、美联储、海外资产控制办公室等机构处以高额罚款。为反击美国的"长臂管辖",我国商务部出台了《阻断外国法律与措施不当域外适用办法》(以下简称《办法》)。我国支持打击通过对外国和国际机构工作人员行贿获取商业合同的行为,但反对滥用打击跨国商业贿赂的权力,行干涉他国内政之实的做法。而美国1977年制定的《反海外腐败法》,其初衷是打击美国企业在国外的商业贿赂行为,但后来却利用《反海外腐败法》行使"长臂管辖",将矛头对准任何和美国有"最低限度联系"的外国企业和个人。美国的"长臂管辖"是国内法的不当域外适用,违反国际法和国际关系基本准则,是一种法律霸权,它严重威胁到我国的法律安全和法律主权。因此,面对美国的"长臂管辖",我国要从宏观和微观层面积极应对。在宏观层面,要构建我国的法律话语权、适度扩大我国国内法的域外适用效力;在微观层面,要对商务部的《办法》进行完善,最终有效应对美国的"长臂管辖"。就我国企业而言,应该吸取的教训有:

一是目前美国的"长臂管辖"已超越经济领域,成为覆盖政治、经济等多领域的霸权手段,我国在国家层面采取对等、适度的反制措施时,我国企业应以大局为重,配合我国政府所采取的相应措施,履行企业应尽的义务,不必遵守美国对其实施的单边制裁。

二是依据我国商务部制定的《办法》,中国公民、法人或者其他组织遇到外国法律与措施禁止或者限制其与第三国(地区)及其公民、法人或者其他组织正常的经贸及相关活动情形的,应当在30日内向国务院商务主管部门如实报告有关情况。

三是我国企业要培养或聘请相关专家熟悉域外国家的相关法律,在与他国企业、公司从事贸易往来时,遵守当地的法律法规与风俗习惯，从而避免自身陷入困境，一旦出现问题，也应知道其最坏的后果是什么，也就是常说的：知彼知己、百战不殆。如美国《反海外腐败法》规定美国执法部门可以和被制裁对象签订三种类型的协议：认罪协议、延缓起诉协议和不起诉协议。另外，还要密切关注和及时了解当今世界格局与形势。有些时候，我国企业可能会面临屈服于美国的法律管辖而承担巨额罚款等经济制裁甚至刑事制裁，抑或是抗拒美国的"长臂管辖"这一两难选择。从当今世界的现状和趋势来看，美国的"长臂管辖"会对其他国家产生影响和"模仿"效应，美国也会有意联合、授意其他国家实施制裁措施，而制裁渐渐成为处理国家间争端的常用方式。

四是提升企业自身的合规意识、加强合规管理、改造企业文化、建章立制。如建立风险预防机制和合规文化培养机制。将合规培训作为常态化业务和公司文化，将合规行为与薪酬机制、绩效机制相关联，设立合规部门、审计部门、纪检部门，分工合作、协同互联，让企业走上正规健康的发展之路。

（撰稿人：季美君）

198 我国企业应如何应对国外合规调查与处罚？

在我国，改革开放的第一个 20 年是中国现代企业从无到有的阶段，而从 2001 年加入世贸组织以来的 20 年，则是中国企业从小到大的时期。当中国企业规模越来越大，并逐渐走出国门、走向世界时，而不少国际机构、跨国公司和国家又纷纷加强合规管理的大背景下，我国企业应如何有效应对国外合规调查与处罚，就是个必须面对的严峻的现实问题。

首先,我国企业应组织相关团队,充分了解国外合规的法律法规、相关政策和倾向性做法。以美国为例,美国联邦检察官会根据涉案企业情况,签订缓起诉或不起诉协议,而签订协议的前提是对企业合规计划的有效性进行评估。为此,我国企业必须了解美国检察官进行有效性评估的标准是什么。

美国的有效性评估标准源自美国《美国组织量刑指南》(Federal Sentencing Guidelines for Organizations)中对组织规定的"七要素",一度被称为"黄金标准",其出台的初衷是作为检察官决定是否起诉企业时评估涉案企业合规计划的参考标准。但"七要素"标准从1991年诞生后,根据现实需要,一直不断予以修改与完善,如2004年和2010年的修改,其基本初衷是试图阻止"纸面合规",将合规计划的有效性落到实处。2017年2月8日,美国司法部欺诈科在原来《美国组织量刑指南》的基础上发布了第一份《企业合规计划评估指南》(Evaluation of Corporate Compliance Programs)。《企业合规计划评估指南》将主题内容分为11个部分,并列出了检察官在对每个公司的风险状况和降低风险的解决方案作出具体的、个性化的、有针对性的评估时,可能会问到的常见的119个问题。其中,最为核心的问题就是企业要围绕三个关键途径来考察公司是否将合规融入其文化:(1)公司吸取经验教训的过程;(2)把关人的有效性;(3)合规融入业务。

随后,美国司法部又于2019年4月30日发布了新修订的《企业合规计划评估指南》。2019年版强调不要"一刀切""公式化"地进行评估,而是要根据每一种情况作出个性化的决定,主要考虑三个要素:设计合理性、实施有效性和结果有用性。2020年6月1日,美国司法部发布了第二次修订的《企业合规计划评估指南》,其修改的亮点为:将2019版中的第2点这个合规计划是否得到了认真而真诚适用? 即合规计划是否得到有效实施,修改为:该计划是否有足够的资源和权限使其得以有效运作?

由此可见,美国检察官在推进涉案企业进行合规改革时,考察的问题从形式到实质、从抽象到具体,越来越具体化、个性化。因为风险是动态的,而制定合规计划并使其有效运转是需要高昂成本的,检察官在评估企业合规计划的有效性时,也因企业性质、规模的不同而采取"去公式化"的标准,具体问题具体分析并作出决定才是最佳实践。美国检察官合规工作的目的是:倘若我们认为"股东可以在公司赚钱时分得股息",那么相对应的"股东必须承担公司犯错事时所面临的刑罚"便不难理解,即"放过企业,严惩责任人"。企业必须保住,经营人可以更换!深入透彻地了解美国检察官对有效性的评估标准,无疑可以让我国企业能够有针对性采取有效的相应对策。

其次,要充分利用对方法律规定中的优惠条件和相关政策。如针对美国"放过企业,但要严惩责任人"这一基本政策,我国企业在被合规调查时,在具体应对措施上,就要有针对性地满足美国检察官在考虑是否起诉企业时的9大要素:犯罪的严重性、公司内部不法行为的普遍性、公司类似行为、对不法行为的及时和自愿披露、公司的合规程序、相关的补救措施、起诉可能造成的损害、对个人的起诉是否足够以及是否实施其他救济措施等,及时采取补救措施,争取实现最佳效果。

最后,要与我国企业主管部门及时沟通协商以获得相关部门和国家层面的鼎力支持。当然,要获得及时支持的前提是必须了解我国目前有哪些与企业合规相关的法律法规和政策,如为反击阻断美国的"长臂管辖",我国商务部出台了《阻断外国法律与措施不当域外适用办法》,最高人民检察院等九部门《涉案企业合规建设、评估和审查办法(试行)》等。我国企业在收到外国罚款通知时,要积极应对,及时作出全面客观评估，寻求能获得的各种资源的支持，然后选择对企业本身来说最佳的应对方案。

（撰稿人：季美君）

199 哪些企业应当建立或强化境外合规风险管理体系？

随着中国与世界各国在政治、经济、文化等领域协作交流日益广泛，中国企业不仅需要了解国内的合规管理要求，也需要不断开阔视野，了解开展境外业务的过程中需要遵循的合规管理要求。与此同时，国内外的合规监管和执法力度日趋严格，随之而来的是企业境外经营合规风险频发，中国企业受到不同程度的处罚和制裁。如何进行境外合规管理，成为各大涉外企业的重点任务。

2018年12月26日，国家发展改革委、外交部、商务部、人民银行、国资委、外汇局、全国工商联七部门共同制定了《企业境外经营合规管理指引》，明确企业境外经营合规管理的主体，从业务领域包括开展对外贸易、境外投资、对外承包工程的企业；而企业主体包括中国境内企业及其境外子公司、分公司、代表机构等境外分支机构。

此外，除了上述国家机关规定的境外强制合规的企业，还有大量的企业具有不同程度的合规需求。它们是涉外企业、涉外企业的分支机构、上下游企业，这些企业由于涉外企业在业务活动中，客户要求证明产品的合规来源，因此也具有强烈的合规需求。

（撰稿人：刘雅琴）

200 企业开展境外经营合规管理工作有哪些特殊要求?

《企业境外经营合规管理指引》明确,本指引所称合规,是指企业及其员工的经营管理行为符合有关法律法规、国际条约、监管规定、行业准则、商业惯例、道德规范和企业依法制定的章程及规章制度等要求,特别提出企业境外经营要符合商业管理和道德规范的要求。这是综合考虑了国内企业的发展程度,世界不同国家和地区之间经济形势、社会环境、文化背景等要素的复杂性和多边性,一方面要适应国内的合规管理模式,另一方面要构建适当的与国际接轨的合规管理体系。

同时,不同业务领域的企业应当遵循不同的合规要求:

企业开展对外货物和服务贸易,应确保经营活动全流程、全方位合规,全面掌握关于贸易管制、质量安全与技术标准、知识产权保护等方面的具体要求,关注业务所涉国家(地区)开展的贸易救济调查,包括反倾销、反补贴、保障措施调查等。

企业开展境外投资,应确保经营活动全流程、全方位合规,全面掌握关于市场准入、贸易管制、国家安全审查、行业监管、外汇管理、反垄断、反洗钱、反恐怖融资等方面的具体要求。

企业开展对外承包工程,应确保经营活动全流程、全方位合规,全面掌握关于投标管理、合同管理、项目履约、劳工权利保护、环境保护、连带风险管理、债务管理、捐赠与赞助、反腐败、反贿赂等方面的具体要求。

企业开展境外日常经营,应确保经营活动全流程、全方位合规,全面掌握关于劳工权利保护、环境保护、数据和隐私保护、知识产权保护、反腐败、反贿赂、反垄断、反洗钱、反恐怖融资、贸易管制、财务税收等方面的具体要求。

（撰稿人：刘雅琴）

201 对国内企业来说,西门子合规案例中有哪些启示?

2006年,西门子因贿赂和腐败丑闻,接受德国和美国司法机关的全面调查,面临上亿欧元罚款和持续不断的诉讼,最致命的后果极有可能是禁止参与投标。为此,西门子积极自救,处罚数百名内部高级管理人员,并且斥巨资聘请独立机构进行内部调查,向全球所有员工、商业伙伴、消费者发出强烈信号:不合规行为在西门子是绝不允许存在的。最终,凭借合规管理体系的完善和合规文化的深入人心,西门子彻底摆脱危机,浴火重生。通过西门子建立合规管理体系的案例,给我们以下几点启示：

合规管理是(政府)监管与企业自治不断相互影响、相互作用的结果,合规不仅来自外部监管要求,同时也是企业行稳致远、基业长青的保障和基础;合规绝不仅仅是大企业的事,随着中国国力的提升,国内企业的影响力不断增强,所有企业需要通过合规管理增加商业信誉、提升管理效能,特别是在国际贸易一体化的趋势下,与国内外企业一起遵守共同的商业规则,增强互信,杜绝行政和刑事违法风险。

此外,很多企业对合规认识不够,风险意识淡薄,过分强调以业绩为导向,对于合规管理缺乏主动性,决策层对开展合规工作不重视、不支持。这样的企业不在少数。西门子的案例恰恰说明,开展合规管理、控制合规风险的必要性和重要性。企业虽然是追求利润的经济体,但在市场经济条件下,企业利润的取得一定要"取之有道",且体现社会效益,其经济活动必须在法律、道德的框架内运行,否则就会面临经济损失、声誉损失的风险。而合规管理则是防范、规避市场经营风险的最有力支撑规范企业经营,降低运营风险,提升管理能力;树立诚信经营形象,提升核心竞争力;建立国内企业合规生态圈,优化营商环境,促进全国统一大市场的形成。

(撰稿人:刘雅琴)

附 录

企业合规重点指导文献

附录一 《中央企业合规管理办法》

(2022年10月1日生效)

第一章 总 则

第一条 为深入贯彻习近平法治思想,落实全面依法治国战略部署,深化法治央企建设,推动中央企业加强合规管理,切实防控风险,有力保障深化改革与高质量发展,根据《中华人民共和国公司法》《中华人民共和国企业国有资产法》等有关法律法规,制定本办法。

第二条 本办法适用于国务院国有资产监督管理委员会(以下简称国资委)根据国务院授权履行出资人职责的中央企业。

第三条 本办法所称合规,是指企业经营管理行为和员工履职行为符合国家法律法规、监管规定、行业准则和国际条约、规则,以及公司章程、相关规章制度等要求。

本办法所称合规风险,是指企业及其员工在经营管理过程中因违规行为引发法律责任、造成经济或者声誉损失以及其他负面影响的可能性。

本办法所称合规管理,是指企业以有效防控合规风险为目的,以提升依法合规经营管理水平为导向,以企业经营管理行为和员工履职行为为对象,开展的包括建立合规制度、完善运行机制、培育合规文化、强化监督问责等有组织、有计划的管理活动。

第四条　国资委负责指导、监督中央企业合规管理工作,对合规管理体系建设情况及其有效性进行考核评价,依据相关规定对违规行为开展责任追究。

第五条　中央企业合规管理工作应当遵循以下原则：

(一)坚持党的领导。充分发挥企业党委(党组)领导作用,落实全面依法治国战略部署有关要求,把党的领导贯穿合规管理全过程。

(二)坚持全面覆盖。将合规要求嵌入经营管理各领域各环节,贯穿决策、执行、监督全过程,落实到各部门、各单位和全体员工,实现多方联动、上下贯通。

(三)坚持权责清晰。按照"管业务必须管合规"要求,明确业务及职能部门、合规管理部门和监督部门职责,严格落实员工合规责任,对违规行为严肃问责。

(四)坚持务实高效。建立健全符合企业实际的合规管理体系,突出对重点领域、关键环节和重要人员的管理,充分利用大数据等信息化手段,切实提高管理效能。

第六条　中央企业应当在机构、人员、经费、技术等方面为合规管理工作提供必要条件,保障相关工作有序开展。

第二章　组织和职责

第七条　中央企业党委(党组)发挥把方向、管大局、促落实的领导作用,推动合规要求在本企业得到严格遵循和落实,不断提升依法合规经营管理水平。

中央企业应当严格遵守党内法规制度,企业党建工作机构在党委(党组)领导下,按照有关规定履行相应职责,推动相关党内法规制度有效贯彻落实。

第八条 中央企业董事会发挥定战略、作决策、防风险作用,主要履行以下职责:

(一)审议批准合规管理基本制度、体系建设方案和年度报告等。

(二)研究决定合规管理重大事项。

(三)推动完善合规管理体系并对其有效性进行评价。

(四)决定合规管理部门设置及职责。

第九条 中央企业经理层发挥谋经营、抓落实、强管理作用,主要履行以下职责:

(一)拟订合规管理体系建设方案,经董事会批准后组织实施。

(二)拟订合规管理基本制度,批准年度计划等,组织制定合规管理具体制度。

(三)组织应对重大合规风险事件。

(四)指导监督各部门和所属单位合规管理工作。

第十条 中央企业主要负责人作为推进法治建设第一责任人,应当切实履行依法合规经营管理重要组织者、推动者和实践者的职责,积极推进合规管理各项工作。

第十一条 中央企业设立合规委员会,可以与法治建设领导机构等合署办公,统筹协调合规管理工作,定期召开会议,研究解决重点难点问题。

第十二条 中央企业应当结合实际设立首席合规官,不新增领导岗位和职数,由总法律顾问兼任,对企业主要负责人负责,领导合规管理部门组织开展相关工作,指导所属单位加强合规管理。

第十三条 中央企业业务及职能部门承担合规管理主体责任,主要履行以下职责:

(一)建立健全本部门业务合规管理制度和流程,开展合规风险识别评估,编制风险清单和应对预案。

(二)定期梳理重点岗位合规风险,将合规要求纳入岗位职责。

(三)负责本部门经营管理行为的合规审查。

(四)及时报告合规风险,组织或者配合开展应对处置。

(五)组织或者配合开展违规问题调查和整改。

中央企业应当在业务及职能部门设置合规管理员,由业务骨干担任,接受合规管理部门业务指导和培训。

第十四条 中央企业合规管理部门牵头负责本企业合规管理工作,主要履行以下职责:

(一)组织起草合规管理基本制度、具体制度、年度计划和工作报告等。

(二)负责规章制度、经济合同、重大决策合规审查。

(三)组织开展合规风险识别、预警和应对处置,根据董事会授权开展合规管理体系有效性评价。

(四)受理职责范围内的违规举报,提出分类处置意见,组织或者参与对违规行为的调查。

(五)组织或者协助业务及职能部门开展合规培训,受理合规咨询,推进合规管理信息化建设。

中央企业应当配备与经营规模、业务范围、风险水平相适应的专职合规管理人员,加强业务培训,提升专业化水平。

第十五条 中央企业纪检监察机构和审计、巡视巡察、监督追责等部门依据有关规定,在职权范围内对合规要求落实情况进行监督,对违规行为进行调查,按照规定开展责任追究。

第三章 制度建设

第十六条 中央企业应当建立健全合规管理制度,根据适用范围、效力层级等,构建分级分类的合规管理制度体系。

第十七条 中央企业应当制定合规管理基本制度,明确总体目标、机构职责、运行机制、考核评价、监督问责等内容。

第十八条 中央企业应当针对反垄断、反商业贿赂、生态环保、安全生产、劳动用工、税务管理、数据保护等重点领域,以及合规风险较高的业务,制定合规管理具体制度或者专项指南。

中央企业应当针对涉外业务重要领域,根据所在国家(地区)法律法规等,结合实际制定专项合规管理制度。

第十九条 中央企业应当根据法律法规、监管政策等变化情况,及时对规章制度进行修订完善,对执行落实情况进行检查。

第四章 运行机制

第二十条 中央企业应当建立合规风险识别评估预警机制,全面梳理经营管理活动中的合规风险,建立并定期更新合规风险数据库,对风险发生的可能性、影响程度、潜在后果等进行分析,对典型性、普遍性或者可能产生严重后果的风险及时预警。

第二十一条 中央企业应当将合规审查作为必经程序嵌入经营管理流程,重大决策事项的合规审查意见应当由首席合规官签字,对决策事项的合规性提出明确意见。业务及职能部门、合规管理部门依据职责权限完善审查标准、流程、重点等,定期对审查情况开展后评估。

第二十二条 中央企业发生合规风险,相关业务及职能部门应当及时采取应对措施,并按照规定向合规管理部门报告。

中央企业因违规行为引发重大法律纠纷案件、重大行政处罚、刑事案件,或者被国际组织制裁等重大合规风险事件,造成或者可能造成企业重大资产损失或者严重不良影响的,应当由首席合规官牵头,合规管理部门统筹协调,相关部门协同配合,及时采取措施妥善应对。

中央企业发生重大合规风险事件,应当按照相关规定及时向国资委报告。

第二十三条　中央企业应当建立违规问题整改机制,通过健全规章制度、优化业务流程等,堵塞管理漏洞,提升依法合规经营管理水平。

第二十四条　中央企业应当设立违规举报平台,公布举报电话、邮箱或者信箱,相关部门按照职责权限受理违规举报,并就举报问题进行调查和处理,对造成资产损失或者严重不良后果的,移交责任追究部门;对涉嫌违纪违法的,按照规定移交纪检监察等相关部门或者机构。

中央企业应当对举报人的身份和举报事项严格保密,对举报属实的举报人可以给予适当奖励。任何单位和个人不得以任何形式对举报人进行打击报复。

第二十五条　中央企业应当完善违规行为追责问责机制,明确责任范围,细化问责标准,针对问题和线索及时开展调查,按照有关规定严肃追究违规人员责任。

中央企业应当建立所属单位经营管理和员工履职违规行为记录制度,将违规行为性质、发生次数、危害程度等作为考核评价、职级评定等工作的重要依据。

第二十六条　中央企业应当结合实际建立健全合规管理与法务管理、内部控制、风险管理等协同运作机制,加强统筹协调,避免交叉重复,提高管理效能。

第二十七条　中央企业应当定期开展合规管理体系有效性评价,针对重点业务合规管理情况适时开展专项评价,强化评价结果运用。

第二十八条　中央企业应当将合规管理作为法治建设重要内容,纳入对所属单位的考核评价。

第五章 合规文化

第二十九条 中央企业应当将合规管理纳入党委(党组)法治专题学习,推动企业领导人员强化合规意识,带头依法依规开展经营管理活动。

第三十条 中央企业应当建立常态化合规培训机制,制定年度培训计划,将合规管理作为管理人员、重点岗位人员和新入职人员培训必修内容。

第三十一条 中央企业应当加强合规宣传教育,及时发布合规手册,组织签订合规承诺,强化全员守法诚信、合规经营意识。

第三十二条 中央企业应当引导全体员工自觉践行合规理念,遵守合规要求,接受合规培训,对自身行为合规性负责,培育具有企业特色的合规文化。

第六章 信息化建设

第三十三条 中央企业应当加强合规管理信息化建设,结合实际将合规制度、典型案例、合规培训、违规行为记录等纳入信息系统。

第三十四条 中央企业应当定期梳理业务流程,查找合规风险点,运用信息化手段将合规要求和防控措施嵌入流程,针对关键节点加强合规审查,强化过程管控。

第三十五条 中央企业应当加强合规管理信息系统与财务、投资、采购等其他信息系统的互联互通,实现数据共用共享。

第三十六条 中央企业应当利用大数据等技术,加强对重点领域、关键节点的实时动态监测,实现合规风险即时预警、快速处置。

第七章　监督问责

第三十七条　中央企业违反本办法规定,因合规管理不到位引发违规行为的,国资委可以约谈相关企业并责成整改;造成损失或者不良影响的,国资委根据相关规定开展责任追究。

第三十八条　中央企业应当对在履职过程中因故意或者重大过失应当发现而未发现违规问题,或者发现违规问题存在失职渎职行为,给企业造成损失或者不良影响的单位和人员开展责任追究。

第八章　附　　则

第三十九条　中央企业应当根据本办法,结合实际制定完善合规管理制度,推动所属单位建立健全合规管理体系。

第四十条　地方国有资产监督管理机构参照本办法,指导所出资企业加强合规管理工作。

第四十一条　本办法由国资委负责解释。

第四十二条　本办法自2022年10月1日起施行。

附录二 《中央企业合规管理指引(试行)》

(2018年11月2日生效)

第一章 总 则

第一条 为推动中央企业全面加强合规管理,加快提升依法合规经营管理水平,着力打造法治央企,保障企业持续健康发展,根据《中华人民共和国公司法》《中华人民共和国企业国有资产法》等有关法律法规规定,制定本指引。

第二条 本指引所称中央企业,是指国务院国有资产监督管理委员会(以下简称国资委)履行出资人职责的国家出资企业。

本指引所称合规,是指中央企业及其员工的经营管理行为符合法律法规、监管规定、行业准则和企业章程、规章制度以及国际条约、规则等要求。

本指引所称合规风险,是指中央企业及其员工因不合规行为,引发法律责任、受到相关处罚、造成经济或声誉损失以及其他负面影响的可能性。

本指引所称合规管理,是指以有效防控合规风险为目的,以企业和员工经营管理行为为对象,开展包括制度制定、风险识别、合规审查、风险应对、责任追究、考核评价、合规培训等有组织、有计划的管理活动。

第三条 国资委负责指导监督中央企业合规管理工作。

第四条　中央企业应当按照以下原则加快建立健全合规管理体系：

（一）全面覆盖。坚持将合规要求覆盖各业务领域、各部门、各级子企业和分支机构、全体员工，贯穿决策、执行、监督全流程。

（二）强化责任。把加强合规管理作为企业主要负责人履行推进法治建设第一责任人职责的重要内容。建立全员合规责任制，明确管理人员和各岗位员工的合规责任并督促有效落实。

（三）协同联动。推动合规管理与法律风险防范、监察、审计、内控、风险管理等工作相统筹、相衔接，确保合规管理体系有效运行。

（四）客观独立。严格依照法律法规等规定对企业和员工行为进行客观评价和处理。合规管理牵头部门独立履行职责，不受其他部门和人员的干涉。

第二章　合规管理职责

第五条　董事会的合规管理职责主要包括：

（一）批准企业合规管理战略规划、基本制度和年度报告；

（二）推动完善合规管理体系；

（三）决定合规管理负责人的任免；

（四）决定合规管理牵头部门的设置和职能；

（五）研究决定合规管理有关重大事项；

（六）按照权限决定有关违规人员的处理事项。

第六条　监事会的合规管理职责主要包括：

（一）监督董事会的决策与流程是否合规；

（二）监督董事和高级管理人员合规管理职责履行情况；

（三）对引发重大合规风险负有主要责任的董事、高级管理人员提出罢免建议；

（四）向董事会提出撤换公司合规管理负责人的建议。

第七条 经理层的合规管理职责主要包括：

（一）根据董事会决定，建立健全合规管理组织架构；

（二）批准合规管理具体制度规定；

（三）批准合规管理计划，采取措施确保合规制度得到有效执行；

（四）明确合规管理流程，确保合规要求融入业务领域；

（五）及时制止并纠正不合规的经营行为，按照权限对违规人员进行责任追究或提出处理建议；

（六）经董事会授权的其他事项。

第八条 中央企业设立合规委员会，与企业法治建设领导小组或风险控制委员会等合署，承担合规管理的组织领导和统筹协调工作，定期召开会议，研究决定合规管理重大事项或提出意见建议，指导、监督和评价合规管理工作。

第九条 中央企业相关负责人或总法律顾问担任合规管理负责人，主要职责包括：

（一）组织制订合规管理战略规划；

（二）参与企业重大决策并提出合规意见；

（三）领导合规管理牵头部门开展工作；

（四）向董事会和总经理汇报合规管理重大事项；

（五）组织起草合规管理年度报告。

第十条 法律事务机构或其他相关机构为合规管理牵头部门，组织、协调和监督合规管理工作，为其他部门提供合规支持，主要职责包括：

（一）研究起草合规管理计划、基本制度和具体制度规定；

（二）持续关注法律法规等规则变化，组织开展合规风险识别和预警，参与企业重大事项合规审查和风险应对；

（三）组织开展合规检查与考核，对制度和流程进行合规性评价，督促违规整改和持续改进；

（四）指导所属单位合规管理工作；

（五）受理职责范围内的违规举报，组织或参与对违规事件的调查，并提出处理建议；

（六）组织或协助业务部门、人事部门开展合规培训。

第十一条 业务部门负责本领域的日常合规管理工作，按照合规要求完善业务管理制度和流程，主动开展合规风险识别和隐患排查，发布合规预警，组织合规审查，及时向合规管理牵头部门通报风险事项，妥善应对合规风险事件，做好本领域合规培训和商业伙伴合规调查等工作，组织或配合进行违规问题调查并及时整改。

监察、审计、法律、内控、风险管理、安全生产、质量环保等相关部门，在职权范围内履行合规管理职责。

第三章 合规管理重点

第十二条 中央企业应当根据外部环境变化，结合自身实际，在全面推进合规管理的基础上，突出重点领域、重点环节和重点人员，切实防范合规风险。

第十三条 加强对以下重点领域的合规管理：

（一）市场交易。完善交易管理制度，严格履行决策批准程序，建立健全自律诚信体系，突出反商业贿赂、反垄断、反不正当竞争，规范资产交易、招投标等活动；

（二）安全环保。严格执行国家安全生产、环境保护法律法规，完善

企业生产规范和安全环保制度,加强监督检查,及时发现并整改违规问题;

(三)产品质量。完善质量体系,加强过程控制,严把各环节质量关,提供优质产品和服务;

(四)劳动用工。严格遵守劳动法律法规,健全完善劳动合同管理制度,规范劳动合同签订、履行、变更和解除,切实维护劳动者合法权益;

(五)财务税收。健全完善财务内部控制体系,严格执行财务事项操作和审批流程,严守财经纪律,强化依法纳税意识,严格遵守税收法律政策;

(六)知识产权。及时申请注册知识产权成果,规范实施许可和转让,加强对商业秘密和商标的保护,依法规范使用他人知识产权,防止侵权行为;

(七)商业伙伴。对重要商业伙伴开展合规调查,通过签订合规协议、要求作出合规承诺等方式促进商业伙伴行为合规;

(八)其他需要重点关注的领域。

第十四条 加强对以下重点环节的合规管理:

(一)制度制定环节。强化对规章制度、改革方案等重要文件的合规审查,确保符合法律法规、监管规定等要求;

(二)经营决策环节。严格落实"三重一大"决策制度,细化各层级决策事项和权限,加强对决策事项的合规论证把关,保障决策依法合规;

(三)生产运营环节。严格执行合规制度,加强对重点流程的监督检查,确保生产经营过程中照章办事、按章操作;

(四)其他需要重点关注的环节。

第十五条 加强对以下重点人员的合规管理：

（一）管理人员。促进管理人员切实提高合规意识，带头依法依规开展经营管理活动，认真履行承担的合规管理职责，强化考核与监督问责；

（二）重要风险岗位人员。根据合规风险评估情况明确界定重要风险岗位，有针对性加大培训力度，使重要风险岗位人员熟悉并严格遵守业务涉及的各项规定，加强监督检查和违规行为追责；

（三）海外人员。将合规培训作为海外人员任职、上岗的必备条件，确保遵守我国和所在国法律法规等相关规定；

（四）其他需要重点关注的人员。

第十六条 强化海外投资经营行为的合规管理：

（一）深入研究投资所在国法律法规及相关国际规则，全面掌握禁止性规定，明确海外投资经营行为的红线、底线；

（二）健全海外合规经营的制度、体系、流程，重视开展项目的合规论证和尽职调查，依法加强对境外机构的管控，规范经营管理行为。

（三）定期排查梳理海外投资经营业务的风险状况，重点关注重大决策、重大合同、大额资金管控和境外子企业公司治理等方面存在的合规风险，妥善处理、及时报告，防止扩大蔓延。

第四章 合规管理运行

第十七条 建立健全合规管理制度，制定全员普遍遵守的合规行为规范，针对重点领域制定专项合规管理制度，并根据法律法规变化和监管动态，及时将外部有关合规要求转化为内部规章制度。

第十八条 建立合规风险识别预警机制，全面系统梳理经营管理活动中存在的合规风险，对风险发生的可能性、影响程度、潜在后果等进行系统分析,对于典型性、普遍性和可能产生较严重后果的风险及时发布预警。

第十九条　加强合规风险应对,针对发现的风险制定预案,采取有效措施,及时应对处置。对于重大合规风险事件,合规委员会统筹领导,合规管理负责人牵头,相关部门协同配合,最大限度化解风险、降低损失。

第二十条　建立健全合规审查机制,将合规审查作为规章制度制定、重大事项决策、重要合同签订、重大项目运营等经营管理行为的必经程序,及时对不合规的内容提出修改建议,未经合规审查不得实施。

第二十一条　强化违规问责,完善违规行为处罚机制,明晰违规责任范围,细化惩处标准。畅通举报渠道,针对反映的问题和线索,及时开展调查,严肃追究违规人员责任。

第二十二条　开展合规管理评估,定期对合规管理体系的有效性进行分析,对重大或反复出现的合规风险和违规问题,深入查找根源,完善相关制度,堵塞管理漏洞,强化过程管控,持续改进提升。

第五章　合规管理保障

第二十三条　加强合规考核评价,把合规经营管理情况纳入对各部门和所属企业负责人的年度综合考核,细化评价指标。对所属单位和员工合规职责履行情况进行评价,并将结果作为员工考核、干部任用、评先选优等工作的重要依据。

第二十四条　强化合规管理信息化建设,通过信息化手段优化管理流程,记录和保存相关信息。运用大数据等工具,加强对经营管理行为依法合规情况的实时在线监控和风险分析,实现信息集成与共享。

第二十五条　建立专业化、高素质的合规管理队伍,根据业务规模、合规风险水平等因素配备合规管理人员,持续加强业务培训,提升队伍能力水平。

海外经营重要地区、重点项目应当明确合规管理机构或配备专职人员,切实防范合规风险。

第二十六条　重视合规培训,结合法治宣传教育,建立制度化、常态化培训机制,确保员工理解、遵循企业合规目标和要求。

第二十七条　积极培育合规文化,通过制定发放合规手册、签订合规承诺书等方式,强化全员安全、质量、诚信和廉洁等意识,树立依法合规、守法诚信的价值观,筑牢合规经营的思想基础。

第二十八条　建立合规报告制度,发生较大合规风险事件,合规管理牵头部门和相关部门应当及时向合规管理负责人、分管领导报告。重大合规风险事件应当向国资委和有关部门报告。

合规管理牵头部门于每年年底全面总结合规管理工作情况,起草年度报告,经董事会审议通过后及时报送国资委。

第六章　附　　则

第二十九条　中央企业根据本指引,结合实际制定合规管理实施细则。

地方国有资产监督管理机构可以参照本指引,积极推进所出资企业合规管理工作。

第三十条　本指引由国资委负责解释。

第三十一条　本指引自公布之日起施行。

附录三 《涉案企业合规建设、评估和审查办法(试行)》

(2022年4月19日生效)

为深入学习贯彻习近平新时代中国特色社会主义思想,全面贯彻习近平法治思想,完整、准确、全面贯彻新发展理念,认真落实最高人民检察院、司法部、财政部、生态环境部、国务院国资委、税务总局、市场监管总局、全国工商联、中国贸促会《关于建立涉案企业合规第三方监督评估机制的指导意见(试行)》(以下简称《指导意见》)及其实施细则,依法推进企业合规改革试点工作,规范第三方监督评估机制(以下简称第三方机制)相关工作有序开展,结合工作实际,制定本办法。

第一章 总 则

第一条 涉案企业合规建设,是指涉案企业针对与涉嫌犯罪有密切联系的合规风险,制定专项合规整改计划,完善企业治理结构,健全内部规章制度,形成有效合规管理体系的活动。

涉案企业合规评估,是指第三方监督评估组织(以下简称第三方组织)对涉案企业专项合规整改计划和相关合规管理体系有效性进行了解、评价、监督和考察的活动。

涉案企业合规审查,是指负责办理案件的人民检察院对第三方组织的评估过程和结论进行审核。

针对未启动第三方机制的小微企业合规,可以由人民检察院对其提交的合规计划和整改报告进行审查。

第二条 对于涉案企业合规建设经评估符合有效性标准的,人民检察院可以参考评估结论依法作出不批准逮捕、变更强制措施、不起诉的决定,提出从宽处罚的量刑建议,或者向有关主管机关提出从宽处罚、处分的检察意见。

对于涉案企业合规建设经评估未达到有效性标准或者采用弄虚作假手段骗取评估结论的,人民检察院可以依法作出批准逮捕、起诉的决定,提出从严处罚的量刑建议,或者向有关主管机关提出从严处罚、处分的检察意见。

第二章 涉案企业合规建设

第三条 涉案企业应当全面停止涉罪违规违法行为,退缴违规违法所得,补缴税款和滞纳金并缴纳相关罚款,全力配合有关主管机关、公安机关、检察机关及第三方组织的相关工作。

第四条 涉案企业一般应当成立合规建设领导小组,由其实际控制人、主要负责人和直接负责的主管人员等组成,必要时可以聘请外部专业机构或者专业人员参与或者协助。合规建设领导小组应当在全面分析研判企业合规风险的基础上,结合本行业合规建设指引,研究制定专项合规计划和内部规章制度。

第五条 涉案企业制定的专项合规计划,应当能够有效防止再次发生相同或者类似的违法犯罪行为。

第六条 涉案企业实际控制人、主要负责人应当在专项合规计划中作出合规承诺并明确宣示,合规是企业的优先价值,对违规违法行为采取零容忍的态度,确保合规融入企业的发展目标、发展战略和管理体系。

第七条　涉案企业应当设置与企业类型、规模、业务范围、行业特点等相适应的合规管理机构或者管理人员。

合规管理机构或者管理人员可以专设或者兼理,合规管理的职责必须明确、具体、可考核。

第八条　涉案企业应当针对合规风险防控和合规管理机构履职的需要,通过制定合规管理规范、弥补监督管理漏洞等方式,建立健全合规管理的制度机制。

涉案企业的合规管理机构和各层级管理经营组织均应当根据其职能特点设立合规目标,细化合规措施。

合规管理制度机制应当确保合规管理机构或者管理人员独立履行职责,对于涉及重大合规风险的决策具有充分发表意见并参与决策的权利。

第九条　涉案企业应当为合规管理制度机制的有效运行提供必要的人员、培训、宣传、场所、设备和经费等人力物力保障。

第十条　涉案企业应当建立监测、举报、调查、处理机制,保证及时发现和监控合规风险,纠正和处理违规行为。

第十一条　涉案企业应当建立合规绩效评价机制,引入合规指标对企业主要负责人、经营管理人员、关键技术人员等进行考核。

第十二条　涉案企业应当建立持续整改、定期报告等机制,保证合规管理制度机制根据企业经营发展实际不断调整和完善。

第三章　涉案企业合规评估

第十三条　第三方组织可以根据涉案企业情况和工作需要,制定具体细化、可操作的合规评估工作方案。

第十四条 第三方组织对涉案企业专项合规整改计划和相关合规管理体系有效性的评估，重点包括以下内容：

（一）对涉案合规风险的有效识别、控制；

（二）对违规违法行为的及时处置；

（三）合规管理机构或者管理人员的合理配置；

（四）合规管理制度机制建立以及人力物力的充分保障；

（五）监测、举报、调查、处理机制及合规绩效评价机制的正常运行；

（六）持续整改机制和合规文化已经基本形成。

第十五条 第三方组织应当以涉案合规风险整改防控为重点，结合特定行业合规评估指标，制定符合涉案企业实际的评估指标体系。

评估指标的权重可以根据涉案企业类型、规模、业务范围、行业特点以及涉罪行为等因素设置，并适当提高合规管理的重点领域、薄弱环节和重要岗位等方面指标的权重。

第四章 涉案企业合规审查

第十六条 第三方机制管委会和人民检察院收到第三方组织报送的合规考察书面报告后，应当及时进行审查，重点审查以下内容：

（一）第三方组织制定和执行的评估方案是否适当；

（二）评估材料是否全面、客观、专业，足以支持考察报告的结论；

（三）第三方组织或其组成人员是否存在可能影响公正履职的不当行为或者涉嫌违法犯罪行为。

经第三方机制管委会和人民检察院审查，认为第三方组织已经完成监督评估工作的，由第三方机制管委会宣告第三方组织解散。对于审查中发现的疑点和重点问题，人民检察院可以要求第三方组织或其组成人员说明情况，也可以直接进行调查核实。

第十七条 人民检察院对小微企业提交合规计划和整改报告的审查，重点包括合规承诺的履行、合规计划的执行、合规整改的实效等内容。

第十八条 第三方机制管委会收到关于第三方组织或其组成人员存在行为不当或者涉嫌违法犯罪的反映、异议，或者人民检察院收到上述内容的申诉、控告的，双方应当及时互相通报情况并会商提出处理建议。

第十九条 第三方机制管委会或者人民检察院经审查合规考察书面报告等材料发现，或者经对收到的反映、异议或者申诉、控告调查核实确认，第三方组织或其组成人员存在违反《指导意见》及其实施细则规定的禁止性行为，足以影响评估结论真实性、有效性的，第三方机制管委会应当重新组建第三方组织进行评估。

第五章 附 则

第二十条 本办法所称涉案企业，是指涉嫌单位犯罪的企业，或者实际控制人、经营管理人员、关键技术人员等涉嫌实施与生产经营活动密切相关犯罪的企业。

对与涉案企业存在关联合规风险或者由类案暴露出合规风险的企业，负责办理案件的人民检察院可以对其提出合规整改的检察建议。

第二十一条 涉案企业应当以全面合规为目标、专项合规为重点，并根据规模、业务范围、行业特点等因素变化，逐步增设必要的专项合规计划，推动实现全面合规。

第二十二条 大中小微企业的划分，根据国家相关标准执行。

第二十三条 本办法由国家层面第三方机制管委会负责解释。自印发之日起施行。

附录四 《关于建立涉案企业合规第三方监督评估机制的指导意见(试行)》

(2021年6月3日生效)

为贯彻落实习近平总书记重要讲话精神和党中央重大决策部署,在依法推进企业合规改革试点工作中建立健全涉案企业合规第三方监督评估机制,有效惩治预防企业违法犯罪,服务保障经济社会高质量发展,助力推进国家治理体系和治理能力现代化,根据刑法、刑事诉讼法等法律法规及相关政策精神,制定本指导意见。

第一章 总 则

第一条 涉案企业合规第三方监督评估机制(以下简称第三方机制),是指人民检察院在办理涉企犯罪案件时,对符合企业合规改革试点适用条件的,交由第三方监督评估机制管理委员会(以下简称第三方机制管委会)选任组成的第三方监督评估组织(以下简称第三方组织),对涉案企业的合规承诺进行调查、评估、监督和考察。考察结果作为人民检察院依法处理案件的重要参考。

第二条 第三方机制的建立和运行,应当遵循依法有序、公开公正、平等保护、标本兼治的原则。

第三条 第三方机制适用于公司、企业等市场主体在生产经营活动中涉及的经济犯罪、职务犯罪等案件,既包括公司、企业等实施的单位犯罪案件,也包括公司、企业实际控制人、经营管理人员、关键技术人员等实施的与生产经营活动密切相关的犯罪案件。

第四条 对于同时符合下列条件的涉企犯罪案件,试点地区人民检察院可以根据案件情况适用本指导意见:

(一)涉案企业、个人认罪认罚;

(二)涉案企业能够正常生产经营,承诺建立或者完善企业合规制度,具备启动第三方机制的基本条件;

(三)涉案企业自愿适用第三方机制。

第五条 对于具有下列情形之一的涉企犯罪案件,不适用企业合规试点以及第三方机制:

(一)个人为进行违法犯罪活动而设立公司、企业的;

(二)公司、企业设立后以实施犯罪为主要活动的;

(三)公司、企业人员盗用单位名义实施犯罪的;

(四)涉嫌危害国家安全犯罪、恐怖活动犯罪的;

(五)其他不宜适用的情形。

第二章 第三方机制管委会的组成和职责

第六条 最高人民检察院、国务院国有资产监督管理委员会、财政部、全国工商联会同司法部、生态环境部、国家税务总局、国家市场监督管理总局、中国国际贸易促进委员会等部门组建第三方机制管委会,全国工商联负责承担管委会的日常工作,国务院国有资产监督管理委员会、财政部负责承担管委会中涉及国有企业的日常工作。

第三方机制管委会履行下列职责:

(一)研究制定涉及第三方机制的规范性文件;

(二)研究论证第三方机制涉及的重大法律政策问题;

（三）研究制定第三方机制专业人员名录库的入库条件和管理办法；

（四）研究制定第三方组织及其人员的工作保障和激励制度；

（五）对试点地方第三方机制管委会和第三方组织开展日常监督和巡回检查；

（六）协调相关成员单位对所属或者主管的中华全国律师协会、中国注册会计师协会、中国企业联合会、中国注册税务师协会、中国贸促会全国企业合规委员会（中国贸促会商事法律服务中心）以及其他行业协会、商会、机构等在企业合规领域的业务指导，研究制定涉企犯罪的合规考察标准；

（七）统筹协调全国范围内第三方机制的其他工作。

第七条 第三方机制管委会各成员单位建立联席会议机制，由最高人民检察院、国务院国有资产监督管理委员会、财政部、全国工商联负责同志担任召集人，根据工作需要定期或者不定期召开会议，研究有关重大事项和规范性文件，确定阶段性工作重点和措施。

各成员单位应当按照职责分工，认真落实联席会议确定的工作任务和议定事项，建立健全日常联系、联合调研、信息共享、宣传培训等机制，推动企业合规改革试点和第三方机制相关工作的顺利进行。

第八条 试点地方的人民检察院和国资委、财政部门、工商联应当结合本地实际，参照本指导意见第六条、第七条规定组建本地区的第三方机制管委会并建立联席会议机制。

试点地方第三方机制管委会履行下列职责：

（一）建立本地区第三方机制专业人员名录库，并根据各方意见建议和工作实际进行动态管理；

（二）负责本地区第三方组织及其成员的日常选任、培训、考核工

作,确保其依法依规履行职责;

(三)对选任组成的第三方组织及其成员开展日常监督和巡回检查;

(四)对第三方组织的成员违反本指导意见的规定,或者实施其他违反社会公德、职业伦理的行为,严重损害第三方组织形象或公信力的,及时向有关主管机关、协会等提出惩戒建议,涉嫌违法犯罪的,及时向公安司法机关报案或者举报,并将其列入第三方机制专业人员名录库黑名单;

(五)统筹协调本地区第三方机制的其他工作。

第九条 第三方机制管委会应当组建巡回检查小组,按照本指导意见第六条第五项、第八条第三项的规定,对相关组织和人员在第三方机制相关工作中的履职情况开展不预先告知的现场抽查和跟踪监督。

巡回检查小组成员可以由人大代表、政协委员、人民监督员、退休法官、检察官以及会计审计等相关领域的专家学者担任。

第三章 第三方机制的启动和运行

第十条 人民检察院在办理涉企犯罪案件时,应当注意审查是否符合企业合规试点以及第三方机制的适用条件,并及时征询涉案企业、个人的意见。涉案企业、个人及其辩护人、诉讼代理人或者其他相关单位、人员提出适用企业合规试点以及第三方机制申请的,人民检察院应当依法受理并进行审查。

人民检察院经审查认为涉企犯罪案件符合第三方机制适用条件的,可以商请本地区第三方机制管委会启动第三方机制。第三方机制管委会应当根据案件具体情况以及涉案企业类型,从专业人员名录库中分类随机抽取人员组成第三方组织,并向社会公示。

第三方组织组成人员名单应当报送负责办理案件的人民检察院备案。人民检察院或者涉案企业、个人、其他相关单位、人员对选任的第三方组织组成人员提出异议的,第三方机制管委会应当调查核实并视情况做出调整。

第十一条 第三方组织应当要求涉案企业提交专项或者多项合规计划,并明确合规计划的承诺完成时限。

涉案企业提交的合规计划,主要围绕与企业涉嫌犯罪有密切联系的企业内部治理结构、规章制度、人员管理等方面存在的问题,制定可行的合规管理规范,构建有效的合规组织体系,健全合规风险防范报告机制,弥补企业制度建设和监督管理漏洞,防止再次发生相同或者类似的违法犯罪。

第十二条 第三方组织应当对涉案企业合规计划的可行性、有效性与全面性进行审查,提出修改完善的意见建议,并根据案件具体情况和涉案企业承诺履行的期限,确定合规考察期限。

在合规考察期内,第三方组织可以定期或者不定期对涉案企业合规计划履行情况进行检查和评估,可以要求涉案企业定期书面报告合规计划的执行情况,同时抄送负责办理案件的人民检察院。第三方组织发现涉案企业或其人员尚未被办案机关掌握的犯罪事实或者新实施的犯罪行为,应当中止第三方监督评估程序,并向负责办理案件的人民检察院报告。

第十三条 第三方组织在合规考察期届满后,应当对涉案企业的合规计划完成情况进行全面检查、评估和考核,并制作合规考察书面报告,报送负责选任第三方组织的第三方机制管委会和负责办理案件的人民检察院。

第十四条 人民检察院在办理涉企犯罪案件过程中,应当将第三方组织合规考察书面报告、涉案企业合规计划、定期书面报告等合规材料,作为依法作出批准或者不批准逮捕、起诉或者不起诉以及是否变更强制措施等决定,提出量刑建议或者检察建议、检察意见的重要参考。

人民检察院发现涉案企业在预防违法犯罪方面制度不健全、不落实,管理不完善,存在违法犯罪隐患,需要及时消除的,可以结合合规材料,向涉案企业提出检察建议。

人民检察院对涉案企业作出不起诉决定,认为需要给予行政处罚、处分或者没收其违法所得的,应当结合合规材料,依法向有关主管机关提出检察意见。

人民检察院通过第三方机制,发现涉案企业或其人员存在其他违法违规情形的,应当依法将案件线索移送有关主管机关、公安机关或者纪检监察机关处理。

第十五条 人民检察院对于拟作不批准逮捕、不起诉、变更强制措施等决定的涉企犯罪案件,可以根据《人民检察院审查案件听证工作规定》召开听证会,并邀请第三方组织组成人员到会发表意见。

第十六条 负责办理案件的人民检察院应当履行下列职责:

(一)对第三方组织组成人员名单进行备案审查,发现组成人员存在明显不适当情形的,及时向第三方机制管委会提出意见建议;

(二)对涉案企业合规计划、定期书面报告进行审查,向第三方组织提出意见建议;

(三)对第三方组织合规考察书面报告进行审查,向第三方机制管委会提出意见建议,必要时开展调查核实工作;

(四)依法办理涉案企业、个人及其辩护人、诉讼代理人或者其他相关单位、人员在第三方机制运行期间提出的申诉、控告或者有关申请、要求;

（五）刑事诉讼法、人民检察院刑事诉讼规则等法律、司法解释规定的其他法定职责。

第十七条 第三方组织及其组成人员在合规考察期内，可以针对涉案企业合规计划、定期书面报告开展必要的检查、评估，涉案企业应当予以配合。

第三方组织及其组成人员应当履行下列义务：

（一）遵纪守法，勤勉尽责，客观中立；

（二）不得泄露履职过程中知悉的国家秘密、商业秘密和个人隐私；

（三）不得利用履职便利，索取、收受贿赂或者非法侵占涉案企业、个人的财物；

（四）不得利用履职便利，干扰涉案企业正常生产经营活动。

第三方组织组成人员系律师、注册会计师、税务师（注册税务师）等中介组织人员的，在履行第三方监督评估职责期间不得违反规定接受可能有利益关系的业务；在履行第三方监督评估职责结束后一年以内，上述人员及其所在中介组织不得接受涉案企业、个人或者其他有利益关系的单位、人员的业务。

第十八条 涉案企业或其人员在第三方机制运行期间，认为第三方组织或其组成人员存在行为不当或者涉嫌违法犯罪的，可以向负责选任第三方组织的第三方机制管委会反映或者提出异议，或者向负责办理案件的人民检察院提出申诉、控告。

涉案企业及其人员应当按照时限要求认真履行合规计划，不得拒绝履行或者变相不履行合规计划、拒不配合第三方组织合规考察或者实施其他严重违反合规计划的行为。

第四章 附 则

第十九条 纪检监察机关认为涉嫌行贿的企业符合企业合规试点

以及第三方机制适用条件,向人民检察院提出建议的,人民检察院可以参照适用本指导意见。

第二十条 试点地方人民检察院、国资委、财政部门、工商联可以结合本地实际,参照本指导意见会同有关部门制定具体实施办法,并按照试点工作要求报送备案。

本指导意见由最高人民检察院、国务院国有资产监督管理委员会、财政部、全国工商联会同司法部、生态环境部、国家税务总局、国家市场监督管理总局、中国国际贸易促进委员会负责解释,自印发之日起施行。

附录五 《涉案企业合规第三方监督评估机制专业人员选任管理办法(试行)》

(2021年6月3日生效)

为深入学习贯彻习近平新时代中国特色社会主义思想,全面贯彻习近平法治思想,完整、准确、全面贯彻新发展理念,认真落实最高人民检察院、司法部、财政部、生态环境部、国务院国资委、税务总局、市场监管总局、全国工商联、中国贸促会《关于建立涉案企业合规第三方监督评估机制的指导意见(试行)》(以下简称《指导意见》),规范涉案企业合规第三方监督评估机制专业人员(以下简称第三方机制专业人员)选任管理工作,保障涉案企业合规第三方监督评估机制(以下简称第三方机制)有效运行,结合工作实际,制定本办法。

第一章 总　　则

第一条　第三方机制专业人员,是指由涉案企业合规第三方监督评估机制管理委员会(以下简称第三方机制管委会)选任确定,作为第三方监督评估组织(以下简称第三方组织)组成人员参与涉案企业合规第三方监督评估工作的相关领域专业人员,主要包括律师、注册会计师、税务师(注册税务师)、企业合规师、相关领域专家学者以及有关行业协会、商会、机构、社会团体(以下简称有关组织)的专业人员。

生态环境、税务、市场监督管理等政府工作部门中具有专业知识的人员可以被选任确定为第三方机制专业人员,或者可以受第三方机制管委会邀请或者受所在单位委派参加第三方组织及其相关工作,其选任管理具体事宜由第三方机制管委会与其所在单位协商确定。有关政府工作部门所属企事业单位中的专业人员可以被选任确定为第三方机制专业人员,参加第三方组织及其相关工作。

有关单位中具有专门知识的退休人员参加第三方组织及其相关工作的,应当同时符合有关退休人员的管理规定。

第二条 第三方机制专业人员选任管理应当遵循依法依规、公开公正、分级负责、接受监督的原则。

第三条 各级第三方机制管委会统筹协调本级第三方机制专业人员的选任、培训、考核、奖惩、监督等工作。

国家层面第三方机制管委会负责研究制定涉及第三方机制专业人员的规范性文件及保障激励制度,统筹协调全国范围内涉及第三方机制专业人员的相关工作。

上级第三方机制管委会应当加强对下级第三方机制管委会涉及第三方机制专业人员相关工作的具体指导。

第二章 第三方机制专业人员的选任

第四条 国家层面、省级和地市级第三方机制管委会应当组建本级第三方机制专业人员名录库(以下简称名录库)。经省级第三方机制管委会审核同意,有条件的县级第三方机制管委会可以组建名录库。

第五条 名录库以个人作为入库主体,不得以单位、团体作为入库主体。

名录库应当分类组建,总人数不少于五十人。人员数量、组成结构和各专业领域名额分配可以由负责组建名录库的第三方机制管委会根据工作需要自行确定,并可以结合实际进行调整。

省级以下名录库的入库人员限定为本省(自治区、直辖市)区域内的专业人员。因专业人员数量不足未达到组建条件的,可以由省级第三方机制管委会统筹协调相邻地市联合组建名录库。

第六条 第三方机制专业人员应当拥有较好的政治素质和道德品质,具备履行第三方监督评估工作的专业知识、业务能力和时间精力,其所在单位或者所属有关组织同意其参与第三方监督评估工作。

第三方机制专业人员一般应当具备下列条件:

(一)拥护中国共产党领导,拥护我国社会主义法治;

(二)具有良好道德品行和职业操守;

(三)持有本行业执业资格证书,从事本行业工作满三年;

(四)工作业绩突出,近三年考核等次为称职以上;

(五)熟悉企业运行管理或者具备相应专业知识;

(六)近三年未受过与执业行为有关的行政处罚或者行业惩戒;

(七)无受过刑事处罚、被开除公职或者开除党籍等情形;

(八)无其他不适宜履职的情形。

第七条 第三方机制管委会一般应当按照制定计划、发布公告、本人申请、单位推荐、材料审核、考察了解、初定人选、公示监督、确定人选、颁发证书等程序组织实施第三方机制专业人员选任工作。

第八条 第三方机制管委会组织实施第三方机制专业人员选任,应当在成员单位或其所属或者主管的律师协会、注册会计师协会、注册税务师协会等有关组织的官方网站上发布公告。

公告应当载明选任名额、标准条件、报名方式、报名材料和选任工作程序等相关事项,公告期一般不少于二十个工作日。

第九条 第三方机制管委会可以通过审查材料、走访了解、面谈测试等方式对报名人员进行审核考察,并在此基础上提出拟入库人选。

第三方机制管委会可以通过成员单位所属或者主管的有关组织了解核实拟入库人选的相关情况。

第十条 第三方机制管委会应当将拟入库人选名单及监督联系方式向社会公示,接受社会监督。公示可以通过在拟入库人选所在单位或者有关新闻媒体、网站发布公示通知等形式进行,公示期一般不少于七个工作日。

第三方机制管委会对于收到的举报材料、情况反映应当及时进行调查核实,视情提出处理意见。调查核实过程中可以根据情况与举报人、反映人沟通联系。

第十一条 第三方机制管委会在确定拟入库人选时应当综合考虑报名人员的政治素质、执业(工作)时间、工作业绩、研究成果、表彰奖励,以及所在单位的资质条件、人员规模、所获奖励、行业影响力等情况。同等条件下,可以优先考虑担任党代表、人大代表、政协委员、人民团体职务的人选。

第十二条 公示期满后无异议或者经审查异议不成立的,第三方机制管委会应当向入库人员颁发证书,并通知其所在单位或者所属有关组织。名录库人员名单应当在第三方机制管委会成员单位的官方网站上公布,供社会查询。

第三方机制管委会应当明确入库人员的任职期限,一般为二至三年。经第三方机制管委会审核,期满后可以续任。

第三章 第三方机制专业人员的日常管理

第十三条 第三方机制专业人员根据履职需要,可以查阅相关文件资料,参加有关会议和考察活动,接受业务培训。

第十四条 第三方机制专业人员应当认真履职、勤勉尽责,严格履行相关法律法规及《指导意见》等有关保密、回避、廉洁等义务。

第十五条 第三方机制管委会应当结合涉案企业合规第三方监督评估工作情况,定期组织第三方机制专业人员进行业务培训、开展调研考察和座谈交流,总结推广经验做法。

第三方机制管委会有关成员单位应当指导所属或者主管的有关组织,加强本行业、本部门涉及第三方机制相关工作的理论实务研究,积极开展业务培训和工作指导。

第十六条 第三方机制管委会可以通过定期考核、一案一评、随机抽查、巡回检查等方式,对第三方机制专业人员进行考核评价。考核结果作为对第三方机制专业人员奖励激励、续任或者调整出库的重要依据。

第十七条 第三方机制管委会应当建立健全第三方机制专业人员奖励激励制度,对表现突出的第三方机制专业人员给予奖励激励,或向其所在单位或者所属有关组织提出奖励激励的建议。

第十八条 第三方机制管委会应当及时将考核结果、奖励激励情况书面通知本人及所在单位或者所属有关组织,可以通过有关媒体向社会公布。

第十九条 第三方机制管委会应当建立健全第三方机制专业人员履职台账,全面客观记录第三方机制专业人员业务培训、参加活动和履行职责情况,作为确定考核结果的重要参考。

第二十条 第三方机制管委会在对第三方机制专业人员的履职情况开展考核评价时,应当主动征求办理案件的检察机关、巡回检查小组以及涉案企业等意见建议。

第二十一条 第三方机制专业人员有下列情形之一的,考核评价

结果应当确定为不合格,并视情作出相应后续处理:

(一)不参加第三方组织工作或者不接受第三方机制管委会分配工作任务,且无正当理由的;

(二)在履行第三方监督评估职责中出现重大失误,造成不良影响的;

(三)在履行第三方监督评估职责中存在行为不当,涉案企业向第三方机制管委会反映或者提出异议,造成不良影响的;

(四)其他造成不良影响或者损害第三方组织形象、公信力的情形。

第二十二条 第三方机制管委会对违反有关义务的第三方机制专业人员,可以谈话提醒、批评教育,或视情通报其所在单位或者所属有关组织,情节严重或者造成严重后果的可以将其调整出库。

第三方机制专业人员有下列情形之一的,第三方机制管委会应当及时将其调整出库:

(一)在选任或者履职中弄虚作假,提供虚假材料或者情况的;

(二)受到刑事处罚、被开除公职或者开除党籍的;

(三)受到行政处罚或者行业惩戒,情节严重的;

(四)违反《指导意见》第十七条第二款第二项至第四项规定的;

(五)利用第三方机制专业人员身份发表与履职无关的言论或者从事与履职无关的活动,造成严重不良影响的;

(六)考核评价结果两次确定为不合格的;

(七)实施严重违反社会公德、职业道德或者其他严重有损第三方机制专业人员形象、公信力行为的;

(八)其他不适宜继续履行第三方监督评估职责的情形。

第三方机制管委会发现第三方机制专业人员的行为涉嫌违规的,应当及时向有关主管机关,或其所在单位或者所属有关组织反映情况、提出惩戒或者处理建议；涉嫌违法犯罪的，应当及时向有关机关报案或者举报。

第二十三条 第三方机制管委会应当建立健全第三方机制专业人员名录库禁入名单制度。对于依照本办法第二十二条规定被调整出库的第三方机制专业人员，应当列入名录库禁入名单。

第三方机制管委会对列入名录库禁入名单的人员应当逐级汇总上报，实现信息共享。

第二十四条 第三方机制专业人员因客观原因不能履职、本人不愿继续履职或者发生影响履职重大事项的，应当及时向第三方机制管委会报告并说明情况，主动辞任第三方机制专业人员。第三方机制管委会应当及时进行审查并将其调整出库。

第二十五条 第三方机制管委会应当根据工作需要，结合履职台账、考核情况以及本人意愿、所在单位或者所属有关组织意见等，定期或者不定期对名录库人员进行动态调整。名录库人员名单调整更新后，应当依照本办法第十二条规定，及时向社会公布。

第四章 工作保障

第二十六条 第三方机制管委会各成员单位、第三方机制专业人员所在单位或者所属有关组织以及涉案企业，应当为第三方机制专业人员履行职责提供必要支持和便利条件。

第二十七条 第三方机制专业人员选任管理工作所需业务经费和第三方机制专业人员履职所需费用，试点地方可以结合本地实际，探索多种经费保障模式。

第五章 附　则

第二十八条 地方各级第三方机制管委会可以结合本地实际，参照本办法制定具体实施细则,并按照试点工作要求报送备案。

有关部门、组织可以结合本行业、本部门实际,制定名录库人员的具体入选标准。

本办法出台前,已组建的各地各级名录库不符合本办法规定的,可以继续试点。

第二十九条 本办法由最高人民检察院、国务院国资委、财政部、全国工商联会同司法部、生态环境部、税务总局、市场监管总局、中国贸促会等部门组建的第三方机制管委会负责解释,自印发之日起施行。

附录六 《关于建立涉案企业合规第三方监督评估机制的指导意见(试行)》实施细则

(2022年1月4日生效)

为深入学习贯彻习近平新时代中国特色社会主义思想,全面贯彻习近平法治思想,完整、准确、全面贯彻新发展理念,认真落实最高人民检察院、司法部、财政部、生态环境部、国务院国资委、税务总局、市场监管总局、全国工商联、中国贸促会《关于建立涉案企业合规第三方监督评估机制的指导意见(试行)》(以下简称《指导意见》),依法推进企业合规改革试点工作,规范涉案企业合规第三方监督评估机制管理委员会(以下简称第三方机制管委会)以及第三方监督评估机制(以下简称第三方机制)相关工作有序开展,结合工作实际,制定本实施细则。

第一章 第三方机制管委会的组成和职责

第一条 第三方机制管委会是承担对第三方机制的宏观指导、具体管理、日常监督、统筹协调等职责,确保第三方机制依法、有序、规范运行,以及第三方监督评估组织(以下简称第三方组织)及其组成人员依法依规履行职责的议事协调机构。

第二条 第三方机制管委会成员单位包括最高人民检察院、司法部、财政部、生态环境部、国务院国资委、税务总局、市场监管总局、全国工商联、中国贸促会等部门,并可以根据工作需要增加成员单位。

第三条 第三方机制管委会履行下列职责:

(一)研究制定涉及第三方机制的规范性文件;

(二)研究论证第三方机制涉及的重大法律政策问题;

(三)研究制定第三方机制专业人员名录库的入库条件和管理办法;

(四)研究制定第三方组织及其组成人员的工作保障和激励制度;

(五)对试点地方第三方机制管委会和第三方组织开展日常监督和巡回检查;

(六)协调相关成员单位对所属或者主管的中华全国律师协会、中国注册会计师协会、中国企业联合会、中国注册税务师协会、中国贸促会全国企业合规委员会(中国贸促会商事法律服务中心)以及其他行业协会、商会、机构等在企业合规领域的业务指导,研究制定涉企犯罪的合规考察标准;

(七)统筹协调第三方机制的其他工作。

第二章 第三方机制管委会联席会议的职责

第四条 第三方机制管委会建立联席会议机制,以联席会议形式研究制定重大规范性文件,研究论证重大法律政策问题,研究确定阶段性工作重点和措施,协调议定重大事项,推动管委会有效履职尽责。

第五条 联席会议由最高人民检察院、国务院国资委、财政部、全国工商联有关负责同志担任召集人,管委会其他成员单位有关负责同志担任联席会议成员。联席会议成员因工作变动需要调整的,由所在单位提出,联席会议确定。

第六条 联席会议原则上每半年召开一次,也可以根据工作需要临时召开。涉及企业合规改革试点工作及重大法律政策议题的由最高人民检察院召集,涉及第三方机制管委会日常工作及民营企业议题的由全国工商联召集,涉及国有企业议题的由国务院国资委、财政部召集。召集人可以根据议题邀请其他相关部门、单位以及专家学者参加会议。

第七条 联席会议以纪要形式明确会议议定事项,印发第三方机制管委会各成员单位及有关方面贯彻落实,重大事项按程序报批,落实情况定期报告联席会议。

第八条 联席会议设联络员,由第三方机制管委会各成员单位有关司局负责同志担任。在联席会议召开之前,应当召开联络员会议,研究讨论联席会议议题和需提交联席会议议定的事项及其他有关工作。

联络员应当根据所在单位职能,履行下列职责:

(一)协调本单位与其他成员单位的工作联系;

(二)组织研究起草有关规范性文件,研究论证有关法律政策问题,对有关事项或者议题提出意见建议;

(三)组织研究提出本单位需提交联席会议讨论的议题;

(四)在联席会议成员因故不能参加会议时,受委托参加会议并发表意见;

(五)组织落实联席会议确定的工作任务和议定事项。

第九条 联席会议设联系人,由第三方机制管委会各成员单位有关处级负责同志担任,负责日常联系沟通工作,承办联席会议成员及联络员的交办事项。

第三章 第三方机制管委会办公室的职责

第十条 第三方机制管委会下设办公室作为常设机构,负责承担第三方机制管委会的日常工作。办公室设在全国工商联,由全国工商联有关部门负责同志担任办公室主任,最高人民检察院、国务院国资委、财政部有关部门负责同志担任办公室副主任。

第十一条 第三方机制管委会办公室履行下列职责:

(一)协调督促各成员单位落实联席会议确定的工作任务和议定事项;

(二)收集整理各成员单位提交联席会议研究讨论的议题,负责联席会议和联络员会议的组织筹备工作;

(三)协调指导联席会议联系人开展日常联系沟通工作;

(四)负责国家层面第三方机制专业人员名录库的建立选任、日常管理、动态调整,并建立禁入名单等惩戒机制;

(五)组织开展对试点地方第三方机制管委会和第三方组织日常监督和巡回检查;

(六)承担第三方机制管委会及其联席会议交办的其他工作。

第十二条 第三方机制管委会办公室应当采取有效措施,建立健全第三方机制管委会联合调研、信息共享、案例指导、宣传培训等机制,并加强与中华全国律师协会、中国注册会计师协会、中国企业联合会、中国注册税务师协会、中国贸促会全国企业合规委员会(中国贸促会商事法律服务中心)以及其他行业协会、商会、机构的工作联系。

第十三条 第三方机制管委会办公室牵头组建巡回检查小组,邀请人大代表、政协委员、人民监督员、退休法官、退休检察官以及会计、审计、法律、合规等相关领域的专家学者担任巡回检查小组成员,对试点地方第三方机制管委会和相关第三方组织及其组成人员的履职情况开展不预先告知的现场抽查和跟踪监督。

第三方机制管委会办公室应当将巡回检查情况及时报告第三方机

制管委会及其联席会议,并提出改进工作的意见建议。

第十四条　第三方机制管委会办公室可以推动各成员单位、各工作联系单位根据工作需要互派干部挂职交流,探索相关单位工作人员兼任检察官助理制度,并协调各成员单位视情派员参与第三方机制管委会办公室工作,提升企业合规工作专业化规范化水平。

第十五条　试点地方的人民检察院和国资委、财政、工商联等有关单位应当结合本地实际,组建本地区的第三方机制管委会并建立联席会议机制,设立第三方机制管委会办公室负责日常工作。

第四章　第三方组织的性质

第十六条　第三方组织是试点地方第三方机制管委会选任组成的负责对涉案企业的合规承诺及其完成情况进行调查、评估、监督和考察的临时性组织。

第十七条　第三方组织的运行应当遵循依法依规、公开公正、客观中立、专业高效的原则。

第十八条　试点地方第三方机制管委会负责对其选任组成的第三方组织及其组成人员履职期间的监督、检查、考核等工作,确保其依法依规履行职责。

第五章　第三方机制的启动

第十九条　人民检察院在办理涉企犯罪案件时,应当注意审查是否符合企业合规试点以及第三方机制的适用条件,并及时听取涉案企业、人员的意见。经审查认为符合适用条件的,应当商请本地区第三方机制管委会启动第三方机制。

公安机关、纪检监察机关等办案机关提出适用建议的,人民检察院参照前款规定处理。

第二十条 涉案企业、人员及其辩护人、诉讼代理人以及其他相关单位、人员提出适用企业合规试点以及第三方机制申请的,人民检察院应当依法受理并进行审查。经审查认为符合适用条件的,应当商请本地区第三方机制管委会启动第三方机制。

第二十一条 第三方机制管委会收到人民检察院商请后,应当综合考虑案件涉嫌罪名、复杂程度以及涉案企业类型、规模、经营范围、主营业务等因素,从专业人员名录库中分类随机抽取人员组成第三方组织。

专业人员名录库中没有相关领域专业人员的,第三方机制管委会可以采取协商邀请的方式,商请有关专业人员参加第三方组织。

同一个第三方组织一般负责监督评估一个涉案企业。同一案件涉及多个涉案企业,或者涉案企业之间存在明显关联关系的,可以由同一个第三方组织负责监督评估。

第二十二条 涉案企业、人员的居住地与案件办理地不一致的,案件办理地第三方机制管委会可以委托涉案企业、人员居住地第三方机制管委会选任组成第三方组织并开展监督评估,或者可以通过第三方机制管委会成员单位及其所属或者主管的行业协会、商会、机构的异地协作机制,协助开展监督评估。

第二十三条 第三方组织一般由3至7名专业人员组成,针对小微企业的第三方组织也可以由2名专业人员组成。

同一名专业人员在不存在利益关系、保障工作质量的条件下,可以同时担任一个以上第三方组织的组成人员。

第三方机制管委会应当根据工作需要,指定第三方组织牵头负责人,也可由第三方组织组成人员民主推举负责人,并报第三方机制管委会审定。

第二十四条　第三方机制管委会应当将第三方组织组成人员名单及提出意见的方式向社会公示,接受社会监督。

公示期限由第三方机制管委会根据情况决定,但不得少于五个工作日。公示可以通过在涉案单位所在地或者有关新闻媒体、网站发布公示通知等形式进行。

第二十五条　涉案企业、人员或者其他相关单位、人员对选任的第三方组织组成人员提出异议,或者第三方组织组成人员申请回避的,第三方机制管委会应当及时调查核实并视情况作出调整。

公示期满后无异议或者经审查异议不成立的,第三方机制管委会应当将第三方组织组成人员名单报送负责办理案件的人民检察院备案。人民检察院发现组成人员存在明显不适当情形的,应当及时向第三方机制管委会提出意见建议,第三方机制管委会依照本条第一款的规定处理。

第二十六条　人民检察院对第三方机制管委会报送的第三方组织组成人员名单,经审查未提出不同意见的,应当通报第三方机制管委会,并由第三方机制管委会宣告第三方组织成立。

第三方组织存续期间,其组成人员一般不得变更。确需变更的,第三方机制管委会应当依照本实施细则相关规定处理。

第六章　第三方机制的运行

第二十七条　第三方组织成立后,应当在负责办理案件的人民检察院的支持协助下,深入了解企业涉案情况,认真研判涉案企业在合规领域存在的薄弱环节和突出问题,合理确定涉案企业适用的合规计划类型,做好相关前期准备工作。

第三方机制管委会可以根据工作需要,指派专门人员负责与选任组成的第三方组织及负责办理案件的人民检察院、涉案企业联络沟通,协调处理第三方机制启动和运行有关事宜。

第二十八条　第三方组织根据涉案企业情况和工作需要,应当要求涉案企业提交单项或者多项合规计划,对于小微企业可以视情简化。

涉案企业提交的合规计划,应当以全面合规为目标、专项合规为重点,主要针对与企业涉嫌犯罪有密切联系的企业内部治理结构、规章制度、人员管理等方面存在的问题,制定可行的合规管理规范,构建有效的合规组织体系,完善相关业务管理流程,健全合规风险防范报告机制,弥补企业制度建设和监督管理漏洞,防止再次发生相同或者类似的违法犯罪。

第二十九条　第三方组织应当对涉案企业合规计划的可行性、有效性与全面性进行审查,重点审查以下内容:

(一)涉案企业完成合规计划的可能性以及合规计划本身的可操作性;

(二)合规计划对涉案企业预防治理涉嫌的犯罪行为或者类似违法犯罪行为的实效性;

(三)合规计划是否覆盖涉案企业在合规领域的薄弱环节和明显漏洞;

(四)其他根据涉案企业实际情况需要重点审查的内容。

第三方组织应当就合规计划向负责办理案件的人民检察院征求意见,综合审查情况一并向涉案企业提出修改完善的意见。

第三十条　第三方组织根据案件具体情况和涉案企业承诺履行的期限,并向负责办理案件的人民检察院征求意见后,合理确定合规考察期限。

第三十一条 在合规考察期内,第三方组织可以定期或者不定期对涉案企业合规计划履行情况进行监督和评估,可以要求涉案企业定期书面报告合规计划的执行情况,同时抄送负责办理案件的人民检察院。

第三方组织发现涉案企业执行合规计划存在明显偏差或错误的,应当及时进行指导、提出纠正意见,并报告负责办理案件的人民检察院。

第三十二条 第三方组织发现涉案企业或其人员尚未被办案机关掌握的犯罪事实或者新实施的犯罪行为,应当中止第三方监督评估程序,并及时向负责办理案件的人民检察院报告。

负责办理案件的人民检察院接到报告后,依照刑事诉讼法及相关司法解释的规定依法处理。

第三十三条 第三方组织在合规考察期届满后,应当对涉案企业的合规计划完成情况进行全面了解、监督、评估和考核,并制作合规考察书面报告。

合规考察书面报告一般应当包括以下内容:

(一)涉案企业履行合规承诺、落实合规计划情况;

(二)第三方组织开展了解、监督、评估和考核情况;

(三)第三方组织监督评估的程序、方法和依据;

(四)监督评估结论及意见建议;

(五)其他需要说明的问题。

第三十四条 合规考察书面报告应当由第三方组织全体组成人员签名或者盖章后,报送负责选任第三方组织的第三方机制管委会、负责办理案件的人民检察院等单位。

第三方组织组成人员对合规考察书面报告有不同意见的,应当在报告中说明其不同意见及理由。

第三十五条 本实施细则第三十一条、第三十三条规定的监督、评估方法应当紧密联系企业涉嫌犯罪有关情况,包括但不限于以下方法:

(一)观察、访谈、文本审阅、问卷调查、知识测试;

(二)对涉案企业的相关业务与管理事项,结合业务发生频率、重要性及合规风险高低进行抽样检查;

(三)对涉案企业的相关业务处理流程,结合相关原始文件、业务处理踪迹、操作管理流程等进行穿透式检查;

(四)对涉案企业的相关系统及数据,结合交易数据、业务凭证、工作记录以及权限、参数设置等进行比对检查。

第三十六条 涉案企业及其人员对第三方组织开展的检查、评估应当予以配合并提供便利,如实填写、提交相关文件、材料,不得弄虚作假。

涉案企业或其人员认为第三方组织或其组成人员的检查、评估行为不当或者涉嫌违法犯罪的,可以向负责选任第三方组织的第三方机制管委会反映或者提出异议,或者向负责办理案件的人民检察院提出申诉、控告。

第三十七条 负责选任第三方组织的第三方机制管委会和负责办理案件的人民检察院收到第三方组织报送的合规考察书面报告后,应当及时进行审查,双方认为第三方组织已经完成监督评估工作的,由第三方机制管委会宣告第三方组织解散。

第三十八条 第三方组织组成人员系律师、注册会计师、税务师(注册税务师)等中介组织人员的,在履行第三方监督评估职责期间不得违反规定接受可能有利益关系的业务;在履行第三方监督评估职责结束后二年以内,上述人员及其所在中介组织不得接受涉案企业、人员或者其他有利益关系的单位、人员的业务。

第三十九条　第三方机制管委会或者负责办理案件的人民检察院发现第三方组织或其组成人员故意提供虚假报告或者提供的报告严重失实的,应当依照《指导意见》的规定及时向有关主管机关、协会等提出惩戒建议,涉嫌违法犯罪的,及时向有关机关报案或者举报,并将其列入第三方机制专业人员名录库禁入名单。

第四十条　负责办理案件的人民检察院应当要求知悉案情的第三方组织组成人员,参照执行防止干预司法"三个规定",严格做好有关事项填报工作。

第七章　附　　则

第四十一条　试点地方第三方机制管委会可以结合本地实际,参照《指导意见》及本实施细则制定具体实施办法,并按照试点工作要求报送备案。

第四十二条　本实施细则由最高人民检察院、国务院国资委、财政部、全国工商联会同司法部、生态环境部、税务总局、市场监管总局、中国贸促会等部门组建的第三方机制管委会负责解释,自印发之日起施行。

附录七　ISO 37301《合规管理体系要求及使用指南》

（2022年10月12日生效）

合规管理体系　要求及使用指南

1　范围

本文件规定了组织建立、开发、实施、评价、维护和改进有效的合规管理体系的要求，并提供了指南。

本文件适用于所有类型的组织，不论其类型、规模、性质，也不论其是公共的、私营的或非营利性的。

如果组织内没有设立独立的治理机构，则本文件中规定的所有关于治理机构的要求都适用于最高管理者。

2　规范性引用文件

本文件没有规范性引用文件。

3　术语和定义

下列术语和定义适用于本文件。

3.1

组织 organization

为实现目标(3.6),由职责、权限和相互关系构成自身功能的一个人或一组人。

注1:组织的概念包括但不限于个体经营者、公司、集团公司、商行、企事业单位、行政机构、合伙企业、慈善机构或研究机构,或上述组织的部分或组合,无论是否具有法人资格,公有或私有。

注2:如果组织是大型实体的某个组成部分,那么,术语"组织"仅指在合规管理体系(3.4)范围内的这个组成部分。

3.2

相关方 interested party(优先术语)

利益相关方 stakeholder(许用术语)

能够影响决策或活动、受决策或活动影响或自认为受决策或活动影响的个人或组织(3.1)。

3.3

最高管理者 top management

在最高层指挥和控制组织(3.1)的一个人或一组人。

注1:最高管理者有权在组织内部授权和提供资源。

注2:如果管理体系(3.4)的范围仅覆盖组织的某个组成部分,那么最高管理者是指挥和控制该部分的一个人或一组人。

注3:本文件中,"最高管理者"指最高级别的执行管理层。

3.4

管理体系 management system

组织(3.1)为确立方针(3.5)和目标(3.6)以及实现这些目标的过程(3.8)所形成的相互关联或相互作用的一组要件。

注1:一个管理体系可能针对一个或几个主题。

注2:管理体系要件包括组织的结构、岗位和职责、策划和运行。

3.5

方针 policy

由最高管理者(3.3)正式表述的组织(3.1)的意图和方向。

注:方针也可能由组织的治理机构(3.21)正式表述。

3.6

目标 objective

要实现的结果。

注1:目标可能是战略的、战术的或运行的。

注2:目标可能涉及不同的主题(如财务、健康和安全、环境)。它们可能存在于不同层面,诸如组织整体层面或项目、产品、服务或过程(3.8)层面。

注3:目标能够用其他方式表述,如:预期的结果、宗旨、运行准则,合规(3.26)目标或使用其他有类似含义的词(如:终点或指标)。

注4:在合规管理体系(3.4)中,组织(3.1)设定的合规目标与合规方针(3.5)保持一致,以实现特定的结果。

3.7

风险 risk

不确定性对目标(3.6)的影响。

注1:影响是对预期的偏离——正面的或负面的。

注2:不确定性是一种状态,是指对某个事件、事件的后果或可能性缺乏甚至部分缺乏相关信息、理解或知识。

注3:通常,风险以潜在事件(见 ISO Guide 73 的定义)和后果(见 ISO Guide 73 的定义)或二者的组合来描述其特性。

注4:通常,风险以某个事件的后果(包括情况的变化)及其发生的可能性(见 ISO Guide 73 的定义)的组合来表述。

3.8

过程 process

使用或转化输入以实现结果的一组相互关联或相互作用的活动。

注:某个过程的结果是称为输出,还是称为产品或服务,取决于相关语境。

3.9

能力 competence

应用知识和技能实现预期结果的本领。

3.10

文件化信息 documented information

组织(3.1)需要控制和维护的信息及其载体。

注1:文件化信息能够以任何形式和载体存在,且来源不限。

注2:文件化信息可能涉及:

——管理体系(3.4),包括相关过程(3.8);

——为组织运行而创建的信息(文件);

——实现的结果的证据(记录)。

3.11

绩效 performance

可测量的结果。

注1:绩效可能涉及定量的或定性的结果。

注2:绩效可能与活动、过程(3.8)、产品、服务、体系或组织(3.1)的管理有关。

3.12
持续改进 continual improvement

提高绩效(3.11)的循环活动。

3.13
有效性 effectiveness

完成策划的活动和实现策划的结果的程度。

3.14
要求/需求 requirement

规定的、不言而喻的或有义务履行的需要或期望。

注1:不言而喻的或有义务履行的需要或期望是指需求。其中,"不言而喻"是指组织(3.1)和相关方(3.2)的惯例或一般做法,不言而喻的需要或期望是不用说就明白的。

注2:规定的需要或期望是指要求,也就是符合GB/T 1.1—2020中定义的要求,即表达声明符合该文件需要满足的客观可证实的准则。

注3:规定的需要或期望是指要求,例如文件化信息(3.10)中。

3.15
符合 conformity

满足要求(3.14)。

3.16
不符合 nonconformity

未满足要求(3.14)。

注:不符合不一定是不合规(3.27)。

3.17
纠正措施 corrective action

为了消除不符合(3.16)的原因并预防再次发生所采取的措施。

3.18

审核 audit

获取审核证据并对其进行客观评价,以确定审核准则满足程度所进行的系统的、独立的过程(3.8)。

注1:审核可能为内部(第一方)审核或外部[第二方或第三方(3.30)]审核,也可能为多体系审核(合并两个或多个主题)。

注2:内部审核由组织(3.1)自行实施或代表组织的外部机构实施。

注3:"审核证据"和"审核准则"的定义见 ISO 19011。

注4:独立性能通过对正在被审核的活动免于承担责任或无偏见和利益冲突来证实。

3.19

测量 measurement

确定数值的过程(3.8)。

3.20

监视 monitoring

确定体系、过程(3.8)或活动的状态。

注:确定状态可能需要检查、监督或严格观察。

3.21

治理机构 governing body

对组织(3.1)的活动、治理、方针(3.5)负有最终职责和权限的一个人或一组人,最高管理者(3.3)向其报告并对其负责。

注1:并不是所有的组织,尤其是小型组织,都会有一个独立于最高管理者的治理机构。

注2:治理机构可能包括但不限于董事会、董事会委员会、监事会或受托人。

3.22
人员 personnel

在国家法律或实践中被确认为工作关系的个人,或依赖于组织(3.1)活动的任何合同关系中的个人。

3.23
合规团队 compliance function

对合规(3.26)管理体系(3.4)运行负有职责、享有权限的一个人或一组人。

注:最好指定一人负责合规管理体系的监督。

3.24
合规风险 compliance risk

因未遵守组织(3.1)合规义务(3.25)而发生不合规(3.27)的可能性及其后果。

3.25
合规义务 compliance obligations

组织(3.1)强制性地必须遵守的要求(3.14),以及组织自愿选择遵守的要求。

3.26
合规 compliance

履行组织(3.1)的全部合规义务(3.25)。

3.27
不合规 noncompliance

未履行合规义务(3.25)。

3.28
合规文化 compliance culture

贯穿整个组织(3.1)的价值观、道德规范、信仰和行为(3.29),并与组织结构和控制系统相互作用,产生有利于合规(3.26)的行为规范。

注:价值观是组织所崇尚的文化的核心,是组织行为的基本原则。

3.29

行为 conduct

影响顾客、员工、供应商、市场和社区结果的举动和实践。

3.30

第三方 third party

独立于组织(3.1)的个人或机构。

注:所有业务伙伴都是第三方,但并非所有第三方都是业务伙伴。

3.31

程序 procedure

为进行某项活动或过程(3.8)所规定的途径。

[来源:GB/T 19000—2016,3.4.5]

4 组织环境

4.1 理解组织及其环境

组织应确定与其宗旨相关的,并影响其实现合规管理体系预期结果的能力的内部和外部事项。

为此,组织应结合诸多事项,包括但不限于:

——业务模式,包括组织活动和运行的战略、性质、规模、复杂性和可持续性;

——与第三方业务关系的性质和范围;

——法律和监管环境;

——经济状况;

——社会、文化、环境背景;

——内部结构、方针、过程、程序和资源,包括技术;

——自身的合规文化。

4.2 理解相关方的需要和期望

组织应确定:

——与合规管理体系有关的相关方;

——这些相关方的有关需求;

——哪些需求将通过合规管理体系予以解决。

4.3 确定合规管理体系的范围

组织应确定合规管理体系的边界和适用性,以确立其范围。

注:合规管理体系的范围旨在理清组织面临的主要合规风险,以及合规管理体系适用的地理和/或组织边界,尤其当组织是较大实体的一部分时。

组织应根据以下内容确定合规管理体系的范围:

——4.1提及的内部和外部事项;

——4.2、4.5和4.6提及的需求。

范围应作为文件化信息可获取。

4.4 合规管理体系

组织根据本文件的要求,应建立、实施、维护和持续改进合规管理体系,包括所需的过程及其相互作用。

合规管理体系应反映组织的价值观、目标、战略和合规风险,并且应结合组织环境(见4.1)。

4.5 合规义务

组织应系统识别来源于组织活动、产品和服务的合规义务,并评估其对运行所产生的影响。

组织应建立过程以:

a) 识别新增及变更的合规义务,确保持续合规;

b) 评价已识别的变更的义务所产生的影响,并对合规义务管理实施必要的调整。

组织应维护其合规义务的文件化信息。

4.6 合规风险评估

组织应基于合规风险评估,识别、分析和评价其合规风险。

组织应通过将其合规义务与活动、产品、服务以及运行的相关方面关联,来识别合规风险。

组织应评估与外包的和第三方的过程相关的合规风险。

组织应定期评估合规风险,并在组织环境发生重大变化时进行评估。

组织应保留有关合规风险评估和应对合规风险措施的文件化信息。

5 领导作用

5.1 领导作用和承诺

5.1.1 治理机构和最高管理者

治理机构和最高管理者应通过以下方面证实其对合规管理体系的领导作用和承诺:

——确保合规方针和合规目标得以确立,并与组织的战略方向一致;

——确保将合规管理体系要求融入组织的业务过程;

——确保合规管理体系所需的资源可获取;

——就有效的合规管理的重要性以及符合合规管理体系要求的重要性进行沟通;

——确保合规管理体系实现其预期结果；

——指导和支持人员为合规管理体系的有效性做出贡献；

——促进持续改进；

——支持其他相关岗位在职责范围内证实其领导作用。

注：本文件中提到的"业务"能够广义地理解为涉及组织宗旨地那些核心活动。

治理机构和最高管理者应：

——确立和坚持组织地价值观；

——确保制定并实施方针、过程和程序，以实现合规目标；

——确保能及时获知合规事件，包括不合规情况，并确保采取适当措施；

——确保维护合规承诺，并妥善处理不合规和不合规行为；

——视情况确保合规责任在工作职责说明中得到体现；

——任命或提名合规团队（见5.3.2）；

——确保根据8.3确立了提出和解决疑虑的机制。

5.1.2　合规文化

组织应在其内部各个层级建立、维护并推进合规文化。

治理机构、最高管理者和管理者应证实，对于整个组织所要求地共同行为准则，其做出了积极的、明示的、一致且持续的承诺。

最高管理者应鼓励创建和支持合规的行为，应阻止且不容忍损害合规的行为。

5.1.3　合规治理

治理机构和最高管理者应确保下列原则得到实施：

——合规团队应能直接接触治理机构；

——合规团队的独立性；

——合规团队具有适当的权限和能力。

注1：直接接触包括：向治理机构的直接汇报线、定期提交报告以及参加其会议。

注2：独立性是指合规团队的运行不受任何不当干扰和/或压力。

5.2　合规方针

治理机构和最高管理者应确立合规方针，该方针：

a) 适合于组织的宗旨；

b) 为设定合规目标提供框架；

c) 包括满足适用需求的承诺；

d) 包括持续改进合规管理体系的承诺。

合规方针应：

——与组织的价值观、目标和战略保持一致；

——要求遵守组织的合规义务；

——根据5.1.3支持合规治理原则；

——提及并描述合规职能；

——概述不遵守组织的合规义务、方针、过程和程序的后果；

——鼓励提出疑虑，并且禁止任何形式的报复；

——用通俗易懂的语言书写，易于所有人员理解其原则和意图；

——被适当地实施和执行；

——作为文件化信息可获取；

——在组织内予以沟通；

——视情况，可被相关方获取。

5.3　岗位、职责和权限

5.3.1　治理机构和最高管理者

治理机构和最高管理者应确保在组织内分配并沟通相关岗位的职

责和权限。

治理机构和最高管理者应分配职责和权限,以便:

a)确保合规管理体系符合本文件的要求;

b)获得合规管理体系绩效的报告。

治理机构应:

——确保根据合规目标的实现情况对最高管理者进行衡量;

——对最高管理者运行合规管理体系的情况进行监督。

最高管理者应:

——为建立、制定、实施、评价、维护和改进合规管理体系配置足够且适当的资源;

——确保建立及时有效的合规绩效报告制度;

——确保战略和运行目标与合规义务相协同;

——确立和维护问责机制,包括纪律处分和结果;

——确保合规绩效与人员绩效考核挂钩。

5.3.2 合规团队

合规团队应负责合规管理体系的运行,包括:

——推进识别合规义务;

——编制合规风险评估文件(见4.6);

——使合规管理体系与合规目标保持一致;

——监视和测量合规绩效;

——分析和评价合规管理体系的绩效,以确认是否需要采取纠正措施;

——确立合规报告和文件化制度;

——确保按策划的时间间隔对合规管理体系进行评审(见9.2和9.3);

——确立提出疑虑和确保疑虑得到解决的制度。

合规团队应监督：

——履行已识别的合规义务的职责在整个组织内得到适当分配；

——合规义务与方针、过程和程序的整合；

——所有相关人员按要求接受培训；

——确立合规绩效指标。

合规团队应：

——使人员可获得与合规方针、过程和程序有关的资源；

——就合规相关事项向组织提供建议。

注：合规团队的特定职责并不免除其他人员的合规责任。

组织应确保合规团队能接触：

——高级决策者，并有机会在决策早期提出建议；

——组织的所有层级；

——所有人员、文件化信息和所需的数据；

——专家关于相关法律、法规、准则和组织标准提出的建议。

5.3.3 管理者

管理者应通过以下方式对其职责范围内的合规工作负责：

——配合和支持合规团队，并鼓励人员也这么做；

——确保在其控制下的所有人员都遵守组织的合规义务、方针、过程和程序；

——识别其运行中的合规风险并进行沟通；

——在其职责范围内将合规义务融入现有的业务实践和程序；

——参加并协助合规培训活动；

——培养人员的合规意识，指导他们满足培训和能力要求；

——鼓励并支持人员提出合规疑虑，并防止任何形式的报复；

——根据要求积极参与合规相关事件和事项的管理、解决；

——确保一经确认需要采取纠正措施释时,适当的纠正措施能够得到推荐和实施。

5.3.4 人员

所有人员应：

——遵守组织的合规义务、方针、过程和程序；

——报告合规疑虑、问题和漏洞；

——根据要求参加培训。

6 策划

6.1 应对风险和机会的措施

在策划合规管理体系时,组织应根据4.1提及的事项和4.2提及的需求,并确定需要应对的风险和机会,以便：

——确保合规管理体系能够实现逾期结果；

——预防或减少不利影响；

——实现持续改进。

在策划合规管理体系时,组织应结合：

——其合规目标(见6.2)；

——经识别的合规义务(见4.5)；

——合规风险评估结果(见4.6)。

组织应策划以下活动：

a) 应对这些风险和机会的措施；

b) 如何：

1) 将措施纳入合规管理体系过程并实施,

2) 评价这些措施的有效性。

6.2 合规目标及其实现的策划

组织应在相关职能和层级上确立合规目标。

合规目标应:

a) 与合规方针一致;

b) 可测量(如果可行);

c) 体现适用的需求;

d) 予以监视;

e) 予以沟通;

f) 视情况予以更新;

g) 作为文件化信息可获取。

策划如何实现合规目标时,组织应确定:

——要做什么;

——需要什么资源;

——由谁负责;

——何时完成;

——如何评价结果。

6.3 针对变更的策划

当组织确定需要变更合规管理体系时,应对这些变更的实施进行策划。组织应结合:

——变更目的及其潜在后果;

——合规管理体系设计和运行的有效性;

——足够的资源的可获取性;

——职责和权限的分配或再分配。

7 支持

7.1 资源

为建立、实施、维护和持续改进合规管理体系,组织应确定并提供所需的资源。

7.2 能力

7.2.1 通则

组织应:

——确定在其控制下工作、影响合规绩效的人员所需的能力;

——确保这些人员在适当的教育、培训或经验的基础上胜任工作;

——适用时,采取措施获得所需的能力,并评价所采取措施的有效性。

适当的文件化信息应作为能力证据可获取。

注:适当的措施可能包括,例如:向现有人员提供培训、指导或重新分配工作;或者聘用或劳务雇用能够胜任的人员。

7.2.2 聘用过程

组织应针对其所有人员开发、确立、实施和维护以下过程:

a) 要求人员遵守组织的合规义务、方针、过程和程序,作为人员的聘用条件;

b) 在聘用后的适当期间内,新聘用人员能获得合规方针的副本或者有渠道获得合规方针,并获得关于合规方针的培训;

c) 对于违反组织合规义务、方针、过程和程序的人员,应采取适当的纪律处分。

作为聘用过程的一部分,组织应结合岗位和人员可能引发的合规风险,在任何聘用、调动和晋升之前按要求进行尽职调查。

组织应实施对绩效目标、绩效奖金和其他激励措施进行定期评审的过程,以验证是否有适当的措施来防止鼓励不合规。

7.2.3 培训

组织应定期对有关人员进行培训,培训应在聘用开始时和组织策划的时间间隔实施。

培训应:

a)适合于人员的岗位及其面临的合规风险;

b)进行有效性评估;

c)进行定期评审。

结合已识别的合规风险,组织应确保实施程序对代表组织开展业务并可能给组织带来合规风险的第三方进行培训,提高其合规意识。

培训记录应作为文件化信息予以保留。

7.3 意识

在组织控制下工作的人员应知道:

——合规方针;

——他们对合规管理体系有效性的贡献,包括改善合规绩效带来的效益;

——不符合合规管理体系要求的后果;

——提出合规疑虑的方法和程序(见8.3);

——工作岗位的合规义务与合规方针的关系;

——支持合规文化的重要性。

7.4 沟通

组织应确定与合规管理体系有关的内部和外部沟通,包括:

a)沟通什么;

b)何时沟通;

c) 与谁沟通；

d) 如何沟通。

组织应：

——结合沟通需求,综合考虑沟通的多样性和潜在障碍；

——确立沟通的过程,确保结合了相关方的意见；

——在确立沟通过程时：

• 应将其合规文化、合规目标和义务纳入沟通内容；

• 应确保所沟通的合规信息与来源于合规管理体系的信息一致且可信；

——对与合规管理体系相关的沟通内容进行回应；

——视情况,保留文件化信息作为其沟通的证据；

——在组织的各层级和职能内部沟通与合规管理体系有关的信息,视情况包括合规管理体系的变更；

——确保人员能在沟通过程中为合规管理体系的持续改进做出贡献；

——确保人员能在沟通过程中提出合规疑虑(见8.3)；

——通过组织确立的沟通过程,对外沟通包括其合规文化、合规目标和义务在内的与合规管理体系相关的信息。

7.5 文件化信息

7.5.1 通则

组织的合规管理体系应包括：

a) 本文件要求的文件化信息；

b) 组织确定的,对于合规管理体系有效性所必需的文件化信息。

注：不同组织的合规管理体系文件化信息的程度可能不同,取决于：

——组织的规模及其活动、过程、产品和服务的类型；

——过程及其相互作用的复杂度；

——人员的能力。

7.5.2 文件化信息的创建和更新

在创建和更新文件化信息时,组织应确保适当的：

——标记和说明(例如,标题、日期、作者或文件编号)；

——形式(例如,语言文字、软件版本、图形)和载体(例如,纸质的、电子的)；

——针对适宜性和充分性的评审和批准。

7.5.3 文件化信息的控制

应控制合规管理体系和本文件要求的文件化信息,以确保其：

a)在需要的场所和时间均可获得并适于使用；

b)得到充分保护(例如,防止泄密、不当使用或完整性受损)。

为了控制文件化信息,组织应开展以下适用的活动：

——分发、访问、检索和使用；

——存储和防护,包括保持易读性；

——对变更的控制(例如,版本控制)；

——保留和处置。

对于组织确定的,策划和运行合规管理体系必要的、来自外部的文件化信息,应视情况进行识别,并予以控制。

注：访问可能意味着只允许查看文件化信息的权限,或者允许并授权查看和变更文件化信息的权限。

8 运行

8.1 运行的策划和控制

为满足要求和实施第6章确定的措施,组织应通过以下方式策划、实施和控制所需的过程：

——对过程确立准则；

——按照准则对过程实施控制。

文件化信息应根据必要程度可获取，以便确认过程已按照策划得到实施。

组织应控制已策划的变更，并评审非预期变更的后果，必要时采取措施减轻不利影响。

组织应确保与合规管理体系相关的，由外部提供的产品、过程或服务受控。

注：对组织运行的外包不会免除组织的法律责任或合规义务。

组织应确保第三方过程得到控制和监视。

8.2 确立控制和程序

组织应实施控制以管理其合规义务和相关合规风险。应对这些控制进行维护、定期评审和测试，以确保其持续有效。

注：测试控制是指实施经过设计的活动以检验控制是否按照既定目的运行，或者不能被规避，或者切实有效地降低风险的后果或可能性。

8.3 提出疑虑

组织应确立、实施并维护一个报告过程，以鼓励和促进（在有合理理由相信信息真实的情况下）报告试图、涉嫌或实际存在的违反合规方针或合规义务的行为。

该过程应：

——在整个组织内可见并可访问；

——对报告保密；

——接受匿名报告；

——保护报告者免于遭受打击报复；

——便于人员获得建议。

组织应确保所有人员了解报告程序、了解其自身的权利和保障机制，并能运用相关程序。

8.4 调查过程

组织应开发、确立、实施并维护过程，以评估、评价、调查有关涉嫌或实际的不合规情形的报告，并做出结论。这些过程应确保能公平、公正的做出决定。

调查过程应由具备相应能力的人员独立进行，且避免利益冲突。

组织应视情况利用调查结果改进合规管理体系（见第 10 章）。

组织应定期向治理机构或最高管理者报告调查的次数和结果。

组织应保留有关调查的文件化信息。

9 绩效评价

9.1 监视、测量、分析和评价

9.1.1 通则

组织应对合规管理体系进行监视，以确保实现合规目标。

组织应确定：

——需要监视和测量什么；

——适用的监视、测量、分析和评价的方法，以确保有效的结果；

——何时实施监视和测量；

——何时对监视和测量的结果进行分析和评价。

文件化信息应作为结果证据可获取。

组织应评价合规绩效和合规管理体系的有效性。

9.1.2 合规绩效的反馈来源

组织应确立、实施、评价和维护能够使其从多种渠道寻求并获取合规绩效反馈的过程。组织应对信息进行分析和严格评估，以确认不合规的根本原因，确保采取适当的措施，并在4.6要求的定期风险评估中反映上述信息。

9.1.3 指标的开发

组织应开发、实施和维护一套适当的指标，以帮助组织评价其合规目标的实现情况并评估合规绩效。

9.1.4 合规报告

组织应确立、实施和维护合规报告的过程，以确保：

a) 界定适当的报告准则；

b) 确立定期报告的时间表；

c) 实施非常规报告机制以便于临时报告；

d) 实施保证信息准确性和完整性的机制和过程；

e) 向组织中合适的职能或板块提供准确和完整的信息，以便及时采取预防、纠正和补救措施。合规团队向治理机构或最高管理者提交的任何报告内容均应受到充分保护，以防止被修改。

9.1.5 记录保存

组织应保留合规活动准确且实时的记录，以协助监视和评审合规过程，并证实其符合合规管理体系要求。

9.2 内部审核

9.2.1 通则

组织应在策划的时间间隔内实施内部审核，以便为合规管理体系提供以下信息：

a) 是否符合：

1) 组织自身对合规管理体系的要求；

2) 本文件的要求。

b) 是否得到了有效地实施和维护。

9.2.2 内部审核方案

组织应策划、确立、实施和维护审核方案,包括频次、方法、职责、策划要求和报告。

组织应根据相关过程的重要性和而以往审核的结果,确立内部审核方案。

a) 界定每次审核的目标、准则和范围;

b) 选择审核员并实施审核,以确保审核过程的客观性和公正性;

c) 确保向相关管理者和管理层报告审核结果。

注1:相关管理者可以包括合规团队、最高管理者和治理机构。

文件化信息应作为实施审核方案和审核结果的证据可获取。

注2:管理体系审核指南见 ISO 19011。

9.3 管理评审

9.3.1 通则

治理机构和最高管理者应在策划的时间间隔内对组织的合规管理体系进行评审,以确保合规管理体系持续的适宜性、充分性和有效性。

9.3.2 管理评审输入

管理评审应包括:

a) 以往管理评审所采取的状况;

b) 与合规管理体系有关的外部和内部事项的变化;

c) 与合规管理体系有关相关方需要和期望的变化;

d) 关于合规绩效的信息,包括以下方面的趋势:

1) 不符合、不合规与纠正措施,

2) 监视和测量的结果,

3) 审核结果;

e)持续改进的机会。

管理评审应体现：

——合规方针的充分性；

——合规团队的独立性；

——合规目标的达成度；

——资源的充分性；

——合规风险评估的充分性；

——现有控制和绩效指标的有效性；

——与提出疑虑的人员、相关方沟通，包括反馈(见9.1.2)和投诉；

——调查(见8.4)；

——报告机制的有效性。

9.3.3 管理评审结果

管理评审的结果应包括持续改进的机会，以及变更合规管理体系的任何需要的决定。

文件化信息应作为管理评审结果证据可获取。

10 改进

10.1 持续改进

组织应持续改进合规管理体系的适宜性、充分性和有效性。

10.2 不符合与纠正措施

发生不符合或不合规时，组织应：

a)对不符合或不合规做出反应，并且如适用：

1)采取控制和纠正措施，

2)处置后果；

b)通过以下活动评价采取措施的需要，以消除产生不符合和/或不

合规的原因,避免其再次发生或在其他地方发生:

  1)评审不符合和/或不合规,

  2)确定产生不符合和/或不合规的原因,

  3)确定是否存在或可能发生类似的不符合和/或不合规;

  c)实施任何所需的措施;

  d)评审所采取的任何纠正措施的有效性;

  e)如必要,变更合规管理体系。

纠正措施应与不符合和/或不合规产生的影响相适应。

文件化信息应作为以下事项的证据可获取:

  ——不符合和/或不合规的性质和所采取的任何后续措施;

  ——任何纠正措施的结果。

附录 A （资料性）

本文件使用指南

A.1 背景和范围

A.1.1 概述

本文件使用指南的目的指明组织在实施合规管理体系时能采用的方法和而措施类型。本指南不是全面性或规范性文件,组织建立符合本文件要求的合规管理体系也没有义务实施本指南中的所有建议。组织宜就其所面临的合规风险的性质和程度采取合理步骤,以履行其合规义务。

组织能够选择合规管理体系作为一个单独的体系来实施,但理想情况是将其与其他管理体系一起实施,例如风险、反贿赂、质量、环境、信息安全和社会责任等。对此,组织能参考 ISO 31000、ISO 37001、ISO 19001、ISO 14001、ISO/IEC 27001 及 ISO 26000。

A.1.2 范围

任何规模、复杂度或产业的组织都能应用本文件,通过遵守其要求创建合规管理体系。这将便于组织理解其环境、业务运行、由此产生的义务和合规风险,并帮助他们实施合理的步骤来履行义务。本文件正文中的每项要求都需要被遵守。但本附录的指南仅为建议。

在实践中,小型组织通常更容易根据本文件实施合规管理体系,因为他们没有那么负责。中小型组织通过使用本文件中要求的原则增强其组织的合规实践。

本文件提到了治理机构和最高管理者,并界定了这两个术语在各种语境和位置中的含义。本文件能提供所有组织使用,因此如果某个特定组织没有使用这两个术语,那么请留意这两个术语的使用意图:本文件中的要求或指导将适用于在该组织最高层拥有该职责和权限的一个人或一组人。

A.2 规范性引用文件

本文件无规范性引用文件。使用者能参考参考文献了解其他信息以及与合规相关的国际标准。

A.3 术语和定义

本文件采用了 ISO 开发的高层结构(HLS)[①],以提高其管理体系国际标准之间的一致性。HLS 设定了组织 ISO 管理体系标准(MSS)核心的章条顺序,共用术语和定义以及相同的核心条款。这意味着,一些定义能以不熟悉的方式使用。所提供的定义能在使用本文件时给予澄清说明。

MSS 的这种共用方法增加了此类标准对使用者的价值。它对于选择运行一个(有时称为"融合")管理体系的组织特别有用,该体系能同时满足两个或多个 MSS 的要求。没有采用 MSS 或合规管理框架的组织能很容易地采用本文件作为其组织内的独立指南。

有关 MSS 和核心内容的更多信息,请访问:https://www.iso.org/management-system-standards.html。

A.4 组织环境

A.4.1 理解组织及其环境

本条的目的是协助组织对可能影响其合规管理体系的重要事项确立高层次(例如:战略性)的理解。所获得的知识将用于指导合规管理体系的策划、实施、运行和改进。

[①] 2021 发布的"ISO/IEC 导则,第 1 部分,2021,《ISO 综合补充件 ISO 专用程序》"中已经将"高层结构"修改为"协调结构"。

这是评审组织所有可获得信息的过程,这些信息包括:该组织做什么、在哪里做、如何以及为什么做。外部以及关键因素将基于它们对组织在合规义务方面产生的影响被予以评估。

最明确的合规义务来源于组织运行的法律和监管环境,而义务或风险也可能来源于本文件中提及的其他因素。组织还宜结合可能产生影响的相关未来趋势。

A.4.2 理解相关方的需要和期望

组织宜对可能影响合规管理体系、受合规管理体系影响或自认为受合规管理体系影响的人或组织的需要和期望确立理解。

有些需要和期望是强制性的,因为它们已被纳入正式要求,如法律、法规、许可、执照以及政府或法院措施。此外还有可能有其他未包含的正式要求。

当明确指出相关方的其他需要和期望,并且组织决定将通过签订协议或合同的形式自愿采纳的情况下,这些需要和期望就会成为义务。一旦组织决定采纳,这些需要和期望就会成为合规义务。

外部相关方的示例有:

——政府和政府机构;

——监管机构;

——客户;

——承包商;

——供应商;

——第三方中介机构;

——所有者、股东、投资者;

——非政府组织;

——社会和社区团体;

——业务伙伴。

内部相关方的示例有：

——治理机构；

——管理层；

——员工；

——内部职能,诸如风险管理、内部控制、内部审核、人力资源等。

A.4.3　确定合规管理体系的范围

确定合规管理体系的范围就是组织确立其合规管理体系所适用的物理边界和组织边界。在这个过程中,组织选择在整个组织、组织内特定单元或特定职能内部实施合规管理体系时,具有自由度和灵活性。

通常情况下,合规管理体系会在整个组织中实施,如果组织由多个组织组成,合规管理体系会在所有组织中实施,这样做的目的是避免在道德操守和合规方面的双重标准。

合规管理体系的范围宜合理且与组织相匹配,宜考虑组织所面临的合规风险的性质和程度。

确立合规管理体系的范围和确定组织将采纳哪些需求时,宜结合对组织环境的理解和有关的相关方的需求。

A.4.4　合规管理体系

合规管理体系是一个框架,该框架是基本结构、方针、过程和程序的有机组合,其目的是实现预期的合规结果,并发挥作用以预防、发现和响应不合规。

通常,合规管理体系框架具有结构性特征:在必要的基础上构建这个体系。该体系需要通过方针、过程和程序的实施来使其运行,且对其进行维护和持续改进。

合规管理体系包含诸多要件。其中某些要件是为满足预期行为而设计,某些要件用于防止非预期行为而设计,而某些要件用于监视组织的合规绩效或在发生不合规时提出警告。

合规管理体系无法完全避免错误的发生,但有相应的过程确保对错误做出适当的反应,包括对过程、体系和受影响方的补救。

合规管理体系宜以良好治理、匹配性、诚信、透明、问责制和可持续性等原则为基础。

合规管理体系宜作为文件化信息提供。

A.4.5 合规义务

组织宜将合规义务作为建立、开发、实施、评价、维护和改进其合规管理体系的基础。

组织强制遵守的要求能包括:

——法律法规;

——许可、执照或其他形式的授权;

——监管机构发布的命令、条例或指南;

——法院判决或行政决定;

——条约、公约和协议。

组织自愿选择遵守的要求能包括:

——与社会团体或非政府组织签订的协议;

——与公共权力机构和客户签订的协议;

——组织的要求,如方针和程序;

——自愿的原则或规程;

——自愿性标志或环境承诺;

——与组织签署合同产生的义务;

——相关组织的和产业的标准。

组织宜按部门、职能和不同类型的组织性活动来识别合规义务,以便确定谁受到这些合规义务的影响。

获取关于法律和其他合规义务变更信息的过程能包括：

——列入相关监管部门收件人名单；

——成为专业团体的会员；

——订阅相关信息服务；

——参加行业论坛和研讨会；

——监视监管部门网站；

——与监管部门会晤；

——与法律顾问洽商；

——监视合规义务来源（如监管声明和法院判决）。

组织宜采取基于风险的方法,即组织宜首先识别出与业务相关的最重要的合规义务,然后关注所有其他合规义务(帕累托原则)。

适宜时,组织宜确立并维护一个单独文件(如登记册或日志),列出其所有合规义务,并确立定期更新该文件的过程。

除列出合规义务外,该文件还宜包括但不限于：

——合规义务的影响；

——合规义务的管理；

——与合规义务相关的控制；

——风险评估。

A.4.6 合规风险评估

合规风险评估构成了合规管理体系实施的基础,也是分配适当和充足的资源和过程,以便对已识别的合规风险进行管理的基础。

合规风险能够以不遵守组织的合规方针与义务的后果和不合规发生的可能性来表征。

合规风险包括固有合规风险和剩余合规风险。固有合规风险是指组织在未采取任何相应合规风险处理措施的非受控状态下所面临的全部合规风险,剩余合规风险是指组织现有的合规风险处理措施无法有效控制的合规风险。

组织宜结合不合规的根本原因、来源、后果及其发生的可能性,来分析合规风险。后果可能包括,例如个人和环境伤害、经济损失、名誉损失、行政管理变更以及民事和刑事责任。

合规风险识别包括合规风险来源的识别和合规风险情况的界定。组织宜根据部门职责、岗位职责和不同类型的组织活动,识别各部门、职能和不同类型的组织活动中的合规风险源。组织宜定期识别合规风险源,并界定每个合规风险源对应的合规风险情况,开发合规风险源清单和合规风险情况清单。

风险评估涉及将组织能接受的合规风险水平与合规方针中设定的合规风险水平进行比较。

发生下列情形时,宜对合规风险进行周期性再评估:

——新的或变化的活动、产品或服务;

——组织结构或战略变化;

——重大的外部变化,如金融经济环境、市场条件、债务和客户关系;

——合规义务变更;

——并购;

——不合规(即使是单一的不合规事件也能构成情况的实质变化)和近乎不合规。

合规风险评估的详细程度和水平取决于组织的风险情况、环境、规模和目标,并能随着具体的细分领域(如:环境、财务、社会)变化。

基于风险方法的合规管理并不意味着在合规风险较低的情况下组

织就接受不合规。它有助于组织集中主要注意力和资源优先处理更高级别风险,最终覆盖所有合规风险。所有已识别的合规风险/情况都会得到监视和处理。

在进行风险评估(相关指导见 ISO 31000)时,宜注意适当的技术(见 IEC 31010)。

A.5 领导作用

A.5.1 领导作用和承诺

A.5.1.1 治理机构和最高管理者

有效的合规要求治理机构和最高管理者的积极承诺,并贯穿于整个组织。

对于合规管理体系而言,治理机构和最高管理者清楚、明确地证实其对实现合规管理体系目标的承诺是至关重要的。

不合规能对业务造成负面影响,如声誉受损、丧失经营许可、丧失机会和巨大成本。因此,治理机构和最高管理者宜认识到有效合规管理的战略重要性。

本文件列出了诸多领导层能证实其承诺的方式。最根本的方式是通过积极和显而易见的支持来建立和维护合规管理体系。

承诺的水平标示为下列事项的实现程度:

——治理机构和所有管理层通过自己的行动和决定,积极证实他们承诺建立、开发、实施、评价、维护和改进的是一个有效且及时响应的合规管理体系;

——合规方针由治理机构正式批准;

——最高管理者对确保组织充分实现关于合规的承诺承担责任;

——所有管理层一致向人员传达一个清晰的信息(通过文字和措施证实):组织会履行它的合规义务;

——以清晰并令人信服的声明向所有人员和有关的相关方广泛沟通关于合规的承诺,并有措施支持;

——合规团队的员工具有体现有效合规的重要性的适当能力、身份权限和独立性,而且可以直接接触治理机构;

——通过对所有人员和有关的相关方开展意识提升活动和培训,为建立、开发、实施、评价、维护和改进强劲的合规文化提供适当的资源;

——方针、过程和程序不仅反映法律要求,还反映自愿性准则和组织的核心价值观;

——组织向其所有管理层级分配合规责任并要求他们负责;

——定期评审合规管理体系(建议至少每年一次);

——组织的合规绩效持续改进;

——及时采取纠正措施;

——治理机构和最高管理者遵守组织的合规管理体系。

A.5.1.2 合规文化

支持开发合规文化的因素包括:

——一系列已发布的清晰的价值观;

——管理层积极并显而易见地实施和遵守价值观;

——不论职位,对不合规的一致性处理;

——在指导、辅导和领导中以身作则;

——对潜在的关键职能的人员进行适当的聘用前评估,包括尽职调查;

——在入职培训或新员工训练中强调合规和组织价值观;

——持续进行合规培训,包括更新面向所有人员和有关的相关方的培训;

——持续就合规问题进行沟通；

——绩效考核体系，结合对合规行为的评估，并将合规表现与绩效工资挂钩，以实现合规关键绩效措施和结果；

——对合规管理业绩和结果予以明确认可；

——对故意或因疏忽而违反合规义务的情况给予即时和适当的处分；

——在组织的战略和个人岗位之间建立清晰的联系，强调合规是实现组织结果所必不可少的；

——在内部和外部就合规进行公开和适当的沟通。

合规文化的形成体现于下列方面的实现程度：

——上述事项得以实施；

——相关方（特别是组织的人员）相信上述事项已实施；

——人员理解合规义务与自身活动和所在业务单元活动的相关性；

——组织所有适当层级都按照要求自主应对不合规并采取纠正措施；

——重视合规团队的岗位及其目标；

——人员有能力且受到鼓励向包括最高管理者和治理机构在内的适当的管理层提出合规疑虑。

组织宜：

a) 衡量其合规文化；

b) 寻求所有人员的意见，以确定他们是否感知到治理机构、最高管理者和中层管理者对合规的承诺；

c) 根据组织合规文化指标的结果，确立行动计划。

A.5.1.3　合规治理

合规治理建立在以下基本原则基础上。

合规团队能直接接触治理机构和最高管理者。如有需要,他们能绕过组织中的其他人直接与一个或多个最有权采取行动的人沟通。这直接裨益治理机构和最高管理者,便于他们履行职责。这种接触宜是有计划和系统性的。例如,合规团队能直接向首席执行官报告和间接向审核委员会、主席或整个董事会报告。

合规团队宜是独立的,不与组织结构或其他要件冲突。他们可以自由行动、不受垂直管理者的干涉。

合规团队拥有权限。合规团队在权限上不是一个能被上级否决或被其修改报告或信息的初级部门。合规团队能根据需要指导其他员工。合规团队宜有"发言权",以申明和提出合规疑虑。

合规团队有足够的资源来支持组织不受限制地执行合规管理体系的必要工作和职责,包括获得技术以使合规管理体系能全面和有效地支持组织实现其合规目标。

A.5.2 合规方针

合规方针确立了组织实现合规的首要原则和行动承诺。它设定了要求的职责和绩效水平,并设定了对行动进行评估的期望。该方针宜与组织活动产生的合规义务相适应。

合规方针宜由治理机构批准。

合规方针宜规定:

——与组织的规模、性质、复杂性及其环境有关的合规管理体系的应用和环境;

——合规与其他职能的结合程度,如与治理、风险、审核和法务;

——对内外部相关方的关系进行管理的原则。

合规方针不宜是一个独立的文件,宜得到其他文件的支持,包括运行方针和过程。

如有必要,宜将合规方针翻译成其他语言。

合规方针宜适合于组织因其范围和活动而产生的合规义务。

开发合规方针,宜结合:

a) 具体的国际、区域或属地义务;

b) 组织的战略、目标、文化和治理方法;

c) 组织结构;

d) 与不合规相关的风险的性质和等级;

e) 采用的标准、准则、内部方针和程序;

f) 行业标准。

合规方针可包括:

——使命宣言;

——总体方针声明;

——管理战略以及责任和资源的分配;

——标准合规程序;

——审核、尽职调查和合规。

A.5.3　岗位、职责和权限

A.5.3.1　治理机构和最高管理者

治理机构的积极参与和监督是有效合规管理体系不可或缺的组成部分。这有助于确保人员充分理解组织的合规方针、合规运行程序以及这些方针和程序如何应用于他们的工作,并确保他们有效地履行合规义务。

为使合规管理体系有效,治理机构和最高管理者需要以身作则,坚持并积极、明确地支持合规与合规管理体系。

许多组织视其规模也有合规管理的全面负责人,尽管该负责人可能有其他岗位或职能,例如现有的委员会、组织的单元或合规专家的外包要件。

最高管理者宜鼓励创造和支持合规的行为,而不宜容忍侵害合规的行为。

最高管理者宜确保:

——组织对合规的承诺与其价值观、目标和战略一致,以便适当地定位合规工作;

——鼓励所有员工承认实现其负责或负有责任的合规目标的重要性;

——创造一种鼓励报告不合规并使报告的员工不会受到报复的环境;

——将合规纳入更广泛的组织文化和文化变更举措中;

——识别不合规并即时采取行动予以纠正或处理;

——运行目标和指标不会影响合规行为。

最高管理者宜参考关键绩效指标和其他关键信息并按策划的时间间隔(例如:每季度或每月)评审合规管理体系的绩效,以确保合规管理体系实现其目标。

合规管理体系的有效性要求最高管理者通过制定标准和实施合理监督做出承诺。最高管理者宜了解合规管理体系的内容和运行,并宜确保组织拥有有效的合规管理体系所需的足够的过程。

A.5.3.2 合规团队

许多组织都由专门人员(例如:合规官)负责日常合规管理,有些组织还设有跨职能合规委员会来协调整个组织的合规工作。合规团队会与管理层一起合作。

并非所有的组织都创建独立的合规团队;一些组织将此职能分配至现有岗位或职能外包。外包时,组织不宜将全部合规职能分配给第三方。即使组织将部分职能外包,也宜考虑维护组织对这些职能的权限并对其进行监督。

分配合规管理体系职责,宜考虑确保合规团队证实:

——诚信和对合规的承诺;

——有效的沟通和影响力;

——有能力接受建议和指导;

——具备设计、实施和维护合规管理体系的相关能力;

——具备面对测试和挑战的信心、业务知识和经验;

——以战略性、积极的方式对待合规;

——有足够的时间来满足合规岗位的需求。

合规团队宜拥有权限、地位和独立性。权限意味着合规团队被治理机构和最高管理者授予足够的权力。地位意味着其他人员很可能倾听和尊重他/她的意见。独立性意味着合规团队尽可能地不亲自参与可能暴露在合规风险之下的活动。

合规团队履行其岗位不宜存在利益冲突。

A.5.3.3 管理者

最高管理者的职责不宜被视为免除其他各级管理者的合规职责,因为所有管理者都在合规管理体系方面发挥作用。因此,明确设定他们各自的职责并列入其岗位描述之中很重要。

管理者的合规职责必然会根据权限的级别、影响力和其他因素而有所不同,如组织的性质和规模。然而,一些职责很可能在不同的组织中是通用的。

A.5.3.4 人员

所有人员都宜履行合规义务。

人员宜确保了解自己的合规职责并有效地执行这些职责。对此,人员将通过合规管理体系的要件获得支持,如培训、方针和程序以及行为准则。

人员宜积极主动地洞察不足与改进,以促进合规管理体系的绩效。

A.6 策划

A.6.1 风险与机会的应对措施

合规管理体系的策划是在战略层面上开展的,而运行策划则是针对运行层面的策划和控制开展的。

策划的目的是预测可能发生的情况和后果,因此它是预防性的。根据合规风险评估的结果,组织宜策划如何在不利影响发生之前应对它们,以及如何从支持合规管理体系有效性的有利条件或环境中获益。

策划还宜包括确定如何将被认为对合规管理体系必要或有益的行动融入业务活动和过程中。这种融入能通过目标设定、运行控制或其他具体条款(例如:资源规定、能力)实现。还宜策划评价合规管理体系有效性的措施。这包括监视、测量技术、内部审核或管理评审。

A.6.2 合规目标及其实现的策划

目标宜以一种可测量其结果的方式来明确。

合规目标举例:至少每年向相关人员提供合规培训。

宜确定实现目标所需的行动(即"什么")、相关的时间表(即"何时")和责任人(即"谁")。宜根据要求定期监视、记录、评估和更新目标的状态和进度。

A.7 支持

A.7.1 资源

资源包括财务、人力和技术资源,以及获得外部咨询和专业技能的机会、组织基础设施、职业发展情况、技术和关于合规管理与法律义务的同时期参考材料。

A.7.2　能力

A.7.2.1　通则

术语"能力"指运用知识和技能实现预期结果的本领。能力需要知识、经验和技能,以便人员能以有效的方式履行其职能。组织宜为所有人员确定完成其任务所需的专业技能和知识,以便组织能向顾客提供其产品和服务。组织宜确立能力证据(例如:岗位描述、职位说明),以便担任该职位时进行考量。

宜采取措施(例如:培训)以便确保维持现有能力和根据需要获得新的能力。宜有足够的能力证明文件以及为维持或获得这些能力所采取的措施。

A.7.2.2　聘用过程

在聘用或提拔现有人员之前,组织宜进行尽职调查,包括推荐信或者背景调查。

A.7.2.3　培训

治理机构、管理者和负有合规义务的人员宜有能力有效履行其义务。有多种方式可获得能力,包括通过教育、培训或工作经验获得所需的技能和知识。

培训计划的目标是确保人员有能力以符合本组织合规文化和对合规的承诺的方式履行其岗位职责。

经过适当设计和执行的培训能为人员提供一个有效的方式以沟通之前未识别的合规风险。

教育和培训宜:

——在适当的情况下,基于对员工知识和能力差距的评估;

——有足够的灵活性,覆盖了一系列技术,以适应组织和人员的不同需要；

——由经验丰富和有资格的人员进行设计、开发和提供；

——适用时以当地语言提供；

——定期评估和评价其有效性。

如果不合规会造成严重后果，那么互动式培训是最好的培训形式。

组织宜对已发生不当行为的领域进行培训。

当出现下列情况时，宜考虑进行合规再培训：

——职位或职责的变化；

——内部方针、过程和程序的变更；

——组织结构的变化；

——合规义务的变更，特别是法律要求和相关方的需求的变化；

——活动、产品或服务的变化；

——产生于监视、审核、评审、投诉和不合规的问题，包括相关方反馈。

A.7.3 意识

意识涉及确保所有人员都能访问、利用并理解合规方针。

提高合规意识的方法包括但不限于：

——培训（面对面或在线）；

——与最高管理者沟通；

——易于参照执行和容易获得的参考资料；

——定期更新合规问题。

沟通对合规的承诺将：

——建立意识并鼓励人员接受合规管理体系；

——鼓励员工提出有助于持续改进合规绩效的建议。

A.7.4 沟通

宜根据本组织的方针、采取面向所有相关方的务实的对外沟通方式。

相关方包括监管机构、顾客、承包商、供应商、投资者、应急服务机构、非政府组织和周遭人士。

组织宜分配适当的资源和具有相关知识的人以协调和促进与监管的互动。

沟通方式可包括网站和电子邮件、新闻稿、广告和定期通讯、年度(或其他定期)报告、非正式讨论、开放日、焦点小组、社区对话、参与社区活动和热线电话。这些方法能促进理解和接受组织对合规的承诺。

沟通宜坚持透明、适当、可信、响应、可接触和清晰的原则。

A.7.5 文件化信息

A.7.5.1 通则

文件化信息包括：

——组织的合规方针和程序；

——合规管理体系的目标、指标、结构和内容；

——合规岗位和职责的分配；

——相关合规义务的登记册；

——合规风险登记册，并根据合规风险评估过程确定相关措施的优先级；

——不合规、近乎不合规和调查的记录；

——年度合规计划；

——人员记录，包括但不限于培训记录；

——审核过程、审核时间表及相关审核记录。

文件化信息能包括与监管报告要求有关的事项。文件化信息可包括各类媒介(数字的和非数字的)。

A.7.5.2 文件化信息的创建和更新

宜更新文件化信息以反映内部和外部的变化,进而确保它们是现行和最新的。

A.7.5.3 文件化信息的控制

文件化信息能以获取法律建议为目的编制,因此能成为法定豁免权的行使对象。

A.8 运行

A.8.1 运行的策划和控制

一个精心设计的合规管理体系包括各项措施(例如:方针、过程、程序),使得合规文化既有内容又有效果。这些措施应对并旨在减少合规风险评估过程所识别的部分风险。

运行控制的一个基本要件是行为准则,其中规定了本组织对相关合规义务的全面承诺。行为准则宜适用于所有人员并使其能够获得和使用。宜将基于并源自行为准则的合规措施纳入本组织的日常运行,以培育合规文化。

在缺少与业务过程有关的运营控制可能导致偏离合规方针或违反合规义务的情况下,需要对运行进行控制。这些情况可能与所有业务情况、活动或过程(例如:生产、安装、服务、维护)或承包商、供应商或销售商有关。

控制的程度取决于几个因素,如所履行的职能的重要性或复杂性、不合规的潜在后果、相关的或可用的技术支持。

当运行控制失效时,则有必要采取措施来应对一切不期望的结果或影响。

如果组织活动中使用了第三方或外包过程,组织宜对其进行有效的尽职调查,以确保组织对合规的标准和承诺不会降低。第三方的一个例子是产品和服务的提供以及产品的分销。组织宜确保签订适当的服务水平协议(SLAs),以规定服务提供者的合规义务。

一个设计良好的外包过程宜考虑以下几点：

——启动和持续的尽职调查；

——实施适当的控制；

——进行持续的监视；

——对法律/合同协议的适当评审；

——考虑服务水平协议；

——使用基于本文件认证的第三方。

在与第三方订立合同时,组织宜实施控制,以确保其活动的采购、运行、业务和其他非财务方面得到适当管理。根据组织和交易的规模,组织实施的采购、运行、业务和其他非财务控制能降低合规风险。

A.8.2　确立控制和程序

组织需要有效的控制,以确保组织的合规义务得以履行,不合规得以防止、发现和纠正。控制的设计宜足够严格,以促进在特定的组织活动和运行环境中实现合规义务。在可能的情况下,这种控制宜嵌入到组织的正常过程之中。

控制包括：

——清晰、实用且易于遵守的文件化运行方针、过程、程序和工作指示；

——系统和例外报告；

——批准；

——分离不相容的岗位和职责；

——自动化过程；

——年度合规计划；

——人员绩效计划;

——合规评估和审核;

——证实的管理层承诺和模范行为,以及其他促进合规行为的措施;

——就员工的预期行为(标准、价值观、行为准则)进行积极、公开和频繁的沟通。

在开发支持合规管理的程序时,宜考虑:

——将合规义务纳入程序,包括计算机系统、表格、报告系统、合同和其他法律文件;

——与组织中其他评审和控制职能的一致性;

——持续监视和测量;

——评估和报告(包括管理监督),以确保雇员遵守程序;

——识别、报告和上报针对不合规的情况与不合规的风险的具体安排。

A.8.3 提出疑虑

适宜时,宜上报至最高管理层和治理机构,包括相关委员会。

即使当地法规未作要求,组织也宜考虑开发匿名或保密的举报人机制,以便组织员工和代理方能报告不合规或寻求关于不合规的指导,而不必担心遭到报复。

有关举报管理体系的更多指导,见 ISO 37002。

A.8.4 调查过程

有效的合规管理体系的一个特点是具有功能良好的机制,以便及时、彻底地调查对本组织、其人员或有关第三方不当行为的任何指控或怀疑。这包括组织的响应文件、采取的一切处分或补救措施,以及结合经验教训对合规管理体系的修订。

有效的调查机制能确认不当行为的根源、合规管理体系的漏洞和责任缺失的原因,包括管理者、最高管理者和治理机构之间的责任缺失。缜密的根源分析涉及不合规的程度和普遍性,牵涉的人员的数量和水平,以及严重性、持续时间和频率。

组织宜确保调查是公正和独立的,适当时,组织宜考虑创建独立的委员会来监督调查,并保证调查的完整性和独立性。

组织宜确立关于调查的报告机制,包括报告调查结果的级别。

注:法律有时要求组织报告不合规。在这种情况下,监管机构根据适用的法规或其他商定的方式被告知。

即使法律不要求组织报告不合规,组织也能考虑主动向监管机构披露不合规,以减轻不合规的后果。

A.9 绩效评价

A.9.1 监视、测量、分析和评价

A.9.1.1 通则

监视是为了评估合规管理体系的有效性和组织的合规绩效而收集信息的过程。

合规管理体系的监视通常包括:

——培训的有效性;

——控制的有效性(例如通过抽样测试的结果);

——有效分配履行合规义务的职责;

——合规义务的时效性;

——解决先前识别的合规缺陷的有效性;

——未按计划进行内部合规检查的情况;

——针对合规风险对业务战略进行评审,以便适当更新。

合规绩效监视通常包括:

——不合规和"近乎不合规"(即未造成负面影响的事件);

——未履行合规义务的情况;

——未实现目标的情况;

——合规文化现状;

——确立领先的和滞后的指标。

A.9.1.2 合规绩效的反馈来源

来源包括:

——人员(例如:通过举报工具、求助热线、反馈、意见箱);

——顾客(例如:通过投诉处理系统);

——第三方;

——供应商;

——承包商;

——监管机构;

——过程控制日志和活动记录(包括电子版和纸质版)。

合规绩效反馈包括:

——合规问题;

——不合规和合规疑虑;

——新出现的合规问题;

——持续的监管和组织的变更;

——对合规有效性和绩效的评论。

收集信息的方法多种多样。下面列出的每种方法都与其情况相关,宜注意选择适合组织规模、范围、性质和复杂性的工具。

信息收集包括:

——出现或识别出不合规的特别报告;

——通过热线、投诉和其他反馈渠道(包括举报)获得的信息;

——非正式讨论、研讨会和分组座谈会;

——抽样和诚信试验,如神秘购物;

——感知调查的结果;

——直接观察、正式访谈、设施巡察和检查;

——审核和评审;

——相关方质询、培训需要和培训期间的反馈(特别是员工的反馈)。

宜开发信息的分类、存储和检索系统。

信息管理系统宜同时收集问题和投诉,并允许对与合规有关的问题和投诉进行分类和分析。分析宜结合系统性和重复性的问题,以便纠正或改进,因为这些可能会给组织带来更难识别且重大的合规风险。

信息分类类目包括:

——来源;

——部门;

——不合规描述;

——义务类别;

——指标;

——严重性;

——实际或潜在影响。

A.9.1.3　指标的制定

这一过程宜体现合规风险的评估结果,以确保各指标与组织合规风险特征具有相关性。合规绩效是什么和如何测量的问题在某些方面可能具有挑战性,但仍是证实合规管理体系有效性的重要部分。此外,所需的指标将随着组织的成熟程度、实施新的和修订的方案的时间和程度而变化。

指标包括:

——经过有效培训的员工比例；

——监管机构介入的频率；

——反馈机制的使用（包括用户对那些机制价值的评论）。

反应性指标包括：

——按类型、区域和频率报告的已识别的问题和不合规；

——不合规的后果，包括对经济补偿、罚款和其他处罚、补救成本、声誉或员工时间成本影响的估价；

——报告和采取纠正措施所花费的时间。

预测性指标包括：

——以随着时间推移目标的潜在损失/收益（收入、健康和安全、声誉等）测量的不合规的风险；

——不合规趋势（基于过去趋势的预期合规率）。

A.9.1.4 合规报告

尽管报告系统性和反复出现的问题非常重要，但是如果一次性不合规是重大或故意为之的，也能够予以同等重视。即使一个小缺陷，也能表明当前过程和合规管理体系存在严重不足。如果不及时报告，则可能造成人们认为缺陷不重要并可能导致此类缺陷成为系统性问题。

合规报告宜包括：

——组织按要求向任何监管机构通报的任何事项；

——合规义务变更及其对组织的影响，以及为了履行新义务，拟采取的措施方案；

——对合规绩效的测量，包括不合规和持续改进；

——可能的不合规的数量和详细内容，以及随后对它们的分析；

——采取的纠正措施；

——合规管理体系的有效性、业绩和趋势的信息；

——与监管机构的接触和关系进展；

——审核和监视活动的结果；

——监视行动计划的完整执行,特别是那些源自审核报告或监管要求的行动计划,或两者兼而有之。

合规方针宜推进即时报告超出常规报告时间表范围的重大事件。

A.9.1.5 记录保存

记录保存宜包括对合规问题和声称的不合规以及为解决它们而采取的步骤的记录和分类。

记录宜以确保清晰、容易辨认和检索的方式保存。

记录宜受到保护,以免于被增加、删除、修改、未经授权使用或隐藏。

组织的合规管理体系记录包括：

——合规绩效信息,包括合规报告；

——不合规及纠正措施的详细内容；

——对合规管理体系和采取的措施的评审和审核的结果。

A.9.2 内部审核

审核职能,无论其为内部还是外部的,都宜免于利益冲突并保持独立性,以履行其岗位职责。

关于如何对管理体系进行审核的信息见 ISO 19011。

A.9.3 管理评审

管理评审还宜包括以下方面的建议：

——合规方针以及与它相关的目标、体系、结构和人员所需的变化；

——合规过程的变更,以确保与运行实践和体系有效整合；

——需监视的未来潜在不合规的领域；

——与不合规相关的纠正措施；

——当前合规体系和长期持续改进的目标之间的差距或不足；

——对组织内的示范性合规行为的认可。

宜向治理机构提供管理评审中形成文件的结果和全部建议的副本。

A.10 改进

A.10.1 持续改进

合规管理体系的有效性的特点是它具有持续改进和发展的能力。组织的内部、外部环境以及业务随着时间的推移而变化，其顾客的性质和适用的合规义务也随之变化。

宜通过多种方法对合规管理体系的充分性和有效性进行持续和定期评估，例如评审或内部审核。

组织宜确立措施以评审其合规管理体系，并确保其保持最新状态且适合于其目标。在确定支持持续改进的行动的程度和时间尺度时，组织宜结合其环境、经济因素和其他相关情况。

一些组织对员工进行调查，以衡量合规文化，并评价控制的强度。持续改进的进一步信息来源可以是顾客调查的结果、提出疑虑、定期的监视、定期的审核或管理评审。

组织宜结合此类评估的结果和输出，以确定是否需要或有机会变更合规管理体系。

为了有助于确保保持合规管理体系的完整性及有效性，管理体系各个要件的变更宜体现此类变更对整个管理体系有效性的依赖和影响。当对合规管理体系作出变更时，组织宜考虑这些变更对合规管理体系、运行、资源可用性、合规风险评估、组织的合规义务及其持续改进过程的影响。

A.10.2 不符合与纠正措施

未能预防或检测到一次性不合规,并不一定意味着合规管理体系在预防和检测不合规时缺乏有效性。

分析不符合或不合规的信息能用于:

——评估产品和服务性能;

——改进或重新设计产品和服务;

——变更组织惯例和程序;

——再培训员工;

——重新评估告知相关方的需要;

——对潜在不合规做出早期预警;

——重新设计或评审控制;

——加强通知和上报步骤(内部和外部);

——沟通有关不合规的事实和组织对不合规的立场。

组织宜确认导致不遵守方针或程序或两者皆不遵守之行为发生的根本原因,并根据所吸取的经验教训更新方针和程序。